# 高质量发展

## 迈上现代化新征程的中国

贾 康 等◎著

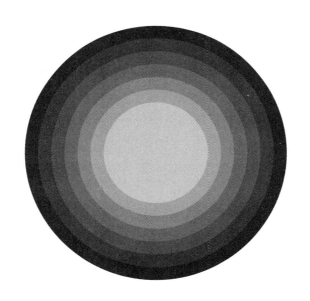

中共中央党校出版社

**图书在版编目（CIP）数据**

高质量发展：迈上现代化新征程的中国 / 贾康等著
. —— 北京：中共中央党校出版社，2021.5
ISBN 978-7-5035-7111-4

Ⅰ.①高… Ⅱ.①贾… Ⅲ.①中国经济—经济发展—
研究 Ⅳ.① F124

中国版本图书馆 CIP 数据核字（2021）第 094858 号

**高质量发展：迈上现代化新征程的中国**

| | |
|---|---|
| **责任编辑** | 蔡锐华　刘金敏 |
| **版式设计** | 张　敏 |
| **责任印制** | 陈梦楠 |
| **责任校对** | 马　晶 |
| **出版发行** | 中共中央党校出版社 |
| **地　　址** | 北京市海淀区长春桥路 6 号 |
| **电　　话** | （010）68922815（总编室）　　　　（010）68922233（发行部） |
| **传　　真** | （010）68922814 |
| **经　　销** | 全国新华书店 |
| **印　　刷** | 北京中科印刷有限公司 |
| **开　　本** | 710 毫米 ×1000 毫米　1/16 |
| **字　　数** | 256 千字 |
| **印　　张** | 18.5 |
| **版　　次** | 2021 年 6 月第 1 版　2022 年 4 月第 2 次印刷 |
| **定　　价** | 59.80 元 |

网　　址：www.dxcbs.net　　　邮　　箱：zydxcbs2018@163.com
微 信 ID：中共中央党校出版社 新浪微博：@党校出版社

# 目　录

## 第一篇　全面理解高质量发展内涵

◎ 鄢一龙

**"十四五"规划：全面推动高质量发展　/ 002**

一、"十三五"经济发展：从高速度转向高质量发展　/ 002

二、"十四五"：全面推进高质量发展　/ 004

三、高质量发展的五大新引擎　/ 004

四、供需两端共同发力推动高质量发展　/ 005

五、以新发展理念引领高质量发展　/ 006

◎ 李　伟

**开启高质量发展的关键　/ 008**

一、为什么要转向高质量发展　/ 008

二、需要什么样的高质量发展　/ 010

三、切实防范化解重大风险　/ 011

四、创造良好条件开启高质量发展　/ 013

◎ 郭朝先　徐　枫

**新基建推进"一带一路"建设高质量发展　/ 015**

一、文献综述　/ 016

二、中国"一带一路"新基建现状与路径分析　/ 020

三、中国"一带一路"新基建存在的问题　/ 024

四、对策建议　/ 028

◎ 葛道顺

**"十四五"时期构建全面发展性社会政策的思考　/ 032**

一、我国包容兜底性社会政策体系的建立，是全球贫困治理和社会
　　发展的典范　/ 032

二、以人的发展为根本目标，构建全面发展性社会政策体系，为
　　全体城乡居民的美好生活赋能　/ 033

三、以共同富裕为目标，推行社会质量发展范式的社会政策，助力
　　社会建设水平提升和全面现代化国家建设　/ 035

四、积极探索并加入全球社会政策体系建构，为人民发展和开放性
　　社会扩展空间，也为人类命运共同体建设和全球治理作出新的
　　贡献　/ 036

◎ 刘　勇

**面向 2035 年的中国制造业高质量发展　/ 038**

一、中国制造业的发展现状与成就　/ 038

二、面向 2035 年中国制造业的新要求　/ 041

三、推动制造业高质量发展的新对策　/ 046

◎ 魏鹏举

**中国文化产业高质量发展的战略使命与产业内涵　/ 050**

一、推进文化产业高质量发展的战略性价值　/ 050

二、健全现代文化产业体系有待高质量发展的内涵支撑　/ 055

三、中国文化产业高质量发展的改善建议　/ 061

◎ 周宏春

**坚持生态优先、绿色发展　促进经济高质量发展　/ 064**

一、坚持生态优先、绿色发展的重大意义　/ 064

二、顺应生态文明建设的形势变化推动高质量发展　/ 065

三、着力推进生态环境保护和高质量发展　/ 067

◎ 郇庆治

**建设人与自然和谐共生的现代化　/ 070**

一、准确把握人与自然和谐共生现代化的科学内涵　/ 070

二、深刻认识建设人与自然和谐共生现代化的时代价值　/ 071

三、推动形成人与自然和谐发展现代化建设新格局　/ 073

# 第二篇　开启高质量经济发展新篇章

◎ 林毅夫

**经济结构转型与"十四五"期间各地的高质量发展——新结构经济学的视角　/ 076**

一、推动"十四五"期间高质量发展的原则：发挥有效市场和有为政府的作用，按照比较优势发展各地经济　/ 077

二、推动"十四五"期间高质量发展的方法："因势利导"和"倒弹琵琶"　/ 078

三、在"十四五"期间贯彻落实新发展理念　/ 083

◎ 杨虎涛

**高质量经济活动：机制、特定性与政策选择　/ 085**

一、高质量发展与高质量经济活动　/ 085

二、高质量经济活动的作用机制 /088

三、高质量经济活动的三重特定性 /091

四、高质量经济活动的政策选择 /096

五、结　语 /101

◎ 林毅夫　张　军

**中国是如何通过国际大循环实现经济追赶的 /103**

一、导　言 /104

二、发展范式转变的起点：先行者的试验 /106

三、长三角的崛起和参与全球化 /115

四、经济转型的策略 /123

五、中国经济追赶的经验与理论反思 /127

◎ 贾　康

**加快形成内外循环相互促进的新发展格局 /134**

一、"双循环"：追求升级版的发展 /134

二、内循环与扩大内需一脉相承 /135

三、内循环决不意味着"封闭" /136

◎ 刘世锦

**两种类型增长与深圳角色转换 /141**

一、影响中国经济减速的重要变量 /141

二、"补短型增长"与中等收入群体倍增战略 /146

三、"升级型增长"与可以利用的优势资源和条件 /147

四、与两类增长相适应的重要改革 /152

五、改革方法论："摸着石头过河"仍未过时 /157

六、深圳如何引领"升级型增长" /159

◎ 陆　铭

**诊断中国经济：结构转型下的增长与波动　/ 163**

一、黄金率与中国经济的动态无效　/ 163

二、空间均衡与中国经济的空间错配　/ 167

三、结论：增长和转型的政治经济学　/ 176

◎ 林毅夫

**双循环的深意与落实中的关键点　/ 180**

一、提出双循环的短期原因与深层考虑　/ 180

二、国际循环跟过去一样重要　/ 183

◎ 张　明

**构建"双循环"新格局的六大内外支柱　/ 188**

一、"双循环"新发展格局的历史渊源与现实背景　/ 188

二、构建以国内大循环为主体新发展格局的三大支柱　/ 190

三、构建内外循环相互促进新发展格局的三大支柱　/ 194

◎ 刘志彪

**重塑中国经济内外循环的新逻辑　/ 198**

一、新环境下需要新发展格局和新战略转向　/ 199

二、基于内需的经济全球化：双循环发展格局的内在联系　/ 202

三、对内开放：基于内需的经济全球化战略的关键因素　/ 206

四、当前中国对内开放的层次、关键和举措　/ 209

◎ 巴曙松

**对双循环格局下推进更高水平资本项目开放的深层思考　/ 212**

一、政策逻辑之一：资本项目更高水平开放应立足于实现双循环
　　格局下的宏观经济平衡目标　/ 212

二、政策逻辑之二：资本项目更高水平开放应立足于服务金融体系改革开放，促进国际金融体系与我国金融市场挂钩 / 213

三、政策逻辑之三：资本项目更高水平开放应立足于对冲外部货币政策的溢出效应和促进人民币国际化 / 214

四、政策逻辑之四：资本项目更高水平开放应立足于支持中国企业在全球范围内重新布局供应链 / 215

五、政策逻辑之五：资本项目更高水平开放应立足于支持中国的产业转型，实现新的经济战略目标 / 216

◎ 楼继伟

**实现双循环新发展格局的关键在于结构性改革和法治 / 218**

一、以国内大循环为主的双循环是大型开放经济体的内在逻辑 / 218

二、我国贸易依存度变动的过程和原因 / 219

三、结构性改革和法治是关键 / 221

# 第三篇　后疫情时代的全球发展方略

◎ 贾　康

**疫情冲击下的中国目标与挑战 / 226**

一、中国现代化战略目标和现阶段的三个背景性基本问题及我们的应有选择 / 226

二、当前与疫情相关的突出问题 / 232

三、未来的中国经济增长、特定考验与世界经济态势预测 / 235

◎ 张宇燕

**新冠肺炎疫情与世界经济形势 / 241**

一、新冠肺炎疫情影响下的全球经济 / 241

二、主要经济体采取不同政策应对疫情冲击　/ 244

三、主要经济体非常规政策对未来世界经济的影响　/ 247

四、2021 年世界经济前景展望　/ 249

◎　何　哲

**后疫情时代全球治理的挑战、趋势与对策**　**/ 252**

一、全球化趋势是人类文明历史发展的不可逆的基本趋势和核心主线　/ 253

二、当前人类文明演化和全球化趋势所面临的五大挑战与治理需求　/ 257

三、对后疫情时代全球治理格局的几个趋势判断　/ 268

四、当前我国应采取的若干措施　/ 272

五、结　论　/ 274

◎　石源华　韩常顺

**后疫情时代的国际秩序调整与中国周边外交**　**/ 276**

一、疫情冲击下国际秩序演变的新趋势　/ 276

二、国际环境变化与中国周边外交新挑战　/ 277

三、后疫情时代中国周边外交面临的新机遇　/ 279

四、后疫情时代中国开展周边外交的主要路径　/ 281

第 一 篇

# 全面理解高质量发展内涵

"十四五"规划：全面推动高质量发展

开启高质量发展的关键

新基建推进"一带一路"建设高质量发展

"十四五"时期构建全面发展性社会政策的思考

面向 2035 年的中国制造业高质量发展

中国文化产业高质量发展的战略使命与产业内涵

坚持生态优先、绿色发展　促进经济高质量发展

建设人与自然和谐共生的现代化

# "十四五"规划：全面推动高质量发展

鄢一龙 *

"十四五"规划是我国迈向第二个百年奋斗目标的开局规划。党的十九届五中全会审议通过的《中共中央关于制定国民经济和社会发展第十四个五年规划和二〇三五年远景目标的建议》提出了新目标、新理念、新方略，绘制了新蓝图，推动形成新格局，必将引领中国特色社会主义航船继续劈波斩浪前行，为我国如期实现社会主义现代化强国的目标开好局、起好步。

"十四五"发展主题是高质量发展。不但经济发展进入高质量发展阶段，社会、生态、文化、国家治理体系也都进入高质量发展阶段。

## 一、"十三五"经济发展：从高速度转向高质量发展

"十三五"期间，中国经济巨轮的运行经历了从高速度到高质量的脱胎换骨的转变。一方面，中国经济巨轮的运行速度由高速行驶换挡到中高速运行，"十三五"时期国内生产总值（GDP）平均增速为5.7%~5.9%。同时，我们也要看到这一速度仍可算不低，能够有效保障民生福祉。5年间，我国城镇新增就业累计超过6000万人，居民人均可支配收入年增长率达到了6.5%。从国际上看，中国仍是世界上增长最快的

---

* 清华大学国情研究院副院长、公共管理学院副教授。

主要经济体，2015—2018年对世界经济增长的贡献率超过了1/3。在百年未遇的新冠肺炎疫情冲击下，全球都出现了负增长，中国成为2020年唯一保持正增长的主要经济体。

另一方面，中国经济巨轮运行更加平稳、运行质量提高，这使得中国经济巨轮更经得起大风大浪的考验，更能行稳致远。

一是中国经济巨轮的主发动机变了，由主要靠投资驱动转向主要靠创新驱动。我国科技进步贡献率从2015年的55.3%提高到2019年的59.5%。2019年，中国的研发投入占GDP的比重达到了2.23%，已经超过了欧盟。2019年中国的PCT专利申请量超过美国，居世界第一。

二是中国经济巨轮的主帆变了，由主要靠投资与出口拉动转向主要依靠消费拉动。内需已经成为中国经济发展最大的拉动力，2018年消费对经济增长的贡献达到了76.2%。

三是中国经济巨轮的运行模式变了，中国经济运行总体实现了绿色发展。煤炭消费总量已经进入平台期，年均增速降低到0.6%，用水总量、工业固体废物总量开始与经济增长脱钩，空气环境质量改善，水环境质量改善，生态建设取得显著成效。

四是中国经济巨轮骨架结构变了，经济结构优化。我国制造业优势继续保持，制造业增加值比重有所下降，但是占世界比重从2015年的26.2%提高至2019年的28.3%。服务业增加值占比达到了53.9%，成为主导产业，对经济增长贡献率接近60%。数字经济、智能制造蓬勃发展，新产业、新业态、新模式正在成为国民经济的新支柱。

五是中国经济巨轮承载的货物变了，由中低端迈向中高端。从中国制造转向中国创造、中国品质、中国品牌，2017年中国高技术产品出口额相当于美国的4.58倍。

## 二、"十四五"：全面推进高质量发展

"十四五"发展主题是高质量发展。不但宏观层面需要高质量发展，中观、微观层面也都需要推进高质量发展，由规模扩张的发展模式全面转向更加注重质量、效率、效益的发展。

第一，要提高经济发展质量。推动质量变革、效率变革、动力变革，提高供给体系的质量与效率，推动经济发展更多地依靠创新要素投入，提高全要素生产率对经济增长的贡献。

第二，要推动以人民福祉为中心的发展。要持续推动发展由物质为中心转向人民福祉为中心，将持续提高人民精神、健康、家庭、社会角色、物质、环境等不同层面的福祉作为发展的出发点与落脚点。

第三，要不断扩大发展的包容性。发展要吸纳 14 亿人共同参与建设，共同分享发展成果，只有共同发展，才是真发展。

第四，要推动广义社会财富的积累。发展不仅是物质财富的积累，也是生态财富、文化财富、人力资本财富、知识财富等广义社会财富积累的过程。

第五，要提高发展的韧性。不断提高发展应对外部风险、应对外部冲击的能力，使得发展过程既能作出灵活的适应性调整，又能够实现预定的目标。

## 三、高质量发展的五大新引擎

中国的经济增长潜力依旧巨大，未来 15 年中国的经济潜在增长率仍在 4.8% 左右。到 2035 年，中国完全有条件实现 GDP 总量翻一番，以不变价计算从目前的 100 万亿元到 2035 年达到 200 万亿元左右，同时这种发展又是高质量的发展。

中国经济"新五化"已经逐步成为中国经济高质量发展的主引擎，

将为中国经济巨轮源源不断地注入蓬勃的新动能。

一是数字化与智能化。以数字化与智能化为核心特征的第四次工业革命浪潮将取代以信息化为主要特征的第三次工业浪潮，成为中国发展的最大发动机。历史上世界大国崛起的关键因素在于掌握了新兴工业革命的领导权，与前几次工业革命边缘化、跟随者的角色不同，中国已经成为第四次工业革命领导者之一。

二是产业体系现代化。中国将实现农业现代化、工业现代化、服务业现代化，向高质量、高效率、高效益、高增加值的现代产业体系转型，完善产业链、供应链、价值链，构建三次产业结构协调，实体经济与虚拟经济、实物经济与数字经济融合共生的现代产业体系。

三是城市群化与城乡一体化。中国将建设城市定位优势互补、产业分工协作、基础设施一体化、公共服务均等化、通勤同城化的现代化都市圈。推动现代化城市与现代化乡村比翼齐飞，推动城乡融合发展，促进城乡要素自由双向流动，形成城乡互补、全面融合。

四是新型全球化。中国作为主动推动者、构建者的新型全球化将逐步替代简单融入世界的国际化成为新大势，并为中国发展注入全球新动能。通过布局国内国际两个市场、两种资源，推动国内国际全球经济大循环，不但为中国产业发展提供了巨大空间，也为全球提供了巨大的中国机遇，实现中国与世界的互利共赢。

五是治理体系现代化。通过"四梁八柱"改革的全面展开，推动国家治理体系的完善与国家治理能力的提升，形成更具静态效率与适应性效率的中国制度体系。

## 四、供需两端共同发力推动高质量发展

高质量发展需要供给与需求两侧同步发力，推动经济发展由需求收缩带来供给收缩的低水平动态均衡转向以新需求牵引新供给、以新供给

创造新需求的更高水平动态均衡。

在供给侧，将深化供给侧结构性改革作为发展主线，提升供给质量。通过创新驱动推动经济发展的转型升级，推动经济发展方式从外延式扩张向内涵式增长转变。持续推进产业结构、要素投入结构、价值链结构、不同阶层的分配结构、实体虚拟经济结构、线下与数字经济结构、城乡区域结构等重大结构性战略调整，推动供给体系质量的提升。打通供给体系的堵点与痛点，畅通供给体系的循环。

在需求侧，将扩大内需作为发展的战略基点，以强大的中国市场拉动高质量发展。我国能够通过发挥社会主义优势来解决有效需求不足的问题，将基础设施建设作为加大公共投资的抓手，并带动私人投资。推进新基建，为第四次产业革命构建基础设施，包括构建各种类型智能终端、构建 5G 等通信基础设施，构建城市大脑、行业大脑、国家大脑、数据存储中心、超级计算设施等智能中枢设施。推进软基建，包括环保、公共卫生、养老健康、教育、防灾减灾、国防基础设施等。推进硬基建的升级，包括城市交通基础设施的升级、智慧城市建设、绿化生态环境升级改造、海绵城市建设。

通过推进共同富裕，提高中低收入群体的购买力。挖掘潜在的消费需求，通过消费补贴等政策推进汽车、家电用品以旧换新，带动家居大件消费品的消费需求。扩大公共消费，提高公共产品消费水平，设立公共消费区。

## 五、以新发展理念引领高质量发展

牢固树立贯彻创新、协调、绿色、开放、共享的发展理念，以新发展理念引领高质量发展。

以创新发展理念引领发展的动力变革，让创新成为发展的第一推动力，推动科技创新、模式创新、业态创新、管理创新等不同领域和不同层面的创新，特别是要以科技自立自强作为发展的战略支撑。以协调发展理念引领发展的动态均衡，持续推进发展的战略结构调整。以绿色发展理念引领人与自然和谐共生，通过生态建设持续积累生态资本，推动构建人与自然生命共同体。以开放发展理念引领发展格局拓展，持续加大开放，聚集世界优势资源为我所用，推动并参与全球发展的大循环，主动构建人类命运共同体，引领新型全球化。以共享发展理念引领共同富裕取得明显成效，不断调整收入分配结构，缩小贫富差距，让所有人民都能更公平、更平等地共同分享发展成果不断迈向共同富裕。统筹发展和安全两件大事，将安全发展理念贯彻发展全过程、全领域中去，安全的发展才是可持续的发展，而提高发展质量本身也能降低发展的风险。

# 开启高质量发展的关键

李　伟*

经过长期努力，中国特色社会主义进入了新时代。党的十九大报告作出这一判断的主要依据是我国社会主要矛盾已经转化为人民日益增长的美好生活需要和不平衡不充分的发展之间的矛盾。把握社会主要矛盾变化，关键是全面准确理解"不平衡不充分的发展"。

## 一、为什么要转向高质量发展

"不平衡"讲的是经济社会体系结构问题，主要指比例关系不合理、包容性不足、可持续性不够，从而制约生产率的全面提升。"不平衡"主要表现为以下 6 个方面：一是实体经济和虚拟经济不平衡。大量资金在金融系统内部循环，"脱实向虚"现象比较突出，金融服务实体经济的能力有待提升。二是区域发展不平衡。从人均 GDP 最高的前 5 个省份与最低的后 5 个省份的平均水平之比以及地区间加权变异系数看，我国区域间差距虽有所缩小，但仍有一定差距。三是城乡发展不平衡。我国城乡居民收入差距仍然较大，城乡基础设施和公共服务的差距仍很明显。四是收入分配不平衡。目前我国的基尼系数仍处在较高水平。如果考虑到财产存量的差距，分配不平衡的问题更加突出。五是经济与社会发展不

---

* 国务院发展研究中心原主任。

平衡。看病难、看病贵、择校难、上学贵、养老难、养老贵等问题，仍然是人民群众的操心事、烦心事。六是经济与生态发展不平衡。"绿水青山就是金山银山"理念已深入人心，但人民群众对美好环境和生态产品的需要日益增长，与生态环境总体不佳的矛盾仍很突出。大气、水、土壤污染挑战仍比较严峻。

"不充分"说的是总量和水平问题，主要指发展不足、潜力释放不够、发展中还有很多短板，发展水平特别是人均水平同世界先进国家还有不小差距。"不充分"具体也有 6 个方面的表现：一是市场竞争不充分。市场准入还存在不必要不公平限制，行政性垄断、所有制歧视时有发生，一些"僵尸企业"退出困难，地方保护问题依然存在。二是效率发挥不充分。资本投资效率逐年降低，当前每新增 1 元 GDP 需要增加6.9 元投资，投资效率明显低于发达国家平均水平。全要素生产率水平仅为美国的 43% 左右。三是潜力释放不充分。我国人均 GDP 虽已达 1 万美元，但是和美国、欧盟以及世界平均水平相比，仍有巨大的提升空间。四是有效供给不充分。居民消费结构加快升级，而新产品和新服务的供给能力跟不上，居民个性化、多样化、服务化的需求难以得到满足。五是动力转换不充分。新技术、新产品、新业态和新模式不断涌现，新旧产业融合不断加快，但整体规模和贡献相对有限，创新驱动增长格局尚未真正形成。六是制度创新不充分。使市场在资源配置中发挥决定性作用，还面临一些体制机制约束，监管体系、产品质量、食品安全、知识产权保护等方面的制度缺口还很明显，有利于落实创新、协调、绿色、开放、共享的制度环境还未全面形成。

社会主要矛盾的变化决定了经济工作的方向和重点，要求我国经济发展切实转向高质量发展。我国当前正处在从中高收入向高收入迈进的关键期，处在转变发展方式、优化经济结构、转换增长动力三大攻关期，必须坚持质量第一、效益优先，扎实推进质量变革、效率变革和动力变革。

## 二、需要什么样的高质量发展

过去 40 多年的高速增长，成功解决了"有没有"的问题，现在强调高质量发展，根本在于解决"好不好"的问题。正如习近平总书记所言，高质量发展就是体现新发展理念的发展，是经济发展从"有没有"转向"好不好"。

高质量发展，意味着高质量供给。我国拥有全球门类最齐全的产业体系和配套网络，其中 220 多种工业品产量居世界第一。但许多产品仍处在价值链的中低端，部分关键技术环节仍然受制于人。推动高质量的供给，就是要提高商品和服务的供给质量，更好满足日益提升、日益丰富的需求，跟上居民消费升级的步伐。

高质量发展，意味着高质量的需求。我国已形成最大规模的中等收入人群，城市化水平不断提升，内需市场十分广阔，但是就业质量不高，居民收入水平偏低，公共服务供给不足，养老、医疗、教育等给居民带来的负担还比较重，人民群众缺乏稳定预期，消费能力和意愿受到明显抑制。促进高质量的需求，必须解决这些问题，释放被抑制的需求，进而带动供给端升级，促进供需在更高水平实现平衡。

高质量发展，意味着高质量的配置。我们过去的高增长很大程度上得益于资源在城乡、行业、区域之间的重新配置。当前，我国产能过剩问题仍较突出，部分"僵尸企业"死不了、退不出，大量资源和要素被锁定在低效率部门。同时，部分基础领域和服务领域的开放度不够，民间资金进入也受限。实现高质量的配置，就是要充分发挥市场配置资源的决定性作用，完善产权制度，理顺价格机制，减少配置扭曲，打破资源由低效部门向高效部门配置的障碍，提高资源配置效率。

高质量发展，意味着高质量的投入产出。用有限的资源创造更多的财富，实现成本最小化或产出最大化，是经济学的基本问题，也是衡量发展质量高低的重要标准。实现高质量投入产出，就是要更加注重内涵式发展，扭转实体经济投资回报率逐年下降的态势；在人口红利逐步消退的同时，进一步发挥人力资本红利，提高劳动生产率；提高土地、矿产、能源资源的集约利用程度，增强发展的可持续性；最终实现全要素生产率的提升，推动经济从规模扩张向质量提升转变。

高质量发展，意味着高质量的收入分配。收入分配既是经济运行的结果，也是经济发展的动力，收入分配的质量好坏直接反映经济结构的优劣。实现高质量的分配，就是要推动合理的初次分配和公平的再分配。初次分配环节，要逐步解决土地、资金等要素定价不合理的问题，促进各种要素按照市场价值参与分配，促进居民收入持续增长。再分配环节，要发挥好税收的调节作用、精准脱贫等措施的兜底作用，注意调节存量财富差距过大的问题，形成高收入有调节、中等收入有提升、低收入有保障的局面，提高社会流动性，避免形成阶层固化。

高质量发展，意味着高质量的经济循环。经济循环是生产、分配、流通与消费，虚拟与实体，国内和国外互动与周转的总过程。提高循环质量，是实现生产要素高效配置的途径。中医说，通则不痛、痛则不通，把循环搞好了，经济发展就具有可持续性。当前我国经济存在三大失衡：供给和需求的失衡、金融和实体经济的失衡、房地产和实体经济的失衡，根本上说都是经济循环不畅的外在表现。促进高质量的循环，就是要畅通供需匹配的渠道，畅通金融服务实体经济的渠道，落实"房子是用来住的，不是用来炒的"，逐步缓解经济运行当中存在的突出失衡，确保经济平稳的可持续运行。

## 三、切实防范化解重大风险

高质量发展是一场耐力赛，需要脚踏实地，打牢基础，一步一个台阶。向高质量发展转变的过程注定不会一帆风顺，我们必须守住不发生系统性风险的底线，有序排除长期积累的风险隐患，有效应对外部不确定性的冲击，为高质量发展创造有利条件和环境。要切实应对好国际上三大不确定性和国内三大风险。

从国际看，一是贸易投资保护主义的影响。受单边化、内顾化、民粹主义倾向的影响，一些主要经济体采取了变相的贸易投资保护主义行动，甚至通过价格、税收等途径限制外国产品进口，加强安全审查限制外国投资，由此引发的经贸摩擦可能会打击正在复苏的全球贸易和投资。比如，中国加入世界贸易组织满 15 年后，即自 2016 年 12 月 11 日起，所有 WTO 成员都必须终止对中国出口产品反倾销调查中适用的"替代国"方法，但一些国家通过替代性标准变相违反 WTO 成员的条约义务，实质都是贸易保护主义的表现。

二是国际宏观政策调整的溢出效应。美国"缩表"和加息进程加快，主要经济体货币政策正常化步伐可能提速，全球利率水平将有所提升，资产重新配置可能引发全球金融市场动荡，特别是高债务的发展中国家压力将会有所增加。同时，美国税改引起全球广泛关注，可能导致新一轮的税收竞争。

三是国际地缘政治动荡的冲击。朝核、伊核问题发展方向仍不明确，恐怖主义威胁仍在持续，部分地区的稳定问题可能对全球经济更大范围的复苏形成冲击。

从国内看，一是金融风险聚集的态势还没有得到根本扭转。近些年来，通过加强监管力度、整治金融乱象、补齐制度短板，金融业脱实向虚的态势得到初步扭转，金融去杠杆取得一定成效。但要看到，宏观杠杆率（总债务 /GDP）上升趋缓，在很大程度上受益于价格效应。此外，道德风险、刚性兑付和监管套利现象仍然存在，金融去杠杆的制度基础尚不牢固，金融机构仍有较强的规模扩张冲动，金融严监管任务还很重。

二是房地产大起大落的问题尚未根本缓解。近年来，房地产与实体经济失衡的矛盾比较突出，房地产贷款占全国新增贷款接近一半，个人住房贷款余额快速增长，并推动房价快速上升，造成市场资源配置严重扭曲。近些年来，一、二线和部分三、四线城市密集出台了限购、限价、限售、限贷等行政性措施，房价快速上涨势头有所缓解。但适应市场规律的基础性制度和长效机制尚未建立，部分地区房价上涨压力仍不小，市场出现大幅波动不无可能。

三是地方举债也需要进一步规范。经过多地方债置换，地方政府债务偿还压力总体有所减轻，但近期有些地方政府通过 PPP 模式、政府购买服务、政府引导基金等变相举债，隐性债务较快增长问题比较突出。为此中央出台了一系列规范地方政府举债的措施，对违规担保、名股实债等隐性举债渠道进行规范。下一步，必须坚持"逐步消化存量、坚决控制增量""开前门、堵后门"的原则，严格推进地方债务规范管理，落实债务处置主体责任，严肃问责机制，在统筹考虑在建项目和资金链风险的同时，切实防范化解地方债风险。

## 四、创造良好条件开启高质量发展

针对高质量发展目标和面临的突出风险挑战，2020 年中央经济工作会议指出，要以习近平新时代中国特色社会主义思想为指导，全面贯彻党的十九大和十九届二中、三中、四中、五中全会精神，坚持稳中求进工作总基调，立足新发展阶段，贯彻新发展理念，构建新发展格局，以推动高质量发展为主题，以深化供给侧结构性改革为主线，以改革创新为根本动力，以满足人民日益增长的美好生活需要为根本目的，坚持系统观念，巩固拓展疫情防控和经济社会发展成果，更好统筹发展和安全，扎实做好"六稳"工作、全面落实"六保"任务，科学精准实施宏观政策，努力保持经济运行在合理区间，坚持扩大内需战略，强化科技战略支撑，扩大高水平对外开放，确保"十四五"开好局，以优异成绩庆祝建党 100 周年。

　　与此同时，2020 年中央经济工作会议还对 2021 年经济工作的重点任务作出了部署：一是强化国家战略科技力量，二是增强产业链供应链自主可控能力，三是坚持扩大内需这个战略基点，四是全面推进改革开放，五是解决好种子和耕地问题，六是强化反垄断和防止资本无序扩张，七是解决好大城市住房突出问题，八是做好碳达峰、碳中和工作。这些都为高质量发展指明了方向、创造了条件。

# 新基建推进"一带一路"建设高质量发展

郭朝先　徐　枫\*

2018 年 12 月，中央经济工作会议首次提出新型基础设施建设（以下简称新基建）概念后，新基建迅速成为全社会讨论的"热词"。新基建的内涵、范围、特征、价值、功能以及新基建与传统基建的关系、新基建投资能不能拉动中国经济增长、新基建会不会成为又一个"四万亿计划"等话题引起广大媒体和专家学者的热议，其中暗含的前提是新基建是我国国内的事情。事实上，当前我国经济社会已与全球深度交融，新基建不完全是国内的事情，其在中国"一带一路"建设中表现得更加明显。

截至 2021 年 1 月，我国已与 171 个国家和国际组织签署了 205 份共建"一带一路"合作文件，"六廊六路多国多港"互联互通架构基本形成，其中既包括"一带一路"沿线国家，也包括参与"一带一路"共建的国家。在"一带一路"建设中，基础设施互联互通是最优先的方向，也是"一带一路"投资的关键领域和核心内容。目前，"一带一路"建设已进入高质量发展阶段，其基础设施建设应该强调高质量，突出新基建。在此背景下，本文尝试回答"一带一路"新基建的内涵，中国"一带一路"新基建的进展、存在的问题与挑战，以及如何利用新基建助推"一带一路"建设高质量发展等问题。

\*　郭朝先系中国社会科学院工业经济研究所研究员、产业组织研究室副主任；徐枫系北京联合大学商务学院副教授。

# 一、文献综述

## （一）新基建概念与内容

一年多来，从中央和国家历次会议与相关文件中有关新基建表述来看，不难发现新基建的内涵在不断丰富和完善中，从最初的 5G 网络、人工智能、工业互联网、物联网扩增到数据中心、充电桩、换电站等。目前，社会上对于新基建的理解和认识呈现多元化趋势，比较广泛的说法有"七领域说""三方面说""新技术驱动说""新要素说""两分法说"（广义和狭义）等。其中，"七领域说"和"三方面说"是最有影响力的两种说法。

"七领域说"认为，新基建包括 5G 基建、特高压、城际高速铁路和城际轨道交通、新能源汽车充电桩、大数据中心、人工智能和工业互联网等七大领域，涉及诸多产业链。"三方面说"是国家发改委于 2020 年 4 月 20 日对新型基础设施的范围正式作出解读而提出来的，即新型基础设施是以新发展理念为引领，以技术创新为驱动，以信息网络为基础，面向高质量发展需要，提供数字转型、智能升级、融合创新等服务的基础设施体系，包括信息基础设施、融合基础设施、创新基础设施三个方面。其中，信息基础设施包括以 5G、物联网、工业互联网、卫星互联网为代表的通信网络基础设施，以人工智能、云计算、区块链等为代表的新技术基础设施，以数据中心、智能计算中心为代表的算力基础设施等；融合基础设施包括智能交通基础设施、智慧能源基础设施等；创新基础设施则包括重大科技基础设施、科教基础设施、产业技术创新基础设施等内容。可以说，"三方面说"是新基建官方权威的解读。不过，国家发改委也强调，伴随着技术革命和产业变革，新型基础设施的内涵、外延也不是一成不变的。

"七领域说"和"三方面说"各有侧重，相同点是它们共同的主要方面，即强调"数字化"是新基建的核心要义，"数字基建"是新基建的重点领域。不同之处在于，"七领域说"比较具体，涵盖范围也相对较窄；"三方面说"相对抽象，涵盖范围更加宽泛。本文在研究"一带一路"新基建问题时采用"三方面说"，但在涉及具体新基建项目时，主要采用"七领域说"来阐述，以易于把握。

### （二）新基建与传统基建的关系

新基建与传统基建相比，其具有"质"的规定性。新基建的重点是信息基建，核心是数字基建。新基建因具有新技术、新高度、新领域、新模式、新业态、新治理等"六新"特征，可以赋能经济高质量发展，推动产业转型升级。新基建之"新"，在于它构筑起了"平台"这种新的结构性力量，充分发挥数字对经济发展放大、叠加、倍增、融合等作用，产生网络效应、平台效应和赋能效应，推动形成新的产业体系和产业生态。

新基建与传统基建的关系是讨论比较多的一个话题。李海舰认为，传统基础设施大多局限于实体空间，重在有形连接，即"桥连接"，主要包括公路、铁路、机场、港口、码头、桥梁等；新型基础设施突破了实体空间，拓展至虚拟空间，重在无形连接，即"云连接"，主要包括以互联网为代表的新一代信息技术群，也称"云设施"。他认为，新基建与传统基建不是相互替代关系，而是相互补充和相互支持的关系，新型基础设施不仅提升了传统基础设施的功能，而且放大了传统基础设施的作用。郭朝先等认为，传统基建与新基建在很多时候是交叉融合的，更多时候新基建是建立在传统基建之上的一个系统，因此，处理好传统基建与新基建的关系，发挥传统基建与新基建的协同作用，以及不同新基建类型之间的协同，构建标准兼容、协同融合的现代化基础设施体系非常关键。杜国功提出要辩证地看待新基建与传统基建之间的关系，两者之间不是泾渭分明、彼此分割的，而是互为条件、互相促进的。一方面，新基建需要依靠传统基建提供的环境、物理或条件支撑，传统基建需要按照新基建的标准、参数、型号、材质、温度、湿度、容量等要求"搭梁建屋"，新基建就是传统基建的"隐蔽工程"；另一方面，新科技革命变革时代的传统基建，必须借助新基建的智慧赋能、改造升级、焕发生机，不断实现传统基建的数字化、信息化、智能化、网络化和系统化，以提升传统基建的层次水平。

总的来说，新基建具有强大的赋能效应，如果说传统基建主要是通过规模与总量来发挥作用，那么新基建主要是通过质量与效率发挥着促进经济发展的"发动机"与"加速器"作用。正确认识新基建与传统基建的辩证关系，发挥好新基建与传统基建的协同作用，将更有利于促进经济的高质量发展。

### （三）"一带一路"新基建相关研究

"设施联通"是"一带一路"建设"五通"（政策沟通、设施联通、贸易畅通、资金融通、民心相通）的内容之一，目前学界已有许多关于"一带一路"基础设施建设与互联互通的研究，但关于"一带一路"新型基础设施方面的研究还比较少，相关研究主要涉及"一带一路"信息基础设施建设与互联互通。

事实上，我国提出"一带一路"倡议时就高度重视基础设施的互联互通，包括建设信息基础设施互联互通、打造信息丝绸之路、网上信息之路等主张，与当前的新基建概念具有很高的契合度。2015 年 3 月，我国发布了《推动共建丝绸之路经济带和 21 世纪海上丝绸之路的愿景与行动》，提出要"共同推进跨境光缆等通信干线网络建设，提高国际通信互联互通水平，畅通信息丝绸之路"。2016 年 7 月颁布的《国家信息化发展战略纲要》明确提出要"围绕'一带一路'建设，加强网络互联、促进信息互通，加快构建网络空间命运共同体""推进'一带一路'建设信息化发展，统筹规划海底光缆和跨境陆地光缆建设，提高国际互联互通水平，打造网上丝绸之路""合作建设中国—中亚信息平台、中国—东盟信息港、中阿网上丝绸之路"等建设规划。2019年4月，第二届"一带一路"国际合作高峰论坛在北京举行，提出要以绘制"工笔画"的精神，走上共建"一带一路"高质量发展的新征程。论坛发布的联合公报提出：要建设高质量基础设施，即建设高质量、可靠、抗风险、可持续的基础设施，同时强调各国要借鉴国际良好实践，加强包括跨境高速光缆在内的数字基础设施，发展电子商务和智慧城市，缩小数字鸿沟。可见，"一带一路"建设高质量发展离不开高质量基础设施，而信息基础设施是高质量基础设施的重要组成部分。

关于"一带一路"信息基础设施建设和互联互通的问题，学术界也开展了相关研究。较早提出加强"一带一路"沿线国家信息基础设施建设的是中国信息通信研究院院长刘多，他提出加强"一带一路"沿线国家的国内信息基础设施建设，将宽带信息基础设施建设列为战略之首等建议。杨道玲等构建了信息基础设施发展水平指数，对"一带一路"沿线65个国家的信息基础设施发展水平进行了测评。结果发现，"一带一路"沿线国家信息基础设施总体上处于"中等"发展水平，不同国家间差异较大，最高和最低水平指数分值相差6.4倍之多；近一半国家宽带接入速度小于或等于1Mbit/s，没有达到发达国家入门级固定宽带速度标准（5Mbit/s）；固定电话普及程度总体较低，移动电话已成为主要信息通信工具，移动宽带是互联网接入的主要方式等。林颖等认为，当前我国信息通信技术企业参与沿线国家信息基础设施建设面临诸多问题，以基础型信息应用激活沿线国家信息基础设施建设，是实现互联互通的有效路径。潘素昆等研究了"一带一路"沿线国家基础设施对中国对外直接投资区位选择的影响，在通信、运输和能源三类基础设施中，通信基础设施对中国对外直接投资区位选择影响程度最大。卢潇潇等认为，"一带一路"沿线发达经济体既有基础设施过于陈旧老化，亟须更新换代，对更新基础设施需求潜力大。提到要推进通信基础设施建设，通过联合沿线各国全力打造高效信息走廊，全面提升宽带功能，强化信息网络的互联互通，以此为基础在沿线重要节点布局建设一批高质量的云计算、大数据服务点，全面加强互联网、信息技术、智慧城市建设等领域合作；加强移动支付、5G 网络等新经济领域合作，打造"智慧丝路"；加强"一带一路"电子商务合作，打造"网上丝路"。现在看来，这些想法其实就是发展新基建的内容。

既有关于"一带一路"基础设施建设方面的研究对信息基础设施等新基建内容有所涉及，但由于新基建是一个新概念，因此，明确以新基建为主题对"一带一路"基础设施建设和互联互通的研究目前还没有涉及。新基建是"一带一路"基础设施建设和互联互通的重要内容，并且对沿线国家经济社会发展具有强大的赋能效应，对于推进"一带一路"建设高质量发展具有重要意义，本文分析了中国"一带一路"新基建的现状和问题，以及新基建推动"一带一路"高质量发展的路径，提出了如何利用新基建推进"一带一路"建设高质量发展的对策建议。

## 二、中国"一带一路"新基建现状与路径分析

当前，"一带一路"建设已进入高质量发展阶段，"一带一路"基础设施建设的高质量发展主要包括两个方面：一是建设数字化基础设施；二是不断加入新基建元素，促进传统基建项目转型升级。

### （一）中国"一带一路"基础设施建设概况

2013 年"一带一路"倡议实施以来，秉承共商共建共享的理念，我国对"一带一路"沿线国家直接投资总额逐年攀升。其中作为"五通"重要组成部分的"设施联通"项目成为主要投资领域之一。截至 2019 年

底,中国对"一带一路"沿线国家对外直接投资累计金额超千亿美元,对外承包工程累计完成营业额约 5000 亿美元。据报道,2019 年,我国企业在"一带一路"沿线的 62 个国家新签对外承包工程项目合同 6944 份,新签合同额 1548.9 亿美元,占同期我国对外承包工程新签合同额的 59.5%,同比增长 23.1%;完成营业额 979.8 亿美元,占同期总额的 56.7%,同比增长 9.7%。据统计,截至 2019 年底,中国"一带一路"承包工程营业额 1729 亿美元,增长 2.3%,1 亿美元以上项目 506 个,增长 8.4%。在此过程中,既为项目所在国及第三国创造了近 80 万个就业岗位,又带动我国设备材料出口超 140 亿美元,实现了互利共赢。

从投资的国别市场来看,《"一带一路"建设发展报告(2019)》显示:沿线国家是中国企业对外承包工程的主要市场,排名前 10 位国家分别是巴基斯坦、印度尼西亚、马来西亚、沙特阿拉伯、老挝、孟加拉国、泰国、越南、埃及和土耳其。在投资主体上,由于基础设施建设的公共性和准公共属性较强、盈利能力低,投资规模大、建设周期长,并且受东道国政治、经济等诸多不确定因素的影响,抗风险能力较强的国有企业成为投资与建设的主力。商务部《2018 年度中国对外直接投资统计公报》显示,我国对外基础设施建设投资的跨国公司主要包括中国远洋海运集团有限公司、中国铝业集团有限公司、中国建设集团有限公司、中国五矿集团有限公司、中国交通建设集团有限公司等大型国有企业。

"设施联通"主要包括交通、电力、通信等基础设施合作领域,其中,中国对外承包工程完成营业额中,交通基础设施和电力基础设施两项合计占比高达 60%。在交通基础设施方面,我国已经在"一带一路"沿线建成了一批铁路、公路、港口等重大基础设施项目,中老铁路、中泰铁路、雅万高铁、匈塞铁路、蒙内铁路等是其中的代表性项目。在电力基础设施方面,电网互联互通是"一带一路"建设的重要支柱之一,国家电网公司已在缅甸、老挝、波兰、埃及、埃塞俄比亚等"一带一路"

沿线国家承建国家骨干电网工程，与俄罗斯、蒙古国、吉尔吉斯斯坦等周边国家累计建成中俄、中蒙等10条跨国输电线路。在通信基础设施方面，我国与"一带一路"沿线国家建有多条跨境陆缆和国际海缆，直接联通亚非欧各地；中国移动、中国联通、中兴通讯在东南亚各国的市场份额逐年提升。

"一带一路"倡议提出以来，许多重大基建合作项目已落地生根，成为中国制造"出海"的名片，提升了中国在"一带一路"沿线国家的影响力。当前，区域内各国在能源、交通、公用事业、建筑等领域的投资建设市场空间巨大，但基建行业投资额巨大、建设周期长、产业链复杂，受"逆全球化"和全球新冠肺炎疫情影响，世界经济进入衰退期，国际基建市场或将进入冰冻期，我国首倡的"一带一路"建设，尤其是其中的基础设施建设项目面临着巨大的挑战。在此情形下，通过加大新基建建设力度，一方面稳住"一带一路"基础设施建设基本面，另一方面提升"一带一路"基础设施建设的质量。

### （二）中国"一带一路"新基建进展情况

中国在共建"一带一路"的过程中，始终高度重视基础设施建设，新基建的核心内容是建设数字化基础设施项目，重点是在既有基建项目中添加新基建元素，促进传统基建项目转型升级。就新基建的7个重要领域来说，中国"一带一路"建设工程中均有涉及，范围不仅限于"一带一路"沿线国家，还包括参与共建"一带一路"的诸多国家，如巴西、东非、西非等。

5G基建、特高压、城际高速铁路和城际轨道交通、大数据中心是中国"一带一路"新基建的主要优势领域，而新能源汽车充电桩、人工智能和工业互联网领域则相对较弱。

目前，中国企业参与"一带一路"新基建主要表现为三种方式：一是以中国企业为主的"全产业链"方式，主要是以国有企业作为新基建项目的龙头企业，积极竞标东道国国际重大项目。项目竞标成功后，通过业务分包带动市场化的企业参与，其他企业以"嵌入产业链"方式嵌入、组链，形成"一带一路"新基建项目及其产业链。二是中国企业与东道国当地企业组成"联合体"方式，共同开发新基建项目。三是中国企业"业务出海"方式，即国内企业向东道国的市场提供带有新基建元素的设备，间接参与"一带一路"新基建开发。

### （三）中国新基建推动"一带一路"高质量发展的路径

当前，在"一带一路"基建项目中，新基建已具有一定的市场规模，未来的市场空间发展潜力巨大。从宽泛的视域来理解，中国新基建助推"一带一路"建设高质量发展的路径可归纳为三个方面。

路径之一：以新基建"中国标准"引领"一带一路"基建项目建设。在高铁、5G网络、特高压电网等部分新基建领域，中国已达到国际先进水平，中国标准成为事实上的国际标准。例如由中国国家电网公司主导突破的特高压输电技术，是迄今为止难度最大、最复杂的电力技术，中国在世界上率先建立了完整的特高压交直流标准体系，共建立了包含7大类79项标准的特高压交流输电标准体系，中国特高压交流输电标准电压被推荐为国际标准电压，彻底扭转了我国电力工业在国际市场的被动局面，中国电力拥有了在国际市场上制定标准的话语权。"中国标准"成为"世界标准"，并被"一带一路"基建项目所采用，引领"一带一路"基建项目建设，凸显了从"中国制造"到"中国创造"的转变，诠释了"中国智慧""中国方案"的产业技术内涵。

路径之二：新基建元素融入中国主导的"一带一路"基建项目。中国建设的"一带一路"项目涵盖新基建七大领域，可以说，中国新基建元素已经融合到"一带一路"国家基础设施项目建设中。以特高压设备在电力互联互通领域的应用为例，在国家电网公司承建巴西美丽山二期水电特高压工程的同时，我国普瑞电力工程有限公司中标并承担了换流阀及阀控设备供货，相当于为其特高压工程定制了"心脏"。中国新基建元素的海外应用场景，还表现在应用工业互联网、物联网、大数据、人工智能等技术，支撑传统基础设施的转型升级，用于我国承建的"一带一路"境外合作园区、工业园配套建设项目等，这同时也是中国科技深度"出海"的标签。

路径之三：新基建元素深度嫁接"一带一路"东道国的基建项目。目前，参与"一带一路"共建的国家中，中国新基建元素已经深度融入各国的建设领域：在电力基础设施领域，我国特高压直流已经实现产业化，在海外市场实现了关键设备的输出，如中国西电集团有限公司为俄罗斯提供特高压输电产品；国家电网工业互联网领域的实践应用项目，可对东道国的基础设施升级改造，提供精准主动抢修、光伏云网、智慧车联网、虚拟电厂等代表新基建元素的技术服务。在通信互联互通领域，世界各国的 5G 基站建设中，有 2/3 的设备需要华为提供；中兴软创（中国联通新加坡子公司）与泰国运营商 AIS、True 深度合作，提供全套技术解决方案。在交通互联互通领域，江苏金晓电子信息股份有限公司参与建设了"巴基斯坦 KKH 二期"（赫韦利扬至塔科特路段）交通项目，通过大数据和人工智能技术赋能交通诱导系统，为出行提供精准可达的信息，精准预计行程，提升出行效率。

## 三、中国"一带一路"新基建存在的问题

### （一）海外新基建应用场景受到多重因素制约

当前，我国海外新基建由于受到技术短板、人才供给不足、投融资市场狭小、东道国政府严格管制等多重因素制约，应用场景受限。

第一，国内技术短板问题。目前我国仍处于工业化进程中，工业整体基础相对薄弱，部分关键核心技术并没有掌握，这对处于科技应用前

沿的新基建产生不利影响。构成工业互联网和智能制造装备的重要基础技术和关键零部件主要依赖进口，如新型传感器等感知和在线分析技术、典型控制系统与工业网络技术、高性能液压件与气动元件、高速精密轴承大功率变频技术等。我国人工智能与智能制造结合也存在一些关键技术需要破解，如多源多通道数据实时采集感知、大数据故障诊断深度学习、数字样机建模等关键性技术的短板问题，造成在数字化应用软件开发时，通常会出现数据结构的异构性。数字化的关键核心技术并未完全掌握，部分关键零部件和核心技术甚至依赖国外，使得我国在"一带一路"基础设施建设中，工业互联网、人工智能等只能以单点、个案的方式介入，应用场景十分有限。

第二，人才供给问题。国内新基建领域人才供给是否充裕，是决定"一带一路"海外新基建项目能否可持续拓展的关键所在。2020 年 5 月，智联招聘发布的《2020 年新基建产业人才发展报告》显示，我国新基建核心技术人才缺口长期存在，预期 2020 年底将达 417 万人。尤其是信息基础设施产业核心技术岗位的缺口较大，即缺乏 5G、大数据、人工智能等各领域的通用技术人才。在核心技术专业人才存在缺口的同时，新基建的复合型人才供给也相对不足。智能制造成功的关键首先在于智能制造系统和产品设计工艺要有机融合；其次是要用新技术去改造原有工艺，这需要既懂信息又懂制造的融合人才，而这些目前都存在大量缺口，人才短板成为制约国内与国外新基建市场发展的要素瓶颈。

第三，投融资市场问题。当前，参与"一带一路"共建的大多数国家仍为经济欠发达经济体，基础设施建设资金缺口大是一个突出问题。我国与"一带一路"沿线的国家和地区签订政府和社会资本合作（PPP）项目中，超过一半项目为基础设施项目。一般做法是中资企业通过 PPP模式参与"一带一路"国家基础设施项目建设，东道国政府（公共部门）为项目发起方，中资企业（多为央企，但在 PPP 中属于私营部门）为项目投资方，公共部门和私营部门共同成立合资公司负责项目的投资运营。目前存在一些值得关注的问题，例如中资资金占比高达60%以上，依赖程度大；项目资本占用率高，回收周期长，缺少市场化的退出渠道，尤其是私人部门参与投资的意愿低；部分东道国投融资软环境差，项目投资风险高等，这些问题在新基建领域可能更加突出。当地经济较为落后导致市场容量有限，造成新基建应用场景受限，如城际高铁、新能源汽车充电桩等领域项目建设成本高、运营成本高，而当地新能源汽车保有量较低，城际高铁的上座率低，导致项目市场回报率较低，影响新基建项目推进。

第四，东道国政府管制问题。由于新基建往往涉及网络、信息、数据安全等问题，在"棱镜门"事件之后，各国普遍重视国家信息安全问题，"一带一路"国家也倾向于对新基建领域实施相对严格的清单管理制度，一些国家甚至提出"信息国产化"，旨在加强信息安全性。比如，泰国、马来西亚、菲律宾、印度尼西亚、南非等都对电信服务设置了准入门槛。泰国电信市场存在技术壁垒和政府采购歧视的贸易壁垒，国外电信设备供应商或运营商若想要进入泰国市场，需要首先与泰国CAT（The Communications Authority of Thailand）公司和泰国TOT（Telephone Organization of Thailand）公司合作，签订特许收入分成协议或通过电信经营许可证方式进入。在马来西亚，通过商业存在方式提供网络设备服务和网络服务需收购现有已注册的网络设备服务和网络服务提供商的股份。这些限制措施使得海外新基建应用场景受限。

## （二）国内外新基建的参与主体出现结构性失衡

近期，国内各地掀起新一轮的新基建热潮，尤其是市场化的企业主体，参与热情高涨。但在"一带一路"基建领域，引领新基建项目"出海"的企业数量则少之又少，堪称"冷清"。"一带一路"建设中，新基建项目主要集中在国家电网、中国铁路总公司、中国建设集团等数量极少的大型国有企业，市场化的企业主体参与度较低，造成中国海外新基建项目吸引民营企业参与以及带动国内相关产业发展能力较弱。目前，参与海外新基建的企业中，除华为、中国西电等具有绝对优势的市场竞争主体以外，其他市场化企业主体仍以单点、个案的业务拓展方式，缓慢参与"一带一路"各类基建项目。

总体而言，我国尚未形成"出海"参与"一带一路"新基建项目的"联合舰队"，国内外新基建项目尚未形成协同发展的态势。在已经参与的海外新基建项目中，中国企业市场竞争能力也相对较弱，亟须加强。以数据中心建设为例，中国百度、阿里巴巴、腾讯（BAT）三家互联网巨头所拥有的数据中心服务器数量之和，不足美国亚马逊一家公司的一半，公司实力差距导致我国企业在竞标国际重大基建项目时较难胜出。

## （三）某些国家"掣肘"将对"一带一路"新基建构成直接威胁

"一带一路"建设涉及国家众多，这些国家与我国在意识形态、政治制度和发展模式等领域有很大差异，新基建特别是其中的信息基础设施，被许多国家和国际机构定义为国家关键基础设施，网络、信息、数据等都与国家安全息息相关。受没有参与"一带一路"建设的国家如美国、欧盟成员国等影响，许多国家对中国公司参与其电信基础设施建设持越来越谨慎的态度。近年来，以美国、澳大利亚为首的一些国家多方阻挠中国参与其他国家信息基础设施建设和信通设备的采用，导致我国信息通信技术（ICT）企业不得不花费很大精力来应对这些国家的围堵和分化。尤其是近年来，美国政府针对中国企业推出的"长臂管辖"，对我国信息通信企业参与"一带一路"新基建项目产生了极大的负面影响。

2019 年底，美国在第 35 届东盟峰会系列会议"印度—太平洋商业论坛"上发布了"蓝点网络"计划。该计划由美国国际开发金融公司

（DFC）、澳大利亚外交与贸易部（DFAT）及日本国际协力银行（JBIC）三方共同发起，其宗旨是所谓的"统筹政府、私营部门和民间社会，以开放、包容的姿态将全球基础设施建设的标准提至高质量、可信赖的程度"。由于"蓝点网络"计划强调"全球标准""私营企业注资"，关注"高质量、可持续的基础设施项目"，对很多发展中国家产生了一定的吸引力。但该计划的核心是对基础设施、数字化服务、采矿和金融服务等进行"评估和认证"。这一计划对我国"一带一路"新基建构成威胁，因为该计划宣称尊重所谓的"全球性标准"，包括对"透明、责任制、财产和资源的主权、当地劳工和人权、法治、环境以及政府在采购和融资方面的良好做法"表示尊重，实际上是设想以他们的标准替代中国标准，或者以他们的标准来"评估和认证"中国"一带一路"基建项目，为中国推进"一带一路"基础设施互联互通设置障碍。

## 四、对策建议

### （一）完善顶层制度设计，推进"一带一路"新基建

随着信息通信技术的进步和智能互联网新时代的到来，"一带一路"沿线许多国家将国家基础设施建设从传统的交通、水电、能源、城市建设等"混凝土＋钢铁"的模式转到关注国家信息和智能基础设施建设上来。与此同时，我国新基建的提出要求提高对"一带一路"基础设施互联互通的认识，将基础设施扩展到 5G 网络、数据中心、人工智能、工业互联网、物联网等诸多领域，不仅重视基础设施物理硬件的"硬联通"，而且注重标准、治理等"软联通"。

一方面，我国应加强顶层设计，从政策、资金、法律上予以扶持，积极支持我国企业"走出去"，参与"一带一路"新型基础设施建设与互联互通。例如，研究制定与新基建相关企业"走出去"的财税奖励扶

持政策；推进与"一带一路"节点国家签订建设"数字自由贸易区"协议；建立完善与跨境电商监管相关的政策协调，加快推动自贸区谈判进程，加快建设高标准自贸区国际网络，为中国企业海外参与新基建建设争取公平竞争市场环境、良好的政策环境和公正的法治环境；进一步加强与国际多边组织和国际多边开发金融机构合作，利用其全球网络和项目信息优势，大力促进新基建三方市场合作。

另一方面，我国应秉承共商共建共享理念，与"一带一路"国家一道制定新基建的"国际标准"。例如，可以考虑在具体项目实践经验的基础上，采用《G20 高质量基础设施投资原则》（2019 年 G20 大阪峰会通过）的六大共识原则（促进可持续发展、考虑项目生命周期的经济效率、纳入环境因素、纳入社会因素、增强抗自然灾害风险的韧性、加强基础设施的治理）进行标准认证，并与东道国合作推出实现标准的软联通，有效应对"蓝点网络"计划。在操作层面，对于新基建 EPC 工程总承包项目，尽量直接推广应用中国已有标准；对于中国与东道国组成互联体进行的共建项目，可以合作制定标准，提升合作水平。在工业互联网、人工智能等新基建的短板领域，通过科技创新强化自身标准体系的实践，主动参与国际标准的制定，积极解读相关国际标准，逐步形成完善且达到世界先进水平的"中国版"新基建标准体系。

## （二）构建底层技术支撑体系，破除产业链的"技术阻点"

新基建领域汇集了各项底层技术，如新基建建设中所涉及的核心装备、关键零部件、基础软件等一系列硬件和软件都需要坚实的底层技术支持。新基建的核心是数字化基建，底层技术的支撑体系是其发展的基础保障，更是强劲推动新基建高质量增长的根本所在。中国要站在"一带一路"基建领域制高点上，实现由"中国制造"向"中国智造"的根本转变，持续进行技术攻关，掌握新基建所需要的关键核心技术和各种底层技术。

对于新基建所需要的关键核心技术和底层支撑技术，应将其视为"核心公益技术"，政府可直接组织多支科研团队联合攻关，破除产业链的"技术阻点"，也可委托国内最前沿的科研机构、龙头企业进行关键技术的"精准研发"，最终产生的科研成果和知识产权实现共享。只有这样，才可能构建新基建所需要的"自主可控"底层技术支撑体系，高质量建设"一带一路"新基建才有真正的可靠技术支撑。

### （三）推进多渠道培养方式，确保为"一带一路"新基建提供智能支持

中国"一带一路"新基建项目的建设与运营，需要跨国经营管理人才、资本运作人才参与，需要外语、软件工程师、数学家、物理学家等贡献智慧和力量。为此，需要强化人才培养、增加供给途径，优先从国内高等教育机构、研发机构、创新中心等选择人才，要从新基建项目中通过"干中学"发现和培养人才。要坚持新发展理念，深化沿线国家科技人才交流，促进沿线国家"民心相通"，坚持"走出去"与"引进来"并行，推进中国与"一带一路"国家实行双向培养、联合培养、融合式培养"一带一路"新基建所需要的各类人才，不仅高质量推进"一带一路"新基建，而且惠益"一带一路"沿线国家的长远发展。实践中，可以依托中国与东道国的高校、科研机构、高科技企业、专门培训机构等合作，通过共同研发、项目培训、合作办学等多种渠道，培养新基建所需各类人才。

### （四）健全投融资支持体系，为中国企业"出海"提供金融保障

"一带一路"沿线国家多为发展中国家，人口总量在全球占比近半，未来新基建市场的发展潜力巨大，市场规模不可估量。考虑到"一带一路"沿线国家的社会财力状况，需要创新基建领域的投资模式，激发市

场活力，引导更多的社会资本投入新基建之中。可以考虑在亚投行和丝路基金中设立新基建专项，也可以考虑单独设立"一带一路"新基建专项基金，引导企业积极参与并打造中国主导的高品质新基建项目。积极联合东道国政府和相关机构，设立国内外新基建引导基金，共同推进"一带一路"新基建联合体项目（与东道国企业共建项目）。

要创新政府和社会资本合作（PPP）模式，推进三方合作机制，支持包括第三国、国际金融组织等在内的更多社会资本参与"一带一路"新基建，尤其是要注重吸引具有专业优势的社会资本参与，"让专业的人做专业的事情"，既避免中国企业、中国资本"单打独斗"，降低新基建项目风险，又提高新基建建设运营效率和服务品质。将不动产投资信托基金（REITs）机制引入"一带一路"新基建 PPP 项目领域，形成"PPP+REITs"机制，是解决"一带一路"沿线国家和地区基础设施 PPP 项目融资难、完善社会资本交易退出机制、盘活存量资本投入和增强 PPP 项目流动性的重要举措。

应根据项目性质、风险分配基本框架、融资需求和期满处置等各项因素，选择适当新基建 PPP 运营模式，如 BOT（建设—经营—转让）、BOO（建设—拥有—经营）、委托运营等。依据《中国证监会 国家发展改革委关于推进基础设施领域不动产投资信托基金（REITs）试点相关工作的通知》等相关文件精神，尽快遴选优质的"一带一路"新基建 PPP项目开展不动产信托基金试点，相关试点的标的可优先选择落地在与我国形成稳固关系国家的项目且进入运营期的新基建 PPP 项目。深化资本市场改革，探索在深交所和上交所设立不动产信托基金板。在设计相关交易和制度框架时，允许境外符合条件的"一带一路"新基建 PPP 项目设计为不动产信托基金，并在我国交易所上市；同时，允许国外投资者投资购买我国发行的"一带一路"新基建 PPP 项目不动产信托基金。

# "十四五"时期构建全面发展性社会政策的思考

葛道顺 *

《中共中央关于制定国民经济和社会发展第十四个五年规划和二〇三五年远景目标的建议》要求"十四五"期间要"改善人民生活品质，提高社会建设水平"，从而赋予了社会政策新的发展内涵和目标，将推动我国包容兜底性社会政策体系向全面发展性社会政策体系转变。

## 一、我国包容兜底性社会政策体系的建立，是全球贫困治理和社会发展的典范

在社会政策层面，包容性发展旨在改变导致社会排斥的环境和习性，反映的是福祉在全社会的生产过程和公正分配的一种状况，有助于提升弱势人群的能力、机会和尊严以及参与社会的程度。这种对弱势群体发展的包容保护在我国治理体系中称为兜底性社会政策，其在保证党的十八大报告所指出的"保证人民平等参与、平等发展权利"方面发挥了重要政策效能。

党的十八大以来，新农村建设和精准扶贫国策，使得 8000 万农村贫困人口走出窘境。困扰中华民族几千年的绝对贫困在新时代已被终结。在我国的脱贫攻坚战中，改变贫困群体生存环境的生态移民政策，关注贫困群

---

* 中国社会科学院社会发展战略研究院研究员、博导，院长助理兼社会政策研究室主任。

体的教育、医疗、文化、科技等人力资本建设的社会性投资，以及实行农村最低生活保障制度兜底脱贫、着力加强教育脱贫、开展医疗保险和医疗救助脱贫等一系列兜底性扶贫社会政策措施，发挥了应有的作用。在农村，国家推行政府介入责任担当的新型农村社会养老保险和新型农村合作医疗制度，不仅有效回应了广大农民的基本养老、基本医疗和保健需求，也为脱贫攻坚提供了层次性制度保障。可以说，中国以贫困治理和群体发展为目的，建构了脆弱群体的社会保护体系。中央顶层政策设计优惠及落后地区的贫困人群，充分发挥了社会政策的包容兜底功能。

在社会发展方面，为应对经济改革带来的收入差距扩大、"三农"问题凸显等新的社会问题，我国首先加大了民生领域社会政策包容性的设计和执行。2002 年以后，我国实施的以保障和改善民生为基础的"社会建设"行动目标和政策体系，2006 年开始的在"和谐社会"发展理念指导下建构的城乡统筹发展政策体系，以及党的十八大以后在"十三五"时期开始实施的基本公共服务均等化行动，都明确了国家在社会发展计划和社会政策体系中的主体责任和主导地位，强调了社会政策结果的公益性和普惠性，有效规避了社会福利和社会服务过度市场化给社会发展带来的负面影响。我国包容性社会政策的建构还体现在对发展落后地区的整体社会发展方案的完善上，如改善西部地区交通、给排水、电信等基础设施服务，给居民整体提供系统的基本公共服务，有效改善了他们的生活状态。此外建构防范重大疫情和灾难性社会事件的应急社会保护体系，建立社会生活空间的兜底保护网也是我国包容性社会政策发展取得的重要成就。

## 二、以人的发展为根本目标，构建全面发展性社会政策体系，为全体城乡居民的美好生活赋能

发展性社会政策将增进整个人口的福利水平作为其根本目标，强调

政府的各种资源投入以及管理和协调作用。我国的经济社会发展以增进人民福祉为中心，"十四五"及 2035 年远景期也将始终坚持"以人民为中心"的发展思想，发展性社会政策体系的建构应时而出。

相对贫困将伴随人类长期存在。未来 5 年乃至 15 年，巩固扶贫攻坚效果，为脆弱群体赋能增权、提高其可行能力将是发展性社会政策的长期任务。根据习近平新时代中国特色社会主义思想关于社会全面进步和人的全面发展理念，首先要设计好促进社会全面进步的社会发展政策，将乡村振兴战略和更好推进以人为核心的城镇化战略平衡结合起来，以社会持续均衡发展不断巩固连片贫困治理成果。其次，对于相对贫困的治理，除了继续发挥干部下乡为特征的国家主导作用之外，包含文化、教育、信息等要素的复合技术治理结构与包含群体动力、公益行动、志愿服务在内的社会治理结构亟须引入。与此相关联的社会政策创新，将有助于低收入群体积极合作社会资本，实现内涵式发展。

健全"一老一小"福利政策和发展体系。当前，我国已经基本建构起相对完善的城乡居民养老和服务体系。从世界范围看，随着老年人可行能力和社会参与水平弱化，健康状况和收入也逐渐下降，简单的维持收入和健康的养老政策显得不足。我国新发展阶段的养老政策既要回应经济社会发展带来的多层次性要求，更要回归生命历程和个人可行能力的基础，在扩展可行能力政策（如延迟退休增加劳动参与）和福利养老政策（如发放退休金收入维持）之间求得新的平衡。在为"小"服务方面，需要着力打造中国特色儿童发展政策体系，助力包容性生育制度，全力降低人口再生产的家庭成本，如广泛建立普惠性幼儿抚育系统、全面扩展义务教育年限，全面完善农村儿童福利的工作体系，探索建立儿童发展账户助力生命旅程等。到 2035 年，全面建立与社会主义现代化国家相适应的儿童培育与成长的制度和政策体系。

加快以各项社会事业为基础内容的高质量公共服务体系建构。我国的社会事业是由国家主导兴办、不区分特定对象的总体性公共服务制度，是中国特色社会建设的重要基础服务，对全面建成小康社会发挥了不可替代的作用。在新的发展阶段，要进一步推动各项社会事业加快改革，公共文化政策、全民科普政策、公共卫生政策、义务教育政策、高等教育政策都需要面向"人民生活品质"和全面建设社会主义现代化国家的目标进行新的整体设计。鉴于技术对社会发展和社会政策的赋能越来越显著，为迎接数字经济和数字社会的到来，要加强科普教育，实施提升全民科技素质的政策体系，帮助城乡居民适应科技迭代所带来的经济社会跨越式发展。

## 三、以共同富裕为目标，推行社会质量发展范式的社会政策，助力社会建设水平提升和全面现代化国家建设

"共同富裕"是党的十八大报告强调的"中国特色社会主义的根本原则"，也是《中共中央关于制定国民经济和社会发展第十四个五年规划和二〇三五年远景目标的建议》中反复强调的我国社会政策顶层设计的指导思想。众所周知，"共同富裕"来自经济社会的高质量发展。

在中国社会质量历来是指政治引领下的社会有序化发展的状态，包括社会发展方向和水平，以及社会发展价值、规范和支撑条件。建构社会质量范式的社会政策应促进政治引领下的经济、教育、文化、人口等社会物质要素高质量发展，也要不断促进社会发展的自主、自律、稳定和开放等价值规范的升华。走进新时代以来，我国不断推进和完善教育、就业、收入分配、社会保障、医疗卫生等各领域社会政策，建成世界上规模最大的就业服务和社会保障体系，超过 13 亿人从基本医疗保险制度中受益，10 多亿人为基本养老保险和其他各类养老保护体系所覆盖，形成了政府、市场、社会和家庭合力推动民生保障和改善的新格局，为社会高质量发展打下了坚实基础。作为社会发展理论的新拓展，社会质量

导向的社会政策体系建构首先需要有助于增进人民福祉。2020年我国GDP突破100万亿元，经济发展持续向好，为改善人民美好生活的物质要素，提高社会建设水平提供了坚强的物质基础。

"十四五"期间，我国的社会政策设计要致力于解决发展不平衡、不充分问题，以"均等化"抑制"两极化"，以"专业化"制约"粗放化"，并以"五大体系"建设为重点、"四个全面"为导向，继续创造提升人民美好生活的共同福祉和共同价值。要进一步推动法治社会建设，为人民共同富裕提供法治保障。法治就是要始终坚持人民主体地位，通过切实可行的政策体系保障人民群众的各项社会权利能够落实到位。要通过政策和规则建构，健全党组织领导的自治、法治、德治相结合的城乡基层治理体系，发挥群团组织和社会组织等宪法保护的个人结社机制在社会治理中的作用，形成政府治理同社会调节、居民自治良性互动的社会质量范式发展秩序。要建构并完善扩展社会赋能的制度和政策体系，营造有利于促进共同富裕的社会团结。

## 四、积极探索并加入全球社会政策体系建构，为人民发展和开放性社会扩展空间，也为人类命运共同体建设和全球治理作出新的贡献

在全球化的今天，社会政策正向超越国别的全球社会政策扩展，发展型社会政策具有区域性、全国性及全球性维度。随着2020年11月全球最大自由贸易区RCEP协定达成，我国参与国际经济合作和竞争新优势明显增强，对全球社会政策体系的影响力也与日俱增。毋庸置疑，中国在"联合国2030年可持续发展议程"、"一带一路"和"人类命运共同体"建设、应对全球突发新冠肺炎疫情管控等方面已经取得了大国经验和政策方案，也在对外医疗、国际志愿者和人道主义紧急援助等方面形成了以平等互助为特征，以全球福利、民生改善和基本权利保障为目

标的中国特色社会政策样本。

总体上，我国对全球社会政策的介入和影响还处于发展中国家的水平。新的发展阶段，也是机遇与风险交织期，劳动、分配以及生活空间的超国家属性逐渐显露。无论是"一带一路"的再建设、国际自由贸易区的再开发，还是人类命运共同体的再扩展，都迫切需要与以平等互助为特征的全球社会政策体系同步建构，以回应新一轮科技革命、资本流动、产业变革和地缘政治深入发展对和平与发展时代主题的呼唤。除了国家到场和企业全球化之外，要探索促进群团组织、社会组织走出去的政策和制度。社会力量是参与全球社会治理不可替代的结构性主体。截至 2019 年末，我国（包括港澳台地区）共有 72 家群团组织和社会组织获得联合国经社理事会咨商地位，而美国则有 1120 家。在新的发展阶段，国际机构、跨国公司、市民社会组织对社会政策的塑造作用加强。全球社会政策对全球再分配、全球管控与全球基本权利保障越来越发挥重要影响。为助推"一带一路"高质量发展、促进构建新型国际关系和人类命运共同体发展，在新的发展阶段，我国要推动社会力量更多、更快走向世界，在联合国及其他各种多边和政府间组织之中获得讨论全球经济和社会发展政策的话语权，从而全面提高我国对全球社会政策建构的参与水平。

在百年未有之大变局背景下，面对开启全面建设社会主义现代化国家的新征程，社会政策当以更严谨的科学性、更规范的合法性和更全面的协调性解决城乡之间、地区之间和阶层之间发展的不平衡，助推美好、开放社会建设，更好保障人民群众平等参与、平等发展的各项社会权利，促进人民生活品质和社会发展更上新水平，更好诠释中国共产党执政为民的伟大理想情怀。

# 面向 2035 年的中国制造业高质量发展

刘 勇*

党的十九届五中全会提出，到 2035 年基本实现新型工业化、信息化、城镇化、农业现代化，建成现代化经济体系。这无疑对作为立国之本、兴国之器、强国之基的制造业高质量发展提出了更高的要求。打造具有全球水准的制造业体系，是提升国家综合国力与核心竞争力、保障国家安全和促进可持续发展的必由之路。在建设中国特色社会主义的新时代，坚持走中国特色新型工业化道路，加快制造强国建设，加快发展先进制造业，对于实现中华民族伟大复兴的中国梦具有特别重要的意义。

## 一、中国制造业的发展现状与成就

1949 年以来，我国制造业发展取得举世瞩目的成就，实现了"由小到大"的转变，成为世界第一制造大国。主要工业产品产量大幅跃升，目前拥有全球最完整的产业体系和不断增强的科技创新能力，产业结构持续优化升级，经济发展的全面性、协调性和可持续不断增强，从而为加快推动我国工业化和现代化进程、提升国际竞争力、建成世界大国形成重要支撑。

一是发展规模世界第一。2019 年，我国制造业增加值达 26.9 万亿

---

* 中国社会科学院工业经济研究所研究员，兼任中国社会科学院研究生院教授。

元，相当于全球制造业总增加值的 28.1%，已连续 10 年占据世界首位。我国已成为拥有联合国产业分类中全部工业门类的国家，200 多种工业品的产量稳居世界首位，其中空调、彩色电视机、冰箱、洗衣机产量已占据全球 50% 以上的市场份额；汽车及其中的新能源汽车产量分别占据全球 30%、50% 以上的市场份额，目前我国已经建成门类齐全、独立完整的现代制造业体系和在全球范围内优化资源配置的供应链体系，培育了一批在全球有重大影响力的制造业集群，在国际产业分工中发挥着不可或缺的重要作用。

二是创新能力显著增强。从我国的经费投入上看，2019 年，我国研究与试验发展（R&D）经费支出达 2.21 万亿元，增长 12.5%，增速较上年加快 0.7 个百分点，连续 4 年实现两位数增长；R&D 经费投入强度为 2.23%，比上年提高 0.09 个百分点。其中，规模以上制造业研发经费内部支出占主营业务收入的 1.43%，与 2015 年相比，增长了 0.48 个百分点，提前超额完成"十三五"规划的预期目标（1.26%）；构建了以 17 家国家制造业创新中心为核心、以 100 余家省级制造业创新中心为补充的制造业创新网络。一批关键技术和产品取得重大突破，诸如"嫦娥"揽月、"胖五"飞天、C919 大型客机用材、平板显示基板玻璃等实现突破，科学技术转化为现实生产力的步伐明显加快，有力推动了产业转型升级。根据世界知识产权组织"全球创新指数"资料显示，2020 年我国创新指数排名已从 2015 年的第 29 位上升到第 14 位，科技创新取得了重大进展，科技进步对经济增长的贡献率达到 59.5%。

三是产业结构持续优化。党的十八大以来，我国坚持以供给侧结构性改革为主线，产业结构调整力度不断加大，产业组织形式持续优化，以制造业为代表的实体经济取得长足发展。钢铁行业提前两年完成"十三五"去产能 1.5 亿吨目标；2019 年产能利用率恢复到 80.0%，升至近 7 年的最高水平。制造业数字化转型速度明显加快。据统计，2020 年

6月，我国制造业重点领域企业数字化研发设计工具普及率为71.5%，与2015年相比增长了14.8个百分点；关键工序数控化率为51.1%，与2015年相比增加了3.8个百分点。新兴产业发展势头强劲，增速持续高于总体经济增速。2016—2019年，我国高技术制造业增加值年度平均增长幅度达到11.2%，明显高于全部工业6.0%的平均增速，占规模以上工业增加值比重由2015年的11.8%升至2019年的14.4%；装备制造业增加值占规模以上工业增加值的比重也提高了0.7个百分点，升至32.5%。新兴产业正在成为带动制造业发展的主要力量。

四是优质企业快速崛起。伴随制造业迅速发展，诸如信息通信、轨道交通、新能源汽车等新兴产业领域出现了一批创新能力突出、引领作用大、发展潜力好、国际竞争力强的企业，以及一大批在细分市场和领域具有较强专业化能力和水平的"专精特新"小巨人企业和单项冠军企业。这些企业在生产规模、研发水平、管理能力及市场拓展等方面已成为制造业各领域的领头羊，在全球市场上发挥着积极作用。2020年，我国入选"财富世界500强"的企业有124家，其中以制造业为主营业务的企业有38家，居世界首位。2020年全球最具价值品牌500强中，我国有18个制造业品牌上榜。《福布斯》发布的2019年全球数字经济百强企业榜单中，我国有14家企业上榜。

五是开放水平不断提升。习近平总书记多次强调，改革开放是中国的基本国策，也是推动中国发展的根本动力。近年来，我国实施新一轮高水平开放，推动形成全面开放新格局，制造业正在进入全面开放、全面融入全球经济体系的新时期。目前，一般制造业外商投资准入有序放开，汽车、船舶、飞机相关领域正逐步取消股比限制，高铁、核电、卫星等成体系走出国门。据统计，2019年我国已向全球200个国家或地区出口工业品，出口额约占我国总出口额的71%。在世界银行基于全球190个经济体的《2020年营商环境报告》中，中国排第31位，较上年提升15位。

## 二、面向 2035 年中国制造业的新要求

从 2020 年全面建成小康社会到 2035 年基本实现社会主义现代化，再到 21 世纪中叶全面建成社会主义现代化强国，是党中央对新时代中国特色社会主义发展作出的重大战略安排。面向党的十九届五中全会提出的 2035 年基本实现"新四化"的目标要求，必须坚定不移推动制造强国、质量强国、网络强国和数字中国建设，紧紧抓住供给侧结构性改革这一主线，坚持把做实做强做优实体经济作为主攻方向，转变发展方式、优化经济结构、转换增长动力，在"双循环"新发展格局下努力提高产业链供应链稳定性和现代化水平。

### （一）坚持把创新摆在制造业发展全局的核心位置

目前，我国制造业存在较为严重的供需结构性失衡问题，低水平供给过剩与高水平供给不足并存；企业技术创新水平较低，自主创新能力匮乏；产业共性技术支撑不足，特别是中小企业集中的行业，技术改造异常艰难；受工艺、技术标准和知识产权保护等因素影响，关键材料和核心零部件等基础配套能力薄弱成为产业发展的"卡脖子"问题，对整机生产和系统集成形成严重制约。关键核心技术受制于人不仅成为制约制造业高质量发展的瓶颈，也对国家经济安全构成重大风险。习近平总书记指出："只有把关键核心技术掌握在自己手中，才能从根本上保障国家经济安全、国防安全和其他安全。"[①] 企业是技术创新的主体。我国在若干领域不能掌握关键核心技术，与企业技术创新能力薄弱有着密切的关系。

创新是制造业发展的灵魂，是转型升级的不竭动力。增强制造业创新能力，一要坚持需求导向、问题导向，坚持以市场为导向，强化企业

---

① 习近平：《努力成为世界主要科学中心和创新高地》，《求是》2021 年第 6 期。

创新主体地位，引导和促进各类创新要素向企业集聚，通过聚焦集成电路芯片、生物科技、航空航天、核心部件一批"卡脖子"关键前沿技术短板，以更大力度加大研发创新投入，全面加强核心技术攻关，加快研究实施关键零部件、核心技术的可替代性措施，努力在自主可控方面实现历史性突破。二要全面推动产学研实现更深程度融合，鼓励以企业为主组建创新联合体，承担国家重大科技项目，构建制造业协同创新网络，创造有利于新技术快速大规模应用和迭代升级的独特优势，加大技术成果转化应用投资，加速成果转化，形成科技创新支撑产业升级的协同效应。三要发挥龙头企业的引领支撑作用，吸引产业链上下游企业集聚，依托产业链补链和服务链升级，形成和完善互促共生的产业生态圈，促进协同创新，发挥产业链价值链融通创新合力。

## （二）加快发展先进制造业

当今世界正处于百年未有之大变局，新冠肺炎疫情、中美经贸摩擦、世贸组织陷入危机等不确定性陡增，第三次全球化浪潮进入深度调整期。数字经济、共享经济、产业融合正在重塑传统实体经济的形态，制造业加速向数字化、网络化、智能化发展，软件定义、数据驱动、平台支撑、服务增值、智能主导的特征日趋明显（张永明和许志勇，2018）。从现实看，我国先进制造业大致由两部分构成，一部分是传统制造业吸纳、融入先进制造技术和其他高新技术（尤其是信息技术）后，提升为先进制造业，如数控机床、海洋工程装备、航天装备、航空装备等；另一部分是新兴技术成果产业化后形成的带有基础性和引领性的产业，如增量制造、生物制造、微纳制造等。与主要工业发达国家和实现制造强国的目标相比，我国多数领域在技术创新、质量品牌、环境友好等方面还有很大差距。

发展先进制造业是我国补齐产业基础能力短板、抢占未来产业制高点的重要途径，也是参与国际竞争的先导力量。在实现新型工业化的征程中，应在现有产业基础上厘清前进方向，努力扩大高技术或高端制造业投资，优化供给结构，培育新的增长动能。第一，积极发展新一代信息技术、生物技术、新能源、新材料、高端装备、新能源汽车、绿色环保以及航空航天、海洋装备等新科技驱动的战略性新兴产业，推动先进技术、前沿技术的工程化转化和规模化生产，在抢占新兴产业发展先机的同时，力争形成一批不可替代的拳头产品。第二，推动互联网、大数据、人工智能等新技术同实体经济深度融合，构建一批具有独特优势与核心竞争力的战略性新兴产业集群。第三，加速培育应用数字技术的智能制造业，着力提升企业系统集成能力、智能装备开发能力和关键部件研发生产能力，以机器人及其关键零部件、高速高精加工装备和智能成套装备为重点，大力发展智能制造装备和产品。

## （三）以更大力度推进传统产业转型升级

改造提升传统产业是推动制造业高质量发展、建设制造强国的重要任务。传统产业是我国工业体系的重要组成部分，不仅在规模上，也在效率上对整个工业部门的增长产生了深远影响。目前，传统产业占我国规模以上工业增加值的 80%，仍然是工业经济的主体。像纺织、服装、家电等传统产业关系到国计民生，不仅是稳就业、稳外贸的重要行业，也是新动能培育的重要来源。比如，新能源汽车、新材料等很多战略性新兴产业都来自传统产业的转型升级。2020 年以来，新冠肺炎疫情对我国经济形成较大冲击，传统产业在稳定工业增长的过程中发挥了重要作用。这表明，在当前我国外部环境发生重大变化、风险和挑战增多、经济下行压力加大的形势下，加快传统产业转型升级，对稳定工业基本面、推动制造业产业链提升、保持经济平稳健康发展具有深远且重要的战略意义。

产业转型升级的实质是以创新为基本驱动力，以提高经济附加值水平和竞争力为目标，以技术、市场、管理、商业模式、企业形态、产业联系等多维创新实践为具体形态的产业演进和变迁过程（刘勇，2018）。推进传统产业转型升级，一是以供给侧结构性改革为主线，通过强化创新驱动、提升质量和品牌、提高劳动生产率和全要素生产率，加快向产业价值链中高端升级。二是以智能制造为主攻方向，用新一代信息技术对制造业进行全要素、全流程、全产业链改造，加快发展智能管理、智能生产和智能服务，推动制造业高端化、智能化、绿色化，发展服务型制造。三是以技术改造和设备更新为主要抓手和突破口，加速新技术、新工艺、新材料、新设备、新业态、新模式的融合应用，尤其是以信息化、自动化、供应链管理为重点，着力提升企业在核心基础零部件（元器件）、关键基础材料、先进基础工艺等方面的技术水平和创新能力，实现流程创新、产品创新和模式转变（中国社会科学院工业经济研究所课题组，2020）。

## （四）注重提升产业链供应链稳定性与竞争力

改革开放以来，我国发挥劳动力等要素低成本优势，抓住经济全球化的重要机遇，充分利用国际分工机会，形成市场和资源"两头在外"发展模式，参与国际经济大循环，推动了经济高速增长（刘鹤，2020）。这种增长成就的实质是国际高端要素（特别是关键技术和市场）与国内低成本要素之间的一种有效对接。随着我国经济和社会快速发展，需求结构和生产函数发生重大变化，生产体系内部循环不畅和供求脱节现象显现，关键技术受制于人的问题突出，结构转换复杂性趋于上升。2020年初，新冠肺炎疫情在全球范围内暴发，对世界经济造成长期、深远的影响。保护主义、单边主义进一步蔓延，贸易和投资争端趋于加剧。发达国家对我国芯片、集成电路、高端软件等"卡脖子"技术的封锁力度加大，从而加大了产业链安全风险，全球产业格局和供应链配置面临深刻调整。

提升我国产业链供应链稳定性和竞争力，一是要锻长板，强化既有的产业规模优势、配套优势和部分领域先发优势，在把握内循环替代时机的基础上，巩固、改善、创新产业链供应链，推动产业基础高级化和产业链现代化。二是要补短板，实施产业基础再造工程，重视技术因素的"强链"作用，加大重要产品和关键核心技术攻关力度，发展先进适用技术，引导企业从低端加工制造环节向"微笑曲线"两端高附加值的研发、设计、品牌、营销、再制造等环节延伸拓展。三是鼓励和引导优势企业进一步强化全产业链特征，优化全球布局，积极吸引和对接全球创新资源，特别是要鼓励和引导优势企业基于我国超大规模市场优势，进一步加大全产业链投资，提升跨国合作创新水平和协作制造能力。此外，还要通过强化土地要素支撑、提高金融服务实体经济能力、推动减税降负取得实质性进展等途径，优化产业链供应链发展环境。

## （五）大力增强市场主体活力与发展能力

在 2020 年"财富世界 500 强"中，36 家美国制造业企业利润总额为 2249.1 亿美元，而 38 家中国制造业企业利润总额只有 494.8 亿美元。从行业看，中美两国优质企业的差距主要集中在 ICT 制造业、医疗器械制造业、军工航空航天制造业以及装备制造业（工程机械＋农业机械）等领域。从民营企业和中小企业的情况看，市场主体活力不强、企业发展能力有待提升的问题仍然较为突出。据统计，我国民营企业的平均寿命只有 3.7 年，中小企业更是只有 2.5 年，如此短的平均寿命反映了部分企业投资和运营能力脆弱。一直以来，企业发展能力的不足在较大程度上被经济高增长所掩盖。对大多数企业来说，从以往依赖劳动力和资源的粗放发展转向依赖技术和创新的集约发展，本身就是对企业战略理念、治理结构、管理规范等的巨大挑战。

制造强国的建成离不开世界领先的优质企业。增强市场主体活力与发展能力，首先，要支持企业以市场为导向，通过兼并收购等方式扩大经营规模，通过聚焦主业、加强技术改造和创新完善产品链、创新链，并进一步做强做优。其次，在市场准入、审批许可、经营运行、招投标等方面创造公平竞争环境。加大对初创企业的财税、金融等政策扶持，支持创业服务平台进一步完善产业链，鼓励企业向专精特优发展，培育发展一批创新能力强的小巨人企业和单项冠军企业。最后，支持企业提升创新能力。在这方面，不仅要全面落实企业研发投入抵扣政策，增强政策实施的操作性和便利性，通过政策引导企业增加研发投入，还要加强对企业引进人才、创新能力建设以及产学研结合的支持，引导和推动创新要素向企业集聚。

## 三、推动制造业高质量发展的新对策

站在开启全面建设社会主义现代化国家新征程的新起点上，面对新发展阶段的新机遇和新挑战，必须深入贯彻新发展理念，充分挖掘超大规模市场优势对转型升级的牵引动力，依托新型举国体制优势构建制造业创新体系，深化要素市场化配置改革，激发和弘扬企业家精神，以高水平对外开放打造国际合作和竞争新优势，不断将制造业高质量发展向更深层次推进。

### （一）发挥超大规模市场优势

推动制造业高质量发展，必须牢牢把握扩大内需这个战略基点，发挥超大规模市场优势和创新潜能，使产业循环过程更多基于国内市场展开，通过与内循环对接，强化制造业产出与国内需求之间的匹配，形成需求变动牵引供给转型升级、新供给创造新需求的更高水平动态平衡。一是引导企业基于内需变化（如消费升级、人口结构变化和城镇化快速发展等），适时进行市场转型和业务转型，从单纯的"成本管控＋接单出口"，转向提高产品附加值、培育自主品牌和掌控营销渠道，提升价值链地位。二是依托内需市场推进研发成果的产业化，引导和激励企业加强自主创新，不断突破和颠覆原有产业边界和运行机理，刺激新产业、新业态、新产品在分化中孕育、成长。三是构建基于超大规模市场之上的国内价值链，完善企业创新内生动力机制、盈利机制和再投入保障机制，推动创新政策、创新资源、创业人才向企业集聚，形成集聚创新要素的"虹吸效应"，提高企业对全球创新资源要素的配置、利用和整合能力。

## （二）发挥新型举国体制优势

发挥新型举国体制优势，是有效应对世界百年未有之大变局，强化国家战略科技力量，突破战略产业技术壁垒，化解科研组织变革、科研范式数字转型和产业变革的创新挑战，构筑制造业创新发展新优势，有效保障国家安全的必然选择。发挥新型举国体制优势，一是聚焦关键环节和关键技术及技术系统问题，明确政府和市场的作用边界，最大限度发挥市场在资源配置中的决定性作用，激发各类所有制创新主体活力，充分发挥政府的资源动员和保障能力，打通创新发展关键环节。二是建设前沿技术领域全覆盖的国家科研院所体系和学科门类齐全的高等教育体系构成的国家研究实验体系，推进科教融合、产教结合，强化前瞻性基础研究和前沿引领技术供给能力。三是建设以企业为主体、市场为导向、产学研深度融合的制造业创新体系，强化产业源头技术创新和协同攻关，支撑制造业创新发展。四是布局建设一批有全球影响力的科技创新中心和综合性国家科学中心，培育国家创新发展新引擎。此外，还要将产权制度、人才制度、教育制度、奖励制度等制度创新和机制改革作为突破口，释放技术创新主体活力，推进科教结合和产学研融通创新。

## （三）深化要素市场化配置改革

完善要素市场化配置是建设统一开放、竞争有序市场体系的内在要求，也是推动制造业高质量发展的前提和基础。深化要素市场化配置改革，一是扩大土地、劳动力、资本等要素市场化配置范围。通过城乡建设用地市场并轨、放开放宽除个别超大城市外的城市落户限制以畅通劳动力社会性流动渠道、完善股票市场基础制度等途径，破除要素流动的体制机制障碍，让市场机制的优胜劣汰功能在更大程度上发挥作用。二是加快培育技术和数据要素市场。完善职务科技成果产权制度，调整改革科技成果使用权、处置权和收益权，大力发展技术成果转让服务机构，积极培育数字经济新产业、新业态和新模式。三是加快要素价格市场化改革。推动政府定价机制由制定具体价格水平向制定定价规则转变；政府定价应从能够由市场形成价格的领域完全退出，通过市场竞争形成价格。四是健全要素市场运行机制。健全要素市场交易平台，完善要素交易规则和服务；强化要素交易监管，加强反垄断和反不正当竞争执法。

## （四）激发和弘扬企业家精神

在推动制造业高质量发展中，企业家是最主要、最直接也是最关键的主体。企业家以什么理念办企业，以什么方式获取利润，决定了企业的战略远见，乃至企业技术水平、管理能力和产品质量。激发和弘扬企业家精神，关键是要健全、完善企业家成长的制度和政策环境。一是严格保护市场主体经营自主权、财产权等合法权益，加强产权和知识产权保护，形成长期稳定发展预期，鼓励创新、宽容失败，营造激励企业家干事创业的浓厚氛围。二是构建公平的竞争环境。公平竞争既体现在资源、资金、人才等要素获取方面，也体现在政府采购、市场准入等需求侧。这些方面是否公开、公平、公正，在客观上给企业家提供了不同的激励选择。

三是优化市场秩序。严格执行相应的质量安全和环保标准，对不符合标准的要严格处罚；加强对相关认证认可、检验检测机构的监管，提高服务和竞争力，使高质量的产品能够得到消费者的认可；对假冒伪劣、侵犯知识产权等行为，要加大打击和处罚力度。四是以培养企业家精神为重点，针对不同层级的民营企业家、企业管理人员开展专题培训，帮助其提升爱国意识、拓展世界眼光、提升战略思维、增强创新精神。

## （五）推进制造业高水平对外开放

新时代实现制造业高质量发展，更加需要扩大对外开放，形成制造业全面对外开放新格局（中国社会科学院工业经济研究所课题组，2020）。一是深度融入全球价值链。虽然技术贸易壁垒不断加深，引进国外先进技术难度加大，但是仍然要在加强自主核心技术攻关、努力实现尖端技术突破的同时，坚持积极开展国际合作，充分融入全球价值链，形成"你中有我、我中有你、无法切割"的战略态势。二是持续优化营商环境。通过全面实施外商投资准入前国民待遇加负面清单管理制度，进一步扩大外资准入范围，充分发挥自贸区、自贸港制度优势，切实降低制度性交易成本，加大知识产权保护力度，为全球投资者营造稳定、公平、透明、法治化、可预期的营商环境。三是完善"走出去"公共服务体系。加强全球产业链、价值链研究，搭建国际产能合作信息平台，共享重大项目库、大数据资源，发挥境外经贸合作区等海外投资平台优势，做强海外企业协会和其他中介组织，引导企业借助专业社会力量解决问题。四是积极稳妥地推动世界贸易组织改革。在深入分析研究世界贸易组织（WTO）等现有国际贸易规则及其缺陷的基础上，团结一切国际力量，维护多边贸易体制，建设开放型的世界经济体系。

# 中国文化产业高质量发展的战略使命与产业内涵

魏鹏举 *

在我国不断深化改革与开放的进程中，文化产业发展对于文化繁荣与经济增长的双重战略价值日益得到广泛认同。在市场化和全球化的大时代中，高质量的文化产业是满足人民基本文化权益、实现文化繁荣发展的有效市场化发展机制，也是提升我国文化国际传播力、文化产业全球竞争力以及国家综合软实力的重要条件。

我国宏观经济正处于从高速度向高质量转型的关键时期，文化创新如同科技创新、制度创新一样，成为经济高质量发展的重要内生能量，文化赋值农业、制造业、旅游业等服务业态已然常态化。与此同时，文化产业自身的高质量发展也越来越成为一个重大的战略命题和紧迫的实践诉求，"十三五"时期文化产业发展的关键命题是成为支柱产业，而"十四五"时期我国文化产业的使命将是高质量发展。

## 一、推进文化产业高质量发展的战略性价值

### （一）文化产业高质量发展是建设文化强国的重要基础

从文化大国向文化强国的转化的关键在于文化传承与创新品质。从

---

* 中央财经大学文化与传媒学院、文化经济研究院教授。

长时段的人类群落化发展进程来看，哪个群落对自身的文化传承有序、文化传播有效、文化创新有活力，哪个群落的文明就更有发展的凝聚力和辐射力。

从现实的全球综合国际影响力效应来看，国家或地区的文化影响力与其整体经济实力二者之间总体上是正相关性的相互渗透、相互促动的关系。那些公认的经济社会发展比较成熟繁荣的国家或地区，它们对于文化的保护、传播和创新也做得相对更为系统和优秀。

从本质上说，文化是人类超生物能力的构建过程，不断发展的文化在最大限度地汇聚并固化智慧资源的同时，也持续不断地拓展对于未知领域的探索潜能。无论从历史传统还是从实际涵括的群落规模看，中国都是一个公认的文化大国。中国确立了迈向文化强国的战略目标，这既是要肩负起 5000 多年中华文明在新的全球化时期的文化发展责任，也是全面保障人民实现美好生活并建设负责任、受尊重的国际大国的关键任务。

在市场经济和全球化的语境中，文化产业尤其是高质量的文化产业是现代文化发展日益重要的支撑。高质量的文化产业可以有效弥补公共文化服务的短板和缺陷，满足人民日益个性化、差异化、多样化的高品质精神文化需求，与公共文化建设形成互补与融合互动，带动文化资源的可持续保护和传承，促进传统文化的创造性转化与创新性发展，激活文化创新的活力。高质量的文化产业也是一个具备巨大外部效益的特定跨界创新的领域，它是现代市场经济与文化发展的携手，是最新科技进步与文化创意的融合。

如果说高质量的文化产业是现代文化强国建设的重要基础这种判断可以成立的话，那么，我国文化产业的高质量发展就要以此作为圭臬，而不是简单的 GDP 导向，也不应该是泛娱乐模式。文化产业高质量发展不仅有着自身优化升级的任务，也必须自觉承担起调动各种文化力量、科技力量以及市场力量，为中华民族的伟大复兴、为人民所向往的美好生活、为中国价值更受世人尊重而砥砺前行。

## （二）高质量文化产业是新时代实现文艺"双高"发展的市场生态保障

联合国教科文组织在《世界文化与发展委员会报告》中论述"增强创造性和自身能力"时说道："从词源来说，文化（Cultivate）意味着培养。而今天，培养人类的创造力更具有前所未有的重要性。只有充分发挥创造性，个人、集体和社会才能适应不断发展变化的新世界，才能通过创造性的思想和行动改变这个世界。"

文化是人类自我创造的精神家园，也是人类接力培育创造力的学习园地。文化建设的使命从来都包含创造力，在现代化的进程中，市场机制深刻影响着人类的价值观、生活方式，同时也对文化创新活动以及创造力的培养产生巨大作用，这是我们致力于文化创造性事业时必须正视的基本现实。

现代文化产业出现的基本标志主要有两个：一是工业化技术在文化生产或消费领域的广泛应用；二是基于市场的资源配置机制在文化场域中成为基础规则。

现代文化产业的发展与繁荣，一方面大大释放并扩展了文化生产力以及文化产品的种类，在市场机制和技术条件的支持下，每个自然人或市场主体都可能创造文字、声音、影像等形态的文化产品；另一方面它前所未有地以优质、实惠、便利的方式满足着各种各样的文化需求，社会大众接触经典或新创文化成果的机会是历史上未曾有过的。

我国的文化产业高质量发展命题是基于伴随改革开放发展起来的文化产业的文化品质相对欠缺、创新内涵颇为不足，尤其是在日益开放竞争的国际化文化市场环境中，国内文化供给品质以及文化与科技融合创新的不足日益不能得到消费意义上的认可的背景下提出来的。文化产业高质量发展命题所指向的关键指标就是品质与创新，同时，文化产业的高质量发展也是改善品质与提升创新的基础市场生态环境。我国提出的"既要有高原，也要有高峰"的文艺发展理念，是对当前全球文化发展实践与趋势的前沿性战略定位。

在数字互联网等新技术的加持下，在高度发达的市场化资源配置机制的催生下，文化产品与服务创新创造的高原期已经到来，文艺的高峰崛起是在文创的高原平台上的概率事件。现代文艺的高峰，无论是文字作品还是影像多媒体产品，可能都需要成熟的文化产业发展体系的支持。

## （三）文化产业的高质量发展是"双效统一"要求的具体实践

文化的价值从来都不是可以用经济价值来完全换算的，否则也就不存在对富贵不淫、情义无价等人类超功利性和高贵性的礼赞和坚守了。一个人生存或死亡以及一群人的存续与消亡作为超越性的文化命题是具有关乎人类整体福祉的普适意义的，经济的价值大概只是阶段性和工具性的。

当然，在人类漫长的历史中，在如今极其短暂的市场经济主导的社会里，文化价值在市场规则体系中在一定程度上可以实现与经济价值的兑换，这是文化产业出现并发展的基础动能。但即便是在市场语境中，具有公共品特征的文化产品或服务的溢出效应也是无法通过经济属性体现出来的。更何况在绝大多数国家或其他政治实体，属于文化价值范畴的意识形态的重要性远远大于经济价值，无论是出于宗教、种族、党派还是性别、尊严的原因。因此，哪怕是在典型的市场经济体系里，文化产业也绝不能唯利是图，文化产品和服务的经济属性要从属于文化属性，没有文化价值其实也就没有经济价值，文化价值不够有魅力也就不会有好的经济效益，软性文化属性如果被从公共价值角度否定的话，就很可能会以硬性制度的方式阻断市场交易的活动。

我国关于文化经济领域要以社会效益优先实现社会效益与经济效益的统一的制度性要求，既表现了中国的国情特质，也反映了文化产业的普遍要求。我们强调要实现文化产业的高质量发展，绝不仅仅是要追求产业效益的最优化，而是把社会效益与经济效益统筹起来整体考量。文化产业的高质量发展就是要摒弃市场利益导向的文化产业发展模式，就是要让"双效统一"的要求转变为文化产业的内生需求，让社会效益优先实际上成为实现最优经济效益的前提条件。

### （四）高质量文化产业对于探索融合创新发展战略具有示范作用

文化概念本身包含的意义、内容非常复杂，文化产业同样是一个含义庞杂的范畴。在实践层面，文化产业的所指也是仁者见仁，智者见智，虽然在中国有官方的统计分类，但是在实际应用中，各个地方不同的研究者在使用这个范畴时其实是飘忽不定的。在很多地区的文化产业发展规划或相关政策内容里，旅游业态、体育业态、教育培训业态、特色餐饮业态、互联网行业等都有可能成为地道的文化产业范畴，泛文化产业的实际应用非常广泛。

造成这种现象的原因有很多，但文化产业本身就是一个不断跨界融合、常变常新的非典型业态。无论在理论还是实践上，文化产业都有狭义和广义之分，狭义的文化产业就是指标准统计范畴内的业态总和，而广义的文化产业其实是"文化＋产业"，也就是所有具有文化赋值特征的其他产业都会进入这个范围。如果说狭义的文化产业是文化经济化的结果，那么，广义的文化产业其实就是经济文化化的演进。

文化经济化本身就是文化需求大众化后破圈进入市场体系的跨界融合行为，而经济文化化更是一般经济领域随着业态与消费的升级，通过吸附文化属性而实现赋能赋值的融合创新选择。所以说，现代文化产业本身就是一个不断变化着的融合创新的领域，高质量文化产业更加追求通过优质文化价值实现跨界融合创新的特质，强调文化价值与科技创新、金融体系、旅游经济、体育休闲、日常消费业态等的融合与化合，在为其创造人文魅力与精神消费价值的同时也借此充分实现了文化自身的目的。文化给产业赋予了魅力与意义，产业为文化创造了进入心灵的通路与能量。

## 二、健全现代文化产业体系有待高质量发展的内涵支撑

如上所述，文化产业是否能实现高质量发展，这关系到它的战略意义是否能充分实现，关系到文化产业在国家宏观政策体系中得到优先支持的合法性。继 2017 年 10 月党的十九大报告发出中国经济向高质量发展的战略导向后，2018 年 8 月在全国宣传思想工作会议上，习近平总书记明确提出"要推动文化产业高质量发展，健全现代文化产业体系和市场体系"，2019 年 11 月党的十九届四中全会通过的《决定》要求：健全现代文化产业体系和市场体系，完善以高质量发展为导向的文化经济政策。从文化产业自身的发展与繁荣的切实角度来看，在中国经济整体朝向高质量积极转型的语境中，高质量发展越来越成为当代文化产业的本质要求，是文化产业健康可持续发展的合理性所在。至此，文化产业高质量发展为中国特色的现代文化产业体系的健全与完善确定了基础内涵定位与整体任务目标。

### （一）实现高质量发展才是文化产业成为支柱产业的标定

关于文化产业作为国家支柱产业的国家政策表述，在中央关键文献中第一次被提出是在 2010 年 10 月党的十七届五中全会审议通过的《中共中央关于制定国民经济和社会发展第十二个五年规划的建议》中，明确"推动文化产业成为国民经济支柱性产业"。按照当时没有争议的常识性看法，支柱性产业的首要条件是产业规模大，因此产业增加值占 GDP

的比重达到 5% 以上，才能称之为支柱性产业。

鉴于 2009 年我国文化产业增加值约占同期 GDP 的 2.5%，为了完成这一战略性目标，文化部拟定了《"十二五"时期文化产业倍增计划》，提出在今后 5 年内实现文化部门管理的文化产业增加值比 2010 年翻一番的发展目标。按照当时文化产业的规模增速计算并加上政策保障，一般认为文化产业的 GDP 占比到 2015 年左右就能达到 5% 的支柱产业标准。

按照国家统计局公布的数据，2015 年全国文化及相关产业增加值 27235 亿元，占 GDP 的比重为 3.97%。在紧接着出台的《文化部"十三五"时期文化产业发展规划》中明确提出要在 2020 年"实现文化产业成为国民经济支柱性产业的战略目标"。2021 年 1 月 5 日国家统计局数据显示，2019 年全国文化及相关产业增加值为 44363 亿元，占 GDP 的比重为 4.5%。

从 2010—2020 年这 10 年跨两个国家五年规划的文化产业作为支柱产业的政策目标定位来看，将产业规模即 GDP 占比作为关键甚至唯一标准，是让这样一个颇为合理的政策目标定位显得有些尴尬的主要原因。通过筛选并优先扶持支柱产业的方式实现国家在后发的情况下快速腾飞，日本、俄罗斯等国在这方面的实践是我国在制定相关产业政策时的重要参考。但上述国家的支柱产业的选择也并非唯规模论，而是综合考虑某一产业的战略价值、发展势头、关联带动、贸易优势、就业水平等。

就作为支柱产业的综合因素考虑，文化产业是适合的选项，尤其在我国的经济快速增长为全球第二大经济体之际，文化产业作为支柱产业既可以体现经济升级的方向，也可以实现文化与经济的联动来提升国家软实力，还可以充分发挥"文化+"的弥漫式关联效应带动周边产业的融合创新与消费升级。充分实现文化产业的这种综合效益而非规模至上，正是文化产业高质量发展的目标与任务，这也是其作为支柱产业的真正价值所在。

## （二）文化供给的升级是文化产业高质量发展的题中要义

从某种意义上可以说，我国关于经济高质量发展的议题是与供给侧结构性改革的讨论相伴相生。伴随中国改革开放的进程，在快速释放的汹涌的文化消费推动和有活力的产业政策拉动下，文化生产力得到极大释放，文化产品供给很快由短缺转变为丰盛，甚至出现了结构性的过剩。

以动漫行业为例，在 2000 年之前只有上海美术电影制片厂等屈指可数的几家制作单位，但是新千年后很快进入大发展大繁荣时期；2002 — 2006 年，国家工商总局统计的动漫制作机构从 120 多家猛增至 5400 多家；2010 年，在生产规模上中国超越日本一举成为世界动画生产第一大国，仅仅一年后中国的电视动画片产量（26 万分钟）就是全球第二日本的 1.53 倍了。这种规模上的炸裂和膨胀固然有市场的作用，但政策刺激是最显著的因素，尤其 2004 年广电总局颁布的《关于发展我国影视动画产业的若干意见》成为一个分水岭，中央或地方的各级各类部门连续出台对国产动漫播出的税收减免、财政补贴等实质性利好政策，快速催生了非常态的规模扩张现象。

规模扩张并未给国产动漫带来市场意义上的规模收益，反而导致了"劣币驱逐良币"的现象，政策红利被粗制滥造的投机生产单位套现，而追求品质的企业却在喧嚣中默默无闻。规模导向的政策也导致了某些资源错配问题的出现，土地、商业空间等优质资产以动漫的名义被套取，大量的动漫园区有名无实。动漫行业在发展进程中出现的这种供给侧问题，虽然相对较为极端，但也在很大程度上反映了文化产业快速增长时期的普遍问题。

文化产业从高速度向高质量发展转型的关键任务之一，就是要扎实推进文化供给侧的优化与升级。文化供给不仅关乎文化产业的整体发展水平与活力，也是提振文化消费、有效满足人民美好生活向往的关键。从高质量发展的角度来看，优质文化供给既是高质量发展的重要基础和关键内涵，也是高质量发展的基本任务和目标。形成文化供给升级的高质量发展模式，我们需要超越单一的规模化思路，遵从文化逻辑和市场规律，统筹调动各类文化主体、文创人才、金融资本与相关要素资源的活力。

## （三）高质量文化产业是实现文化消费持续繁荣的保障

国家统计局从 2004 年开始进行文化及相关产业的专门统计，从数据上看，2005 —2014 年可以说是中国文化产业黄金增长的 10 年，增加值年均增幅达到 21.2%，而 2015 —2018 年的平均增幅只有 12.1%。在黄金十年期，行业领域及专家一度普遍相信中国的文化消费潜力无比庞大，因此文化产业的绝对增长空间也可任意想象驰骋。

实际情况如何呢？由于国家统计局没有进行长期的文化消费具体数据统计，可参考的只有教育、文化和娱乐消费支出。居民人均教育、文化和娱乐消费支出占居民人均消费支出的比重：2005 年为 13.8%，2010 年为 12.1%，2015 年为 10.7%，2018 年为 11.2%，2020 年为 9.6%。从这些年度数据的变化来看，2005 年以来我国居民的教育、文化和娱乐消费支出比重其实并未如曾经的理论模式所假设的那样发展，即随着可支配收入和消费支出的增长，文化消费比重会大幅度增长，反而实际上比重呈下降趋势。

近年来，我国居民人均教育、文化和娱乐消费支出绝对值增长很缓慢，远低于食品、烟、酒消费的支出额。如果考虑到教育支出对于中国居民的刚性特征，比重下降的主力最有可能就是文化和娱乐消费支出部分。

中国居民的消费支出增长并不是我国文化产业发展想当然的金矿。居民的消费支出是一种欲求无限的稀缺资源，居民的消费行为是一种见异思迁的精致挑剔。实际上，居民总体上会随着收入与消费支出的增长而提升精神文化性的消费支出比重，但精神文化性的消费包括了狭义的诸如阅读、观演、休闲、娱乐等文化消费，也包括更高品质的餐饮服务、时尚服饰、豪华汽车等追求文化品质附加值的升级性消费。文化消费并非一般意义上生存依赖的刚需，文化消费在实践中具有相当灵活的选择性和相当随意的可替代性。

在一个开放竞争的市场环境中，居民的文化消费支出是被充分竞争的商业目标，餐饮、服饰、汽车甚至整个商业消费都在打文化的招牌，人们的精神文化需求很多时候可以通过一次浪漫的晚宴、一款时尚的手表而得到满足，人们对于音乐的欣赏很多时候是通过追逐国际上的流行音乐潮流来体现的。因此中国人的文化消费支出绝非只有文化产业一个流向，它随时尚潮流激荡变化，况且中国的消费者早就不是曾经饥不择食的围墙中人，已经成长为眼界开阔、货比三家、日益挑剔的精明上帝了。

文化产业的高质量发展其实也是消费升级倒逼的必然选择，如果中国的文化产业不能实现高质量发展，那么被中国消费者离弃一定会是迟早的事情。从另一个角度来看，在国内经济转型的重要时期，在国际贸易战硝烟四起之际，内需对于中国经济的健康发展日益关键，高质量文化产业对于我国保内需促内需意义深远。文化产业的高质量发展必须以满足人们日益提升的对美好生活的向往为宗旨，必须以保障我国文化消费的持续繁荣为使命。

## （四）国际文化服务贸易能力是文化产业高质量发展成效的标尺

典型文化产业具有突出的规模经济和范围经济效应，作为"文化＋科技"的融合创新领域，初始的创新研发投入巨大，但复制与传播成本在现代技术条件下几乎可以忽略不计，边际成本不断降低而边际收益不断放大。也就是说，文创成果的复制与传播规模越大、辐射与带动范围越广，则国家综合收益越大，而且不仅是经济利益递增，作为传递价值的产业，文化溢出效应也会随之增强。

现代文化产业从发展起来那一刻就是一个全球化的产业，从欧洲的全球化到美国的全球化，现代文化产业都是其中的有机参与者，它既借力全球化也助力全球化。欧洲的全球化是欧洲文化的全球化，美国的全球化也是美国文化的全球化，文化产业全过程都如影随形。随着中国改革开放的不断深化、中国经济与国际市场日益高度融合，随着中国"一带一路"建设得到广泛参与，在逐步进入中国版的全球化时期，中国的文化产业需要为此做好准备，不断提升国际化水平与竞争力，在赢得全球化的规模经济效益的同时增强中国文化的影响力与国家软实力。

从目前来看，我国文化产业的国际化水平差强人意，文化（旅游）服务贸易的逆差现象需要我们认真对待。从具体的文化贸易来看，我国的文化产品贸易虽然多年来都保持较大的顺差，这很大程度上是得益于我们的制造业成本优势的结果，而最能体现文化产业本质特征的文化服务却长期存在逆差，2018 年我国的文化服务贸易逆差达 200.5 亿美元。随着文化和旅游的融合日益深化，文化成为最重要的旅游吸引力，而每一位游客本身都具有各自文化的身份特征，因此，旅游方面的国际收支其实也可看作一种特殊的文化贸易。

按国内的统计，2019 年我国入境旅游人次达 1.45 亿，同比增长 2.9%，而出境旅游人次达 1.55 亿，同比增长 3.3%。2019 年，我国国际旅游收入为 1313 亿美元，境外旅行支出为 2546 亿美元，逆差较为明显。文化产业高质量发展很重要的任务就是要提升文化产业的国际竞争力及对于相关产业的融合溢出效益，并增强我国的综合国力，而高水平的国际文化（旅游）服务贸易成为我国文化产业发展质量高低的关键标尺。对于国内市场，我们可以进行自主调控；而对于国际贸易，我们必须亮出真实力。

# 三、中国文化产业高质量发展的改善建议

作为一种学术性的探索，中央财经大学项目团队依托国家社科基金重大项目"中国特色现代文化产业体系与文化市场体系研究"，联合北京文投大数据公司与新华网，编制、测算并发布了《中国文化产业高质量发展指数（2019）报告》（以下简称"指数2019"）。从"指数2019"的最终成果来看，我国的文化产业高质量发展尚处于低水平阶段，"指数2019"反映出来的问题还是比较突出的，表现在：全国整体得分水平偏低，区域发展差异显著，普遍存在投入水平较高而产出品质偏低的结构性问题。

鉴于从高速度向高质量发展转型的长期性和艰巨性，本文特提出4点促进全国文化产业高质量发展的改进建议。

## （一）应抓紧建立以高质量发展为导向的文化经济政策体系

"指数2019"是一次具有实验意义的探索，因为至今还没有来自政府权威部门的相关切实政策文献可以作为依据和参考，我们在这个过程中应充分认识到文化产业高质量发展战略在贯彻落实方面的相对滞后。鉴于此，特别建议中央政府层面应优先研究制定支持文化产业高质量发展的指导意见与实施举措，抓紧完善促进高质量发展的配套文化经济政策体系。以中央政策为基调，各级政府可以因地制宜推进更符合区域特征的文化产业高质量发展措施，同时应加强文化及相关产业的统计及相关数据库建设，建立为文化产业高质量发展保驾护航的常规性监测与评价机制，准确研判科学决策，通过强优势、补短板等措施，有针对性地不断优化中央与各级政府在财税、金融、土地、人才等方面的文化经济政策。

## （二）认真深化文化产业的供给侧结构性改革，切实改善投入绩效

从"指数2019"反映出来的较为普遍的问题来看，我国文化产业存

在产出低于投入的总体现象，这说明我们更善于多投入，也更擅长在投入上发力，着力招商引资，吸引更多企业，投入更多财政或社会资本，拿出更多的商业空间乃至土地。从投入端来看，文化产业的体量很快做大了，但关键的问题是，效率和效益并不能因此随之改进提高。如今看来，大手大脚、以大投入带来大产出的高速度粗放发展模式必须进行调整。进入文化产业高质量发展的转型攻坚阶段，我们必须学会珍惜宝贵的各类要素资源，必须学着善用每一分钱每一寸土地，用心改善投入水平，更需要事半功倍地在提升产出质量上做精细化的施策和科学化管理。

## （三）以创新尺度评价文化产业，以创新驱动文化及相关产业融合发展

文化产业是一个最需要创新的领域，也是一个最适合创新的领域。文化产业的创新既指向内容层面的软创新，也指向科技意义的硬创新。全球最具竞争力的文化企业都是最擅长创新的企业，这些企业也将创新作为其核心资产，是其整个管理体系的宗旨。在我国，在优先保障社会效益的同时，从战略层面也需要将文化产业的创新效益指标上升到更高层级的政府考核企业考评机制中；建立创新驱动的文化产业高质量发展激励机制，发挥创新溢出价值，增强其对于相关产业的辐射带动作用；建立与高新技术发展高度融合的文化创新体系，文化产业高质量发展的内生动能来自科技创新与文化创新融合的双引擎，这也是实现文化产业辐射效应最大化的枢纽所在。

## （四）继续深化文化体制改革，积极探索高水平文化贸易格局

我国 40 多年的辉煌发展实践告诉我们，永不自我设限的改革开放是克服我国文化产业存在高投入低效益、国际竞争优势不足等问题的关键，文化产业高质量发展的内核是内容、人才与科技，以高水平开放为契机，

我们可研究设立先行先试的国际文化旅游自贸区的可能性与可行性，利用"鲇鱼效应"激发我国高质量发展整体活力。从高质量的文化产业发展的角度来看，我国需要在继续保持文化产品贸易的优势的同时，着力改善和提升文化服务贸易水平，这不仅关系到我国文化产业的核心竞争力，也关系到我国现代服务业的高水平发展。从文化产品到文化服务的升级，我们不仅需要不断深化文化领域的改革开放，也需要建立与高水平开放相适应的现代文化治理体系，以合理的制度创新在我国自主推进的新全球化进程中，建立和完善现代文化治理体系并全面提升中国特色的文化治理能力。

# 坚持生态优先、绿色发展　促进经济高质量发展

周宏春 *

党的十八大以来，习近平总书记多次实地考察黄河流域生态保护和发展情况，并分别就三江源、祁连山、秦岭等重点区域生态保护建设提出要求。2019 年 9 月 18 日，他在主持召开黄河流域生态保护和高质量发展座谈会时发表重要讲话强调，要共同抓好大保护，协同推进大治理，让黄河成为造福人民的幸福河。

## 一、坚持生态优先、绿色发展的重大意义

从全面建成小康社会目标看，生态环境是"短板"。一方面，改革开放以来我国发展取得举世瞩目的成就，经济总量跃居世界第二位，人民的获得感、幸福感明显增强。另一方面，发展中积累了大量生态环境问题，如大气污染现象时有发生；一些城市河道水体发黑发臭，影响景观和城市形象甚至影响饮用水安全等。小康全面不全面，生态环境是关键。补上生态环境的"短板"，是全面建成小康社会的紧迫任务。

从历史经验看，生态兴则文明兴，生态衰则文明衰。恩格斯在《自然辩证法》中写道，"美索不达米亚、希腊、小亚细亚以及其他各地的居民，为了得到耕地，毁灭了森林，但是他们做梦也想不到，这些地方今

---

* 国务院发展研究中心研究员，中国社科院循环经济专家，清华大学循环经济专业委员会专家，南京大学等 8 所大学的客座教授。

天竟因此而成为不毛之地"。20世纪发生在其他国家的"世界八大公害事件"也对生态环境和公众生活造成巨大影响。如洛杉矶光化学烟雾事件导致近千人死亡，伦敦烟雾事件首次爆发的短短几天内致死人数高达4000人。

从人与自然关系看，人的生存和发展依赖于自然。生态环境没有替代品，人类活动必须尊重自然、顺应自然、保护自然，否则会遭到大自然的报复。比如，现在植被稀少的黄土高原、渭河流域、太行山脉也曾是森林遍布、山清水秀，地宜耕植、水草便畜。由于毁林开荒、乱砍滥伐，这些地方生态环境遭到严重破坏。

从可持续发展看，保护环境就是保护生产力，改善环境就是发展生产力。环境就是民生，青山就是美丽，蓝天也是幸福，绿水青山就是金山银山。我们一定要树立大局观、长远观、整体观，不能寅吃卯粮、急功近利。要坚持节约资源和保护环境的基本国策，像保护眼睛一样保护生态环境，推动形成绿色发展方式和生活方式，协同推进人民富裕、国家强盛、中国美丽。

## 二、顺应生态文明建设的形势变化推动高质量发展

### （一）新时代我国生态文明建设面临的新形势

一是举国上下对生态环境保护的意识日益提高。党的十八大以来，生态文明建设大力度推进，全党全国贯彻绿色发展理念的自觉性和主动性显著增强，忽视生态环境保护的状况明显改变。生态文明制度体系加快形成，全面节约资源工作有效推进，重大生态保护和修复工程进展顺利，森林覆盖率持续提高。我国成为全球生态文明建设的重要参与者、贡献者、引领者。

二是生态环境质量改善明显。党的十八大以来，以习近平同志为核

心的党中央统筹推进"五位一体"总体布局和协调推进"四个全面"战略布局，在生态环境保护方面开展了一系列根本性、开创性、长远性工作，先后实施了大气、水、土壤污染防治三个"十条"，制度出台频率之高、污染治理力度之大、监管执法尺度之严前所未有，生态环境治理明显加强，环境状况得到改善。

三是生态环境保护仍处于负重前行阶段。习近平总书记在2018年全国生态环境保护大会上指出，生态文明建设正处于压力叠加、负重前行的关键期，已进入提供更多优质生态产品以满足人民日益增长的优美生态环境需要的攻坚期，也到了有条件有能力解决生态环境突出问题的窗口期。

## （二）高质量发展的内涵和外延

高质量发展，必须生态优先。生态环境是经济发展的生产力要素，良好的植被、优美的环境是生态文明的标志，也是广大群众的时代诉求。加强生态保护和建设，既能筑牢民生之基，又能扩大就业，夯实民生之本。

高质量发展应体现在顶层设计与实践探索中。我国幅员辽阔，不可能只有一个发展模式。顶层设计应体现"顶天立地"要求："顶天"要顺应国际潮流，符合国家政策导向；"立地"应使工作有抓手、规划能落地、绩效能考核，发挥企业和群众的主观能动性和首创精神。

高质量发展应体现在创新成果供给上。要聚焦重点领域和战略性新兴产业的科技攻关，不断推出科技含量高、附加值潜力大的科技产品，提高成果转化率。

高质量发展，需要增加生态产品供应。应当扩大绿色产品生产和供应，鼓励利用"互联网+"促进绿色消费，满足不同主体多样化的绿色消费需求。

### （三）避免生态文明建设陷入误区

我们既不能走进"经济发展必然破坏生态环境、生态环境保护必然影响经济发展"的误区，也不能忽视经济建设和民生改善，把生态环境保护作为懒政、庸政和不作为的挡箭牌。没有经济发展，谈不上生态文明建设。要把握发展与保护的"度"，既不能为眼前利益和一时增长竭泽而渔、杀鸡取卵，也不能因为生态环境保护而放弃发展、甘于贫困。

生态文明建设不是不要发展，而是要低消耗、高效益、高质量的发展。绿水青山就是金山银山，既要绿水青山也要金山银山。要在发展中保护，在保护中发展。山清水秀但贫穷落后不是生态文明，生活富裕但生态退化也不是生态文明。

生态文明建设，不能简单等同于植树种草。一些地方理解片面，忽视自然恢复为主原则，花巨资在河流和湿地上建起人工水泥堤坝，破坏了动植物与水的联系；一些地方引大树进城，指望"今天栽树，马上乘凉"；一些地方"一刀切"关停企业，不仅影响经济发展，更增加了就业压力和社会稳定的隐患。所有这些均与生态文明建设原则和重点南辕北辙。

## 三、着力推进生态环境保护和高质量发展

坚持底线思维，以国土空间规划为依据，完成生态保护红线、环境质量底线、资源利用上线和环境准入清单的划定，并将其作为调整经济结构、产业发展、城镇化不可逾越的红线。以山水林田湖草为系统思路，因地制宜、分类施策，增强针对性、系统性、长效性，健全生态休养生息制度，建立市场化的生态补偿机制；提升生态系统质量和稳定性，筑牢生态安全屏障，使绿色富民惠民。

以乡村振兴战略实施为抓手，以解决地怎么种为导向，构建现代农业经营体系；以满足吃得好吃得安全为导向，发展放心农业、生产优质

农产品，构建高产、优质、高效、生态、安全的农业生产体系，把国人的饭碗牢牢端在自己手中。发展绿色金融，引导绿色消费，将资源优势变为产业优势，将生态优势变为发展优势。

建立健全以产业生态化和生态产业化为主体的生态经济体系。产业生态化，要促进传统产业生态化转型；生态环境保护也要产业化。绿色发展是资源承载力和环境容量下的发展。要以绿色发展为基调，开展生态设计，施行清洁生产，减少有毒有害原辅料的使用；加强绿色供应链管理，形成固体废物产生量小、循环利用率高的生产方式；发展节能环保产业、清洁生产产业、清洁能源产业，实施国家节水行动，大力发展循环经济，在中高端消费、绿色低碳、共享经济、现代供应链等领域培育新的增长点。推动企业入园，以尽可能少的资源消耗和污染物排放完成我国工业化和城镇化的历史任务。充分发挥市场配置资源的决定性作用，更好发挥政府作用，实现环境治理能力现代化。

必须打好打赢污染防治攻坚战。紧紧围绕大气、水、土壤污染防治任务，以污染企业整治和达标排放为重点，优化产业结构；以散煤清洁化替代为重点，优化能源结构；以公路转铁路和柴油货车治理为重点，优化运输结构；以绿化和扬尘整治为重点，优化用地结构。要加强饮用水源保护，整治城市黑臭水体；加强土壤污染治理；大力推广绿肥种植、秸秆还田技术，有效控制农业面源污染；采用氧化塘等生态措施分散处理农村污水；打通生活垃圾、水处理污泥、河道淤泥处理的产业链条，以尽可能少的投入达到环境质量改善的目的。

以制度创新作为保障。党的十九大报告指出，必须树立和践行绿水青山就是金山银山的理念。推动绿色产品和生态服务资产化，使生态优势变成经济优势。一是完善绿色生产制度设计，构建绿色技术创新体系，将环境保护成本纳入价格，促进绿色技术、工艺和产品的生产，并培育成为新的经济增长点。二是完善绿色消费制度设计，让绿色成为新的消费导向。三是完善绿色金融制度设计，提高金融服务经济系统的能力。四是改革生态环境监管体制机制，保证生态文明制度得到更好实施。

生态环境保护将伴随我国工业化和城市化的全过程，是一场"持久战"。要创新体制机制和政策措施，健全监督体制和问责机制，做到有权必有责、有责必担当、失责必追究，还自然以宁静、和谐、美丽。

# 建设人与自然和谐共生的现代化

郇庆治 *

党的十九届五中全会通过的《中共中央关于制定国民经济和社会发展第十四个五年规划和二〇三五年远景目标的建议》（以下简称《建议》）提出："推动绿色发展，促进人与自然和谐共生。"这为推动生态文明建设实现新进步，建设人与自然和谐共生的现代化指明了方向、明确了路径。

## 一、准确把握人与自然和谐共生现代化的科学内涵

习近平总书记指出："我们要建设的现代化是人与自然和谐共生的现代化，既要创造更多物质财富和精神财富以满足人民日益增长的美好生活需要，也要提供更多优质生态产品以满足人民日益增长的优美生态环境需要。"这从理论和实践层面阐明了人与自然和谐共生的关系，进一步丰富和拓展了现代化的内涵与外延。

建设人与自然和谐共生的现代化，基于人与自然是生命共同体的马克思主义生态哲学理念，强调人类必须下决心抛弃工业文明以来形成的轻视自然、支配自然、破坏自然的观念，转向尊重自然、顺应自然、保护自然。在对自然资源和生态环境的利用上，需要自觉认识与遵循自然

*  北京大学马克思主义学院教授。

规律，既包括自然界物质运动与生态系统本身发展的规律，也包括人与自然、社会与自然之间相互作用的规律。新时代推进社会主义现代化建设，需要主动适应社会主要矛盾的变化，既努力创造更多物质财富和精神财富以满足人民日益增长的美好生活需要，又努力为人民提供更多优质生态产品以满足人民日益增长的优美生态环境的需要。

《建议》贯彻落实党的十九大精神，对人与自然和谐共生的现代化作出进一步论述与阐发。在理念层面，强调坚持绿水青山就是金山银山理念，提出守住自然生态安全边界，即承认自然界存在人类经济社会发展不可逾越的界限，为准确把握人与自然的关系、建设人与自然和谐共生的现代化夯实了理论基础。在实践层面，把建设人与自然和谐共生的现代化与深入实施可持续发展战略、完善生态文明领域统筹协调机制、构建生态文明体系、促进经济社会发展全面绿色转型一同作为"十四五"时期以及更长时期生态文明建设的指导原则，阐明了当前和未来推动绿色发展、促进人与自然和谐共生具体需要做什么、怎么做的问题，为生态文明建设实现新进步指明了方向。

## 二、深刻认识建设人与自然和谐共生现代化的时代价值

坚持以习近平生态文明思想为指导，建设人与自然和谐共生的现代化，契合我国发展需要，为推动绿色低碳发展、广泛形成绿色生产生活方式、促进经济社会发展全面绿色转型明确了前进方向，必将有力推动生态文明建设实现新进步。

践行习近平生态文明思想的必然要求。党的十八大以来，习近平总书记站在历史和全局高度坚持绿水青山就是金山银山理念，提出尊重自然、顺应自然、保护自然，促进人与自然和谐共生，保护生态环境就是保护生产力、改善生态环境就是发展生产力，良好生态环境是最公平的公共产品，是最普惠的民生福祉，生态兴则文明兴、生态衰则文明衰等

一系列标志性、创新性、战略性思想观点，深刻回答了为什么建设生态文明、建设什么样的生态文明、怎样建设生态文明等一系列重大理论和实践问题，形成了习近平生态文明思想。习近平生态文明思想为推进美丽中国建设，实现人与自然和谐共生的现代化提供了根本遵循。深入学习贯彻这一重要思想，内在要求建设人与自然和谐共生的现代化。《建议》提出加快推动绿色低碳发展，持续改善环境质量，提升生态系统质量和稳定性，全面提高资源利用效率，为贯彻落实习近平生态文明思想、推动实现人与自然和谐共生的现代化指明了实践路径。

促进经济社会发展全面绿色转型。《建议》提出，促进经济社会发展全面绿色转型。我们要加快形成绿色发展方式和生活方式，不断推进人与自然和谐共生的现代化，更好满足人民日益增长的优美生态环境需要。人与自然是生命共同体，人类善待自然，自然也会回馈人类；人类对大自然过度开发利用甚至造成伤害，最终会招致自然无情的报复。构建新发展格局、推动高质量发展、实现中华民族永续发展，迫切需要用绿色倒逼升级，彻底改变大量生产、大量消耗、大量排放的生产模式和消费模式，使资源、生产、消费等相匹配相适应，推动我国经济社会发展全面绿色转型，推动实现经济社会发展和生态环境保护协调统一、相互促进，推进人与自然和谐共生的现代化。实质上，促进经济社会发展全面绿色转型，本身就是建设人与自然和谐共生的现代化的重要内容；人与自然和谐共生的现代化不断推进，又会进一步促进经济社会发展全面绿色转型。

推动实现美丽中国建设目标。党的十九大报告将"生态环境根本好转，美丽中国目标基本实现"作为基本实现社会主义现代化的重要目标之一。《建议》对建设美丽中国作出更为详尽的战略部署，提出更为明确的具体要求，把广泛形成绿色生产生活方式、碳排放达峰后稳中有降、生态环境根本好转、美丽中国建设目标基本实现作为到2035年基本实现社会主义现代化的远景目标之一。在"十四五"时期，为全面建设社会主义现代化国家开好局、起好步，推动生态文明建设实现新进步，建成富强民主文明和谐美丽的社会主义现代化强国，需要以建设人与自然和谐共生的现代化为重要抓手，坚定不移贯彻新发展理念，牢牢坚持生态优先、绿色发展，坚定不移走生产发展、生活富裕、生态良好的文明发展道路，向着美丽中国建设目标砥砺前行。

## 三、推动形成人与自然和谐发展现代化建设新格局

习近平总书记指出："要建设资源节约、环境友好的绿色发展体系，实现绿色循环低碳发展、人与自然和谐共生，牢固树立和践行绿水青山就是金山银山理念，形成人与自然和谐发展现代化建设新格局。"推动形成人与自然和谐发展现代化建设新格局，实现生态文明建设的新进步，必须以贯彻落实《建议》为牵引，加快推动绿色低碳发展，持续改善环境质量，提升生态系统质量和稳定性，全面提高资源利用效率。

加快推动绿色低碳发展。"十四五"时期，推动绿色低碳发展需要强化国土空间规划与用途管控，减少人类活动对自然空间的占用。开展绿色生活创建活动，促进生产生活方式绿色转型，推动能源清洁低碳安全高效利用，降低碳排放强度，二氧化碳排放力争 2030 年前达到峰值，力争 2060 年前实现碳中和。实现这一目标，需要大力推进重点行业和重要领域的绿色化改造，进一步加强清洁生产、环保产业、绿色技术的创新发展，积极发展绿色金融，加快构建市场导向的绿色技术创新体系，为绿色发展提供坚强法律和政策保障。

持续改善环境质量。《建议》提出持续改善环境质量，要求基本消除重污染天气、基本消除城市黑臭水体、加强白色污染治理、加强危险废物医疗废物收集处理、完成重点地区危险化学品生产企业搬迁改造等，并提出制定实行多项重要制度机制，如建立地上地下、陆海统筹的生态

环境治理制度，强化多污染物协同控制和区域协同治理，全面实行排污许可制等。这些制度举措必将推动我国环境质量持续改善，有力促进高质量发展。

提升生态系统质量和稳定性。生态文明建设实现新进步，一个重要方面体现为生态系统质量和稳定性的稳步提升。《建议》作出坚持山水林田湖草系统治理，构建以国家公园为主体的自然保护地体系。实施生物多样性保护重大工程。加强外来物种管控。强化河湖长制，加强大江大河和重要湖泊湿地生态保护治理，实施好长江 10 年禁渔工作。科学推进荒漠化、石漠化、水土流失综合治理，开展大规模国土绿化行动，推行林长制。推行草原森林河流湖泊休养生息，加强黑土地保护，健全耕地休耕轮作制度。加强全球气候变暖对我国承受力脆弱地区影响的观测，完善自然保护地、生态保护红线监管制度，开展生态系统保护成效监测评估。贯彻落实这些重要决策部署，必将为全社会提供更多优质生态产品，不断增强人民群众的生态环境获得感、幸福感、安全感。

全面提高资源利用效率。对资源的高效利用，是人与自然和谐共生的现代化的显著标识。"十四五"时期，全面提高资源利用效率，重在通过行政管理手段的不断完善和经济政策工具的科学运用，按照《建议》决策部署，大力健全自然资源资产产权制度和法律法规，加强自然资源调查评价监测和确权登记，建立生态产品价值实现机制，完善市场化、多元化生态补偿，推进资源总量管理、科学配置、全面节约、循环利用。实施国家节水行动，建立水资源刚性约束制度。提高海洋资源、矿产资源开发保护水平。完善资源价格形成机制。推行垃圾分类和减量化、资源化。加快构建废旧物资循环利用体系，奋力实现经济社会发展和生态环境保护协调统一、相互促进。

# 第 二 篇
# 开启高质量经济发展新篇章

---

经济结构转型与"十四五"期间各地的高质量发展——新结构经济学的视角

高质量经济活动：机制、特定性与政策选择

中国是如何通过国际大循环实现经济追赶的

加快形成内外循环相互促进的新发展格局

两种类型增长与深圳角色转换

诊断中国经济：结构转型下的增长与波动

双循环的深意与落实中的关键点

构建"双循环"新格局的六大内外支柱

重塑中国经济内外循环的新逻辑

对双循环格局下推进更高水平资本项目开放的深层思考

实现双循环新发展格局的关键在于结构性改革和法治

# 经济结构转型与"十四五"期间各地的高质量发展——新结构经济学的视角

林毅夫 *

"十四五"规划对我国来讲是一个很重要的规划，这是我国进入新时代以后制定的第一个五年规划，也是全面建成小康社会之后，实现到2050年把中国建设成社会主义现代化强国的第一个规划，要为这个战略目标的实现打下牢固的基础。

在"十四五"规划实施期间，我国将会跨过12700美元的门槛，从一个中等收入国家变成一个高收入国家。这在人类历史上将是一个里程碑。目前，高收入国家的人口仅占全世界总人口的15%，中国变成高收入国家以后，全世界生活在高收入国家的人口将会从15%增加到34%。

我国是一个拥有14亿人口的大国，国内地区的发展差距相当大。有14个人均GDP已经超过2万美元的城市，包括北京、上海、天津、广州、深圳、厦门、珠海、南京、武汉、宁波、苏州、无锡、常州、鄂尔多斯，总人口达1.5亿人；同时，甘肃、山西、云南等地区的人均GDP在7000美元以下，还有6亿人口每个月收入仅1000元人民币左右。在这样一个收入差距相当大的大经济体里面，怎样实现高质量发展？这是需要思考的一个重要问题。

---

* 北京大学新结构经济学研究院院长。

"十四五"期间也将是 2016 年二十国集团在杭州峰会提出的新工业革命由方兴未艾到快速发展的一段时期。在这样的时代背景下，各个地方怎样根据各个地方经济的实际状况和国内国外形势的变化，来制定一个高质量发展的规划？这是专家学者关心的课题，也是奉行"知成一体"的新结构经济学所要思考的课题。

## 一、推动"十四五"期间高质量发展的原则：发挥有效市场和有为政府的作用，按照比较优势发展各地经济

从新结构经济学的视角，不管在哪个发展阶段，经济发展表现出来的都是收入水平的提高。要不断提高收入水平，有赖于现有的产业技术不断创新，新的附加值更高的产业不断涌现，由这样来提高劳动生产率。同时，也要根据新产业新技术的需要，不断完善硬的基础设施，像电力、电信、道路、港口等，以及软的制度安排，像金融环境、营商环境、法治环境等，来降低交易费用，让技术和产业的生产力可以得到充分发挥。上述是经济发展的一般机制。

但是，怎样利用这个机制来推动各地可持续的高质量发展？有一个基本的原则，就是各个地方在技术创新、产业升级时，必须充分利用各个地方的要素禀赋所决定的比较优势，并把比较优势变成竞争优势。

为什么必须充分利用各地的比较优势？因为，只有发展的产业符合当地的比较优势，生产成本才会最低，这是构成竞争优势的物质基础。但是，在市场上面的竞争不仅是生产成本的竞争，而是总成本的竞争，总成本除了生产成本以外，还包含决定于硬的基础设施和软的制度安排好坏的交易成本。

怎样让企业家按照各个地方的要素禀赋所决定的比较成本来选择产业、选择技术，以及怎样把各个地方的比较优势变成竞争优势？前者需要有一个制度安排，就是各种要素的相对价格必须反映这些要素在这个

地方的相对稀缺性。如果资本相对短缺，劳动力相对丰富，那么就应该资本相对昂贵，劳动力相对便宜；如果是资本相对丰富，劳动力和自然资源相对短缺，那资本就相对便宜。如果有这样一个要素价格体系，企业家为了自己的利润最大化，就会多利用那些丰富的、廉价的要素，少用那些稀缺的、昂贵的要素，企业家选择的技术就会符合当地要素禀赋所决定的比较优势的技术，所进入的产业就会是符合当地要素禀赋所决定的比较优势的产业。怎样才能形成能够充分反映各个地方要素相对稀缺性的价格体系？这就要求在产品和要素市场上是充分竞争的"有效的市场"，这是按照比较优势来发展经济的制度基础。

不过，竞争的市场固然能够引导企业家按照要素禀赋结构所决定的比较优势来选择产业和技术，但这影响到的只是在生产过程中的要素成本。要变成竞争优势，还需要有和所要发展的产业相适应的硬的基础设施和软的制度环境。基础设施和制度环境的完善，企业家自己是无能为力的，需要政府帮助协调或有政府来提供。所以，要按各地的比较优势来发展产业，除了有效市场之外，还需要有有为的政府，根据各个地方具有比较优势的产业，提供合适的硬的基础设施以及软的制度环境，帮助企业家把当地的比较优势变成国内外市场的竞争优势。所以经济要快速发展，一方面必须有一个有效的市场，另一方面也必须有有为的政府，两只手都要硬。

## 二、推动"十四五"期间高质量发展的方法："因势利导"和"倒弹琵琶"

各个地方在"十四五"期间怎么运用按照当地比较优势的基本原则制定的规划来推动产业转型升级，具体如何操作？新结构经济学把各个地方的产业，不管在哪个发展阶段，根据三个维度来划分。这三个维度是：第一，现有的产业跟全国乃至全世界的技术差距有多大？是已经在全国乃至全世界的技术前沿，还是在全国乃至全世界的内部，与前沿存在有一定的差距？第二，这个产业是符合当地的比较优势，还是违背比较优势？是否过去有比较优势而现在丧失比较优势？第三，这个产业的产品和技术的研发周期是短周期，经过半年、一年、18个月的研发就可以有新产品、新技术？还是长周期，要研发10年、20年甚至30年才能有新产品、新技术？新结构经济学根据这三个维度，把各个地方的产业分成5种不同类型的产业。

第一类是追赶型。这种产业当地现在有或者正准备进入，但是生产出来的产品一般质量比较差，价格比较低，固然也有市场需求，并且能盈利，在这个水平的产品市场上有比较优势，但是和发达国家的产品相比，价格差了好几倍，如一些装备、工作母机等。我国生产的卖100万美元，瑞士、德国生产的可以卖300万美元、500万美元，这样的产业属于追赶型。

第二类是领先型。我国的产品、技术已经在世界的最前沿，或是接近世界的最前沿，家电产业、华为生产的5G通信设备等属于这一类。

第三类是转进型。通常是劳动力比较密集的产业，过去是世界领先，但是由于工资上涨非常快，我国在这类产业中逐渐失去了比较优势。这类产业称为转进型产业，是因为有部分企业需要进入附加值较高的"微笑曲线"两端，建立品牌，从事产品设计和市场营销等。附加值较低的生产制造则转移到工资水平比较低的内地或是海外。

第四类是换道超车型。这类产业有一个特性，它的产品、技术的研发周期特别短，通常半年、一年、18个月，就有一代新产品、新技术。由于研发周期特别短，最重要的投入是人力资本，包括高科技人才和对市场方向把握非常好的企业，金融物资资本所需相对较少。以"人、机器、资源智能互联"为特征的新工业革命大多集中在这种换道超车型产业。发达国家经过工业革命以后二三百年的发展和积累，金融、物质资本比我国丰富，但是在后天的教育以及先天的天赋为主要组成部分的人力资本上我国没有什么劣势。所以，在以人力资本为主要投入的换道超车型产业上，我国和发达国家可以齐头并进，并且已经有很多成功的典型，如华为、中兴、大疆、科大讯飞、阿里、腾讯、百度等。在这些产业上，我国可以和发达国家站在同一个起点上竞争。

第五类是战略型。这种产业和第四类换道超车型产业特性正好相反，产品的研发周期特别长，需要 10 年、20 年甚至更长，还要有高人力资本投入和高金融、高物质资本投入。我国即使跨过 12700 美元的高收入国家的门槛，相比于美国人均 GDP 已经达到 6 万多美元，我国人均 GDP 还不足美国的 1/4。在这类产业上我国还不具有比较优势，但这类产业影响到国防和经济安全，不能没有，否则国防安全会受到威胁，经济上也可能会像目前一些核心芯片那样出现被"卡脖子"的情形，所以，我国也必须发展这类产业。

各个地方的产业都可以分成这 5 种类型，各个地方的政府如何在市场中发挥有为政府的作用来促进这 5 类产业的发展？新结构经济学提出了两种不同的方法：一是因势利导，二是"倒弹琵琶"。

因势利导主要针对的是具有比较优势的产业，包括追赶型、领先型、转进型、换道超车型。如果是追赶型，当地的产业是在低水平的产品和质量上有比较优势，但是跟发达国家来比，技术还相对落后。怎样来缩小技术差距？一是要培养这方面的人才，二是要引进国外先进的技术。在引进技术的时候，有的是买更好、更新的设备，有的是购买专利，有的是要到国外去设立研发中心雇用当地高水平的人才，或是在国内设立研发中心来掌握这个技术。各个地方的政府要分析现有的产业状况，了解企业的需要，帮助当地企业克服在技术追赶上可能遇到的困难，帮助企业更快地提高技术和产品质量水平。

领先型产业必须不断研发新产品、新技术，以维持在国内、国际市场的领先地位。在基础科研和新产品、新技术的开发中，企业对开发有很大的积极性，因为新产品、新技术开发出来以后，可以获得专利，可以获得国内、国际市场上的垄断利润，成功以后回报非常可观。但是要在新产品、新技术的开发上取得成功，必须有基础科研的突破。基础科研的成果通常体现为一篇论文、一个公共产品，一般企业不太愿意在这方面耗费资源。可要是没有基础科研的突破，那么新产品、新技术的开发就会成为无源之水。中央和地方政府要合力通过设立国家实验室，省、地级的实验室，建立产学研合作，支持领先型产业新产品、新技术开发所需的基础科研，帮助企业克服基础科研方面的瓶颈。

转进型产业过去有比较优势，对地方经济发展的贡献很大，但是一般劳动力太密集，现在已经逐渐失掉比较优势了。各个地方的"一县一品""一市一品"大多是这样的产业。这类产业有一部分可以通过"机器换人"来提高其生产力水平，但由于附加价值的瓶颈限制，这方面的空间有一定的限度，有些有能力的企业可以通过品牌建设、产品设计、市场销售渠道进入附加价值比较高的生产活动。其中的生产加工部分如果"机器换人"成本太高，则需要转移到工资水平比较低的中西部省份，或是海外工资水平比较低的地方，去创造"第二春"。对进入"微笑曲线"的两端所需要的人才，如设计人才，地方政府可以设立职业培训学校帮这些企业培养人才，如果转型为面向全国乃至全世界市场渠道中心，地方政府可以为其提供必要的基础设施和商业环境；对于转移到其他地方去创造"第二春"的企业，当地政府可以组织企业抱团和承接地的政府对接，在承接地筑巢引凤，让转移过去的企业能够很快地焕发出新的青春。

对于换道超车型产业，新工业革命里的智能制造、智能联通的软件和硬件，这类产业以人力资本为最主要的投入。怎样把有天分的人集中起来发展这种新的产业？如果当地已经有很好的大学，会有很多人才；

如果大学较少，比如像深圳，可以创造有利的环境把企业和人才招引进来。中国有些省份有很多成功的经验，像设立梦想小镇，能够把有创新能力的人才集中在那个地方脑力激荡，开发新产品、新概念、新技术、新业态。新一代产品开发出来要大规模生产，或开发出新的生产、营业模式的时候，也需要资本投入，这就是风险资本投入。地方政府可以设立引导基金，支持创新型企业和吸引风险资本来投资。

对于关系国防和经济安全的战略型产业，因为违反比较优势，在市场中没有办法实现盈利要求，总的来说需要有中央政府财政补贴。20世纪六七十年代很多三线建设就属于这种方式。由于中美关系从合作伙伴变成竞争对手，国防安全和经济安全对我国的进一步发展至关重要，在"十四五"期间战略型产业会有长足的发展。这些项目总要落地，各个地方可以配合中央的政策，让这些产业落地生根，并为下面所要谈的"倒弹琵琶"创造条件。

通常战略型产业人力资本和物质资本非常密集，超过一个地方的要素禀赋所决定的比较优势，地方政府很难以自己的力量来支持这种产业的进一步升级和发展。不过地方政府可以利用这种产业带来的技术力量和相关的产业链"倒弹琵琶"，结合当地的劳动力或自然资源的禀赋条件，发展符合当地比较优势的产业。在改革开放以后，这样的成功例子不少。例如，四川绵阳是三线建设的重要城市，能够生产资本、技术非常密集的飞机发动机、雷达等国防军工最前沿的产品。改革开放以后，绵阳的长虹电气就是利用原来生产雷达的工程技术力量，结合当地劳动力，生产资本和技术较雷达低的家用彩色电视机，在20世纪八九十年代是国内最有名的彩电品牌。重庆也是一个重工业基地，能够生产坦克，20世纪90年代利用其技术和产业配套的优势发展成为全国最大、最有竞争力的摩托车生产基地。在"十四五"期间，各个地方除了按照当地的要素禀赋所决定的比较优势来"因势利导"产业升级之外，如果有战略型产业也可以"倒弹琵琶",下个资本和技术台阶,根据当地的要素禀赋,进行军民结合,发展符合比较优势、有大的国内国际市场需求的新的民用产业。

## 三、在"十四五"期间贯彻落实新发展理念

"十四五"期间新工业革命的相关产业在我国将会大大发展,这些产业有相当多属于以人力资本投入为主,产品技术研发周期短的换道超车型智能技术产业。有条件的地方要抓住这个机遇,同时非常重要的是要用这种新的智能技术来改造传统产业,提高生产效率,以及使用新的智能技术改革市场营销方式,创造新的业态,让传统产业在新工业革命时代焕发新春。在"十四五"期间,各个地方应该鼓励支持当地企业努力去探索。

"十四五"期间,我国将会迈过门槛成为高收入国家。随着收入水平提高,人民会更关注生活的质量,对环境、对绿色发展会有更高的要求,各地在"十四五"期间也要坚持绿色发展。在"十二五""十三五"期间,有不少地方的绿色技术和产业已经发展得不错,太阳能、风能在我国已经成为领先型产业,随着全球对气候变暖问题的关心,这方面的需求会越来越大。在"十四五"期间,有太阳能产业的地方需要支持企业继续保持领先,全国各地也要用绿色技术来改造传统产业,减少污染和排放,改善环境,满足人们对美好生活的需求。

"十四五"期间我国进入高收入阶段,总的来讲,各个行业的技术、资本越来越密集,从经济学上讲它有一个特性,就是规模经济会越来越大。在中低收入阶段,许多具有比较优势的产业属于劳动力密集型,规模经济较小,出现许多"一乡一品""一县一品""一市一品",在该乡、县、市里,把产业相关的供应链全部集中在一起,形成了非常有效率、有竞争力的产业集群。进入"十四五"的高收入阶段,有比较优势的产

业变成资本密集型产业，规模经济大了，很难把一个产业所需的各种部件、设备的生产都集中在一个乡、一个县、一个市甚至一个省。针对上述新情况，中央提出了长江经济带、京津冀协同发展、粤港澳大湾区、成渝双城经济区等区域发展战略。在跨地区的产业集群发展中，各个地方要根据当地的禀赋条件发展产业集群中具有比较优势的产业，并协调区域里其他城市的产业发展，形成一个在全国乃至全球具有竞争优势的产业集群。所以，在实施"十四五"规划期间，要特别重视区域内各个地区发展的协调。

创新要求各地在经济发展过程中技术和产业不断升级，如果属于追赶型产业，可以引进消化吸收，如果属于已经在世界前沿的领先型产业或是和发达国家在同一条起跑线的换道超车型产业以及战略型产业的创新就必须靠自主研发。在发展过程中要有跨地区的协调，也需要和环境以及社会发展相协调。为满足人民对美好生活的向往，必须坚持绿色发展。同时，如果各个地方按照比较优势发展，除了战略型产业之外，就可以是充分利用国内国际两个市场、两种资源的开放发展。最后，如果按照比较优势发展，发展会是可持续的，并且能够创造最多的就业机会，最快地提高劳动生产力水平，最快地提高工资，让所有人分享发展的果实。

2016 年 11 月 11 日，习近平总书记在纪念孙中山先生诞辰 150 周年大会上指出，我们比历史上任何时期都更接近中华民族伟大复兴的目标，比历史上任何时期都更有信心、有能力实现这个目标。"十四五"期间利用好各个地方的比较优势，发挥"有效的市场"和"有为的政府"的作用，把比较优势变成竞争优势，实现高质量发展，我们将见证、参与以及贡献于我国高收入国家目标的实现，这将是我国发展史上以及人类近代史上的一个重要里程碑。

# 高质量经济活动：机制、特定性与政策选择

杨虎涛 *

党的十九大报告明确指出，我国经济已由高速增长阶段转向高质量发展阶段，正处在转变发展方式、优化经济结构、转换增长动力的攻关期。习近平总书记也多次强调，实现高质量发展，是保持经济社会持续健康发展的必然要求，是适应我国社会主要矛盾变化和全面建设社会主义现代化国家的必然要求。但是，由于现代经济学长期以来的研究重点在"量"而不在"质"，因此高质量发展作为核心概念置于重大政策意涵表达之中是对经济学的一个挑战。虽然主流经济学普遍忽视经济活动的"质"的特性，但在发展经济学尤其是演化发展经济学以及调节学派等"非主流"的经济学理论框架内，经济活动的"质"却是长期以来的核心议题。这些理论普遍认为，不同"质"的经济活动具有不同的社会经济后果，也是导致国家兴衰的分野所在。梳理经济理论中关于经济"质"的论述，对实现高质量发展具有重要的现实指导意义。

## 一、高质量发展与高质量经济活动

习近平总书记明确指出，衡量发展质量和效益，就是投资有回报、产品有市场、企业有利润、员工有收入、政府有税收、环境有改善，这

---

\* 中国社会科学院经济研究所教授。

才是我们要的发展。这一简明扼要的论断有着丰富而深刻的内涵，涉及积累与投资、收入与消费、创新与发展等多个领域，对理解和指导高质量发展具有重要的理论意义与实践价值。

在这一论述中，"投资有回报、产品有市场、企业有利润、员工有收入"的核心，是指经济发展中劳动生产率提高、工人实际工资上升从而使需求提升，利润以及积累率和投资上升三者之间的协同增长。这种具有正反馈机制的经济活动，被演化发展经济学称为高质量活动（high quality activity），同时也与阿伦·杨格所讨论的报酬递增经济以及调节学派所讨论的黄金三十年时期的经济活动，有着内在的一致性。尽管当前中国在推进高质量发展的过程中，并不只是简单再现这种生产率、利润与实际工资的协同增长，而是有着更为丰富的含义和更高的要求：比如强调以满足人民日益增长的美好生活需要为目的，强调创新发展、协调发展、绿色发展、开放发展、共享发展等。但生产率、利润与实际工资的协同增长与三者之间的良性循环是基本的"质"要求，如果不能实现这一目标，就意味着没有实现效率提升和人民福祉增进，也无法达到更多其他目标。结合党的十九大关于"满足人民日益增长的美好生活需要"的发展以及习近平总书记"转方式调结构和扩大中等收入群体是同一个过程的两个侧面"等重要论述可以看出，实现生产率、实际工资和企业利润的协同增长有着至关重要的意义。

在演化发展经济学家的理论中，一国致富的根本原因正是在于选择了特定的高质量经济活动。易言之，经济增长有活动特定性（activity-specific）。这种特定的经济活动的分工水平更深、产业协同效应更强、技术进步可能性更大。演化发展经济学家赖纳特认为，此类经济活动具有生产率提升空间大、研发密度高、动态不完全竞争性特征突出、附加值较高等特征。具有上述特征的高质量经济活动，不仅可以优化产业结构，而且可以通过生产率外溢作用，实现更大范围内的劳动生产率、利润率和实际工资的协同增长。

早于演化发展经济学的高质量活动概念，20 世纪 70 年代末，调节学派在对以福特主义生产模式为代表的西方黄金三十年的分析中，突出强调的也是生产率、利润（资本积累）和实际工资水平三者的共同增长。调节学派所概括的"福特主义积累体制"的主要特征就是：在规模经济基础上的生产率增长，与生产率增长同步的工资增长，以及工资增长导致的需求增长，在产能利用率不断扩大基础上的企业利润增长，进而在资本积累提高和良好市场预期基础上的投资增长，从而带来进一步的规模经济基础上的生产率的进一步增长。[①] 而新熊彼特学派的代表人物多西则将黄金三十年的这种技术创新推动下的生产率增长、工资收入以及总需求的同步增长称为完美匹配（smooth match）。在多西看来，20 世纪 70 年代以来，西方国家之所以出现了长萧条的症状——经济增长缓慢、利润率持续下降、实际工资长期停滞、社会分配不平等日益加剧等，是因为生产活动已无法实现"完美匹配"，取而代之的是生产率、利润（积累与投资）、实际工资（需求）协同机制的脱耦（decouple）。

经济史的研究也表明，工业革命以来，无论是早期的英美德等西方国家，还是第二次世界大战结束之后崛起的日韩新等东亚国家，无一例外地是抓住了当时特定的高质量经济活动，实现了经济腾飞。生产率、利润（积累与投资）、实际工资（需求）的协同增长是这些国家跻身富国时期的经济活动的主要特征。而以美国为代表的西方发达国家之所以在黄金三十年之后长期陷入萧条中，根本原因在于 20 世纪 80 年代以来，以金融为代表的非生产性活动在这些国家的经济活动中占据了支配性地位，从而无法启动类似黄金三十年时期的生产率增长、资本积累增长和实际工资增长那样的正反馈机制；相反，投资乏力、实际工资停滞和生

---

① 　孟捷：《战后黄金年代是怎样形成的——对两种马克思主义解释的批判性分析》，《马克思主义研究》2012 年第 5 期。

产率增长缓慢成了长期特征。

　　大量研究也都佐证了多西的"脱耦"判断：马伦的分析表明，美国相对于经济规模而言的商业投资净额，已经从战后经济繁荣期结束时的近 6%，下降到了如今的 2.5% 左右，资本积累速度缓慢，进而影响生产率的增长。而就整个发达经济体而言，20 世纪 70 年代的生产率增速从 3.25% 左右降到 2.0% 左右。在 21 世纪头一个 10 年中期则下降到了 1.25% 左右，2008 年国际金融危机后则进一步降到了 1% 以下。[①]戈登的研究则表明，1928—1972 年，美国的产出资本比率的年化增长率为 0.9%，而 1972—2013 年则降低到 -0.8%。而从劳动收入占比和实际工资水平上看，1972 年美国非农私人经济部门的小时工资和周工资（以 1982—1984 年美元计算）为 9.26 美元和 341.83 美元，此后 21 年间这两项指标持续下降，至 1993 年分别降至 7.78 美元和 266.65 美元。甚至在 2008 年国际金融危机爆发前的过度繁荣时期，小时工资和周工资也依旧只有 8.57 美元和 288.06 美元，远低于 20 世纪六七十年代的平均水平。[②]

## 二、高质量经济活动的作用机制

　　美国经济学家保罗·克鲁格曼（Paul Krugman）曾有一句广为人知的名言——生产率并非说明了一切，但从长远来看，它几乎就是一切。生产率增长之所以重要，是因为只有生产率增长才意味着可以用更少的资源生产出更多满足需要的商品，同时也意味着实际收入的持续增加；也只有生产率的增长才意味着会产生出额外的资源，可用于下一轮提高生产率的投资，从而使生产率继续提高，形成一种良性循环的过程。

　　衡量高质量经济活动的关键指标，首先就在于这种经济活动是否具

---

① Phil Mullan, *Creative destruction*：*How to start an economic renaissance*，Bristol University Press，Policy Press，2017，pp.96-97.
② 王生升：《在历史坐标中解析中美经贸摩擦的真相》，《光明日报》2019 年 6 月 20 日。

有生产率增长的空间。赖纳特等人的考察表明，发达国家对产业活动选择、培育和保护的主要标准，首先就在于该活动是否具有陡峭的学习曲线，即更大的生产率增长空间。如果某类经济活动具有更大的生产率增长空间，那么在生产率从低到高的过程中，此类活动将产生广泛的产业带动效应以及知识和能力的积累。而一旦此类活动的生产率已达极限，缺乏进一步改进的空间，这种经济活动所对应的产品或生产环节，就不再属于高质量范围。其次，判断一种经济活动是否为高质量经济活动，要看此类经济活动能在多大的范围内、多大的程度上影响其他部门的生产率增长，是否具有更大的技术外溢性，是否具有更广的创新范围，能否产生更强的产业协同效应。生产率的这种外溢效应，将通过更高的工资和更高的需求，对生产率改进较慢的如劳动密集型服务行业产生强烈的工资带动效应，使更多经济主体分享到生产率红利。最终在结果上，高质量经济活动就形成了一种"共谋"式的增长模式。在这种模式中，技术发展的成果将会被"企业家和投资者""工人""当地劳动力市场中的其他人"以及"国家——通过更大的税基"所分享。

在调节学派对黄金三十年的分析中，博耶等人将福特主义的主要特征概括为资本积累、生产率的高增长速度，与国民收入和家庭平均收入的增长大体同步。这种既有技术进步和生产率提高也有实际工资提升的积累模式被调节学派称为"具有群众大规模消费基础的内涵型积累"，以区别于仅靠投入而非技术进步而增长的"外延型积累"，以及虽有技术进步但无法改善实际工资的"内涵型积累"。相较赖纳特对产业协同效应和生产率溢出效应的分析，调节学派更突出强调的是这一时期生产活动的规模经济特征，认为在黄金三十年里，是福特主义基于标准化和工业流水线的生产组织形式，通过规模生产提高了劳动生产率；而劳方和资方通过集体谈判形成了与生产率增长相联系的工资制度，从而在实际工资提高的同时促进了社会大规模消费，这反过来又强化和促进了大规模生产，规模生产基础上的利润增长又提高了积累率，从而使更多的投资进一步扩大规模经济，如此循环累积形成工资、利润和生产率之间的良性循环。

调节学派对这一正反馈的机理描述，与演化发展经济学基本相似。在演化发展经济学的分析中，"共谋型"增长的核心也在于高质量经济活动与更高生产率、更高利润和更高实际工资之间的良性循环：建立在生产率提升基础上的实际工资提高，建立在实际工资提高基础上行的需求扩大，随着实际工资的提高，企业会更倾向于用资本替代劳动，从而会加大投资和提高资本产出比，这就推动了劳动生产率的继续提高。而随着实际工资提高带来的需求扩大又有助于企业的产品销售利润，从而使企业更能实现利润并有更好的预期继续投资，这又进一步推动生产率的提高，这同样也是一个累积循环的过程。在这一过程中，国民实际收入和产业竞争力都得以不断提高。

不同的是，对于这种高质量经济活动的"正反馈"实现条件，赖纳特等人尤其强调国内市场保护和产业政策的重要性，而调节学派则更强调其他制度体系的支持，认为垄断定价、劳资协商和政府的需求管理以及稳定的国际金融体系和贸易体系是高质量经济活动得以持续的关键。之所以出现这种分野，在很大程度上是因为两者的分析对象具有差异性。调节学派所考察的黄金三十年时期，经济增长是依靠扩大内需而实现的，积累主要是通过内源型积累完成的。[1]而按经济史的划分，西方的黄金三十年属于"西方走向富裕"（western ascent to affluence）的后期加速阶段，是从富到更富或富裕复兴的阶段。而赖纳特所考察的对象带有更多的赶超发展意味，在这种历史分析中，高质量经济活动伴随着对特定技术—经济范式下产业制高点的争夺，因此国际分工和国际贸易的条件

---

[1]　孟捷：《战后黄金年代是怎样形成的——对两种马克思主义解释的批判性分析》，《马克思主义研究》2012年第5期。

得到了更多的重视。作为一种"赶超"视域的分析，经济发展能否惠及本国居民是赖纳特始终强调的关键点。他尤其指出，良性循环可以在任何一个点被切断：比如缺乏实际工资的提高，或者缺乏资本—产出比的提高，甚至如果更高的需求只是源于对外国商品的需求增加，循环将中断。这也意味着，在开放经济的条件下，一种创新性的活动如果是缺乏产业关联性的"飞地"经济，即使它具有高质量经济活动的生产率特征，也只会对资本积累有利，而不可能达到产业协同和国民收入提升的效果。从这一意义上说，尽管高质量经济活动的典型特征是其创新性，但并非所有的创新都是高质量经济活动。

## 三、高质量经济活动的三重特定性

高质量经济活动通过产业协同和技术外溢，使生产率、利润和实际工资形成协同增长。但无论是演化发展经济学还是调节学派，都没有强调高质量经济活动具有特定性。事实上高质量经济活动的这种协同增长并非是无条件的：只有在特定的行业和产品、特定的规模和结构以及特定的时间和空间条件下，高质量经济活动才能实现生产率、利润和实际工资三者间稳定和持续的协同增长。

### （一）高质量经济活动的行业和产品具有特定性

生产率、利润和实际工资的协同增长，不仅需要各种制度支持，同时也依赖于这一行业和产品的特性。其中，核心的问题在于，劳动节约型的技术进步在导致个体实际工资上升的同时是否也导致总需求上升？生产率提升在导致单位商品价值量下降的同时是否也导致总产出和利润的增长，从而确保投资的增长？

技术变迁对于生产率的影响，以及和劳动需求和总需求之间的关系，被称为"李嘉图《论机器》一文以来最重要的理论议题之一"。在经济思想史上，库兹涅茨、克拉克和鲍莫尔、帕萨内蒂等人都讨论过这个问题，普遍认为，需求的增长和生产率的增长，是通过价格弹性机制联系起来的。而金德尔伯格则更是将这种弹性引入部门间的产品需求之间，认为需求的价格和收入弹性很高并与其他部门有着显著联系的活动称为主导部门。事实上不只是需求的价格和收入弹性，还有就业的结构和总量的变动，都对"正反馈"起着决定性的作用。多西指出，技术变迁、需求和就业之间至少存在着三种机制：一是通过生产率增长到更低的产品价格到更高的需求，前提条件是需求的价格弹性大于1；二是从生产率增长到实际工资的增长到更高的需求；三是从生产率增长到劳动替代到更高的失业率，最终导致更低的需求。

但是，多西并没有进一步指出这三种机制的宏观综合效应，而在技术进步的过程中，这三种机制往往是并存的。要实现生产率、实际工资和利润的协同增长，从而在资本积累、需求与总产出之间保持良性循环的话，需要技术进步带来的就业创造效应和补充效应大于其破坏效应和替代效应，同时产品的需求价格弹性和收入弹性都要大于1。其原因在于，一方面，生产率的提高将使单位商品价值量下降，要使企业从单位价值量下降的商品中获得更多的利润，从而保证下一轮更高的投资进而保障总产出的增长，就必须要求产品的销售量（剩余价值实现）的增长幅度大于单位商品价值量下降的幅度，即产品必须是具有弹性的；另一方面，在实际工资保持不变的前提下，如果技术进步造成的劳动创造效应和补充效应小于其破坏效应和替代效应，也不会在总量上导致更多的需求。因此，就业的总量效应和产品的弹性要求是决定生产率、利润和需求之间正反馈能否持续发生的两个关键因素。就业的总量效应取决于观察的时间长短，长期内技术进步所创造的新增就业将超过对传统部门就业的替代和破坏，这一点已被历次技术经济范式的变迁所证明；而产品弹性对总产出的影响，则和技术变迁过程中动力部门（motive branches）、支柱部门（carrier branches）或者主导部门（leading sectors）以及"引致部门"（induced branches）的规模和范围密切相关。例如，在芯片、存储器、计算机和网络设备这种结构的部门间需求中，上游产业技术进步造成的单位产品价值量下降意味着下游产业更大的需求，也意味着整个行业规模的进一步扩大和社会总产出的进一步增长。

## （二）高质量经济活动的规模和结构具有特定性

高质量经济活动是一系列相互促进、相互协同、互为需求的产业活动。孤立的某一个产品不足以支撑起大范围的资本积累、实际工资和劳动生产率的协同增长，高质量经济活动的这种系统性特征在大国、较大规模的经济体上体现得尤为明显。而对较小规模的经济体而言，即使缺乏足够复杂的产业门类和经济规模，但若能在有限的部门甚至单一的产品上实现突破，形成竞争优势，仍有可能凭此拉动该经济体成为"富国"。例如，韩国在发展出口导向型经济的过程中，1973—1987年出口结构的最明显的变化，集中体现在纤维、电子产品和汽车及配件三个产品上，三者占总出口比例达到53%，而在20世纪70年代，纤维和汽车及配件出口为零，电子产品出口则从1973年的9.9%上升到1987年的21.5%。韩国经济学家李根也指出，韩国没必要建立飞机制造业。

高质量经济活动之所以对规模和结构有着特定的要求，是因为：

第一，高质量经济活动的规模对生产率优化和实际工资提升的空间和持续时间具有重要影响。生产率提升快的部门在更大规模的需求拉动下会有更强的"需求引致创新"作用，从而进步更快，与此同时这种快的进步反过来也会对生产率提升慢的部门产生渗透，最终在更大范围和更长时间内起到提升生产率的作用。这种产业间的相互引致需求而拉动的创新和生产率之间的关联性，在早期发展经济学中被称为"前向联系"和"后向联系"，其拉动作用可以通过不同部门的投入—产出表上的规模系数得以体现，而较高的规模系数和多产业间的协同性往往是发达国家的标志之一。劳动生产率提升快的部门的从业人员有更高的需求收入弹性，也更有能力去消费劳动生产率提升慢的部门的产品和服务，从而让这些部门的从业人员的收入也能得到提升。这就需要生产率提升快的部门在经济体中占到相当的规模，才能让"收入潮水浮起了所有的船"。生产率—利润—工资增长之间的正反馈的强度和持续程度，取决于高质量活动所占有的份额。

第二，高质量经济活动的结构的复杂程度对生产率外溢效应和协同效应的程度和持续时间广度有着重要的意义。新技术和新产品的相应部门潜在的生产率提升空间大，但需要相当广泛的支持部门，才能有利于自身的生产率提升，并同时形成范围更大的生产率外溢效应和更强的产业协同效应。外溢效应和协同效应的持续度、强度和广泛程度则取决于：①产品创新（product innovation）和过程创新（process innovation）之间的匹配。如果一种产品创新能导致更多部门的过程创新，就能产生范围更大的生产率外溢效应。从技术史的角度看，这就要求主导部门的产品创新具有更大的"革命"作用，其产品可用于更多行业和更多产品的过程创新之中，如数控机床、新材料或新能源等。②过程创新或组织创新的通用性。某种工艺、流程或者生产组织形式，如果可以被用于多个生产部门去提高生产率，就可以实现范围更大、更为直接的生产率提升，如流水线、平台组织等。

## （三）高质量经济活动的时间和空间具有特定性

高质量经济活动具有时间特定性。首先，高质量经济活动的行业和产品随着技术—经济范式的变化而变化。随着技术—经济范式的变迁，全球分工体系和贸易体系的不断变化，以及不同国家自身禀赋和基础的差异，曾经在某一时段使某些国家成功的高质量经济活动所对应的行业、产品乃至政策，未必适用于当下其他的国家。例如，对于何谓高质量经济活动，赖纳特的答案是制造业：自那些"天然富裕"的国家——威尼斯、荷兰、没有农业的小城邦——之后，我们再也找不到一个不需要经历长期的锁定目标、对制造业部门进行支持或保护就能够建立起自己的工业部门的国家。而在调节学派的分析中，汽车、建筑等耐用品行业是支撑黄金三十年的主要行业。但随着模块化生产方式的兴起和全球价值链的形成，一般意义上的制造业显然已经无法实现"高质量"的特定要求，制造业占比很高但附加值很低已成为很多发展中国家的特有现象。同样以韩国和马来西亚为例，20世纪70年代到90年代，韩国和马来西亚的制造业占比基本上都在38%左右，1990—2008年，马来西亚的制造业占比从38%上升到45%左右，但韩国一直在38%左右，而同期两国的平均国民收入则拉开了数倍以上的差距。其次，高质量经济活动具有时间上的竞赛性。在特定的技术周期时间节点上，高质量经济活动的技术高点具有独占性，即"先到先得"。随着知识产权、产业生态联盟和技术标准重要性的日渐突出，这种时间的竞速赛也更为激烈更为普遍。高质量经济活动的时间特定性意味着，在不同技术革命浪潮时间节点上启动工业化和赶超进程的不同国家，面临的技术和赶超的"机会窗口"也不同，就其实现"富国"目标而言，高质量经济活动对应的具体产品、行业和介入方式也不一样。

高质量经济活动也具有空间特定性。首先，随着全球价值链、供应链和产业链的兴起，高质量经济活动在空间上被分割，产品间分工和产品间贸易被产品内分工和中间品贸易、服务贸易所取代，单纯通过逆向工程已无法实现高质量经济活动的生产率、利润和实际工资的协同增长，高质量经济活动更多地集中于价值链、供应链和产业链的高端。其次，随着全球化程度的不断加深和范围的不断扩大，在开放经济条件下，生产率—利润—工资之间的良性循环更容易超越一国范围，造成国内循环的脱耦，失去国民共享的意义。比如，在原材料和成品市场"两头在外"而缺乏定价权的加工贸易中，也可以出现生产率提升但利润和工资下降的情形。再如，受限于脆弱的金融体系，在金融开放条件下，一国长期经济增长的成果也可能被拥有金融霸权的发达国家所掠夺。高质量经济活动的这种空间特定性意味着，对全球价值链的高端位置的争夺、供应链控制权的争夺以及产业强度和韧性的争夺成为高质量发展的关键所在。

## 四、高质量经济活动的政策选择

高质量经济活动的行业和产品的特定性、规模与结构的特定性、时间和空间的特定性，对选择、培育和促进高质量经济活动，实现中国经济高质量发展提出了更为复杂的要求，与之相应，促进高质量发展的政策选择也应有所侧重和突出。

### （一）抓住新技术革命的关键技术特性，致力于特定行业和产品

高质量经济活动具有行业特定性和产品特定性。要产生大范围的生产率、利润和积累的协同增长，就需要形成大范围的动力部门、支柱部门和引致部门之间的产业间需求。在这种需求的耦合循环中，由于部门间需求富有价格弹性，因技术进步带来的单位产品价值量的下降不会影响总产出和利润的实现，而由于技术进步带来更多的部门就业，实际工资的上升也会带来相应的需求增长。

从在历次技术革命浪潮中成功实现赶超目标国家的经验看，新的技术革命发生之初，一国能否成功地捕捉新技术革命的机会窗口实现赶超，在于能否在生产关键要素的动力部门中取得领先地位，能否迅速形成动力部门、主导部门和引致部门之间的互为市场，而这取决于技术能力、经济规模和产业体系的复杂程度。回顾技术变革的历史，第一次工业革命时期的冶铁、蒸汽机和煤矿业之间，第二次工业革命的电气化、石油、内燃机、钢铁和汽车之间，第三次工业革命的芯片、计算机和网络设备

之间，都存在这种类似的循环。而第一次工业革命之所以爆发在英国而不是欧洲其他地方，就在于英国存在着采煤、蒸汽机和冶铁的旺盛需求；第二次工业革命美国之所以能胜出，也在于其庞大的国内市场和多样化的产业部门；第三次工业革命美国之所以领先于日本和欧洲，也与其庞大的军工采购密不可分。虽然中国仍存在着高端核心技术缺乏和基础研究薄弱等短板，但在新一轮技术革命来临之际，中国经济的规模优势和世界上产业门类最为齐全的生产体系为我们捕捉这一机遇提供了有利条件。庞大的市场规模意味着新技术、新产品和新的组织形态更容易得到市场回报，进而激励企业持续创新。而多样性的生产部门则有助于形成不同部门间的技术耦合和互补效应，从而加速技术扩散与技术—经济范式的型构。

动力部门、支柱部门和引致部门之间的产业间需求的规模和广度，取决于技术革命本身所蕴含的分工"裂变"程度。杰里米·里夫金之所以将能源 + 通信的组合变化视为工业革命的标志，就在于能源 + 通信的变化代表着全新的分工和生产组织方式，"这种聚合将会从根本上改变社会的时间和空间属性，从而要求以全新的方式组织和管理商业活动和生活方式"[①]。在泰勒·考恩和罗伯特·戈登等人看来，20 世纪 70 年代之所以成为快增长和慢增长的分界点，就在于以计算机为代表的信息通信技术在分工的"裂变"程度上无法与上一轮技术变革，也即 20 世纪 20 年代之后的电气化、内燃机为代表的技术变革相提并论。之所以存在所谓索洛悖论——"处处可见计算机，唯独在生产率数据中除外"，主要是因为计算机和互联网等技术并未形成类似电力、石化能源技术那样强劲而广泛的创新范围。

---

① ［美］杰里米·里夫金：《第三次工业革命：新经济模式如何改变世界》，中信出版社 2012 年版，第 139 页。转引自《第三次工业革命与前两次工业革命有何不同——中南财经政法大学经济学院杨虎涛教授访谈录》，《经济师》2014 年第 3 期。

如同蒸汽机、电力一样，以大数据、人工智能为代表的技术已成为当代产业发展的通用技术，也成为各国技术竞争和产业竞争的主阵地。但当前大数据和人工智能技术仍局限于诸如广告投送、生活消费等有限的应用场景之中，要避免索洛悖论的再现，使大数据、人工智能为代表的技术成为提升一国价值链、供应链和产业链地位的主导力量，就应当：①实现从消费互联网向产业互联网的升级，使其产生更大范围的工业应用，而不仅仅是商业和生活应用；②推进大数据、人工智能和材料、能源、生物技术等战略新兴产业的技术渗透和产业协同，以及通过新兴技术促进传统行业升级。大数据和人工智能行业在缺乏材料、能源和高端装备产业进步的前提下，无法产生足够的产业带动效能和协同深度。如果不能广泛而有效地与材料、能源、生物医药等新兴产业结合，不能渗透和升级传统制造业，就无法发挥其"通用"功能，也就无法成为高质量经济活动的引擎。

## （二）发挥规模优势和结构优势，引导高质量经济活动的发展

对于中国这样一个发展中国家而言，要实现党的十九届五中全会提出的"人均国内生产总值达到中等发达国家水平"目标，需要高质量经济活动的规模达到相当的比重，如此才能拉动占世界人口 1/5 的国民收入水平持续提升；同样，要实现高质量发展的产业协同效应，产生持续而广泛的生产率溢出，也需要中国的经济结构更为丰富的多样性，如此才能产生足够的产业间"引力"。

从另一个角度看，作为目前世界第一制造业大国和产业门类最为齐全的国家，作为潜在的最大消费市场，中国完全具备实现高质量经济的规模和结构要求的必要性和可能性。不同部门、不同区域的生产率结构性差异，为生产率溢出创造了前提条件，战略新兴产业对传统制造业的升级改造，制造业升级引致的农业和服务业的效率提升，经济发达地区

和落后地区的协同，都蕴含着进一步扩大规模、优化结构和提升效率的可能性。而较高的农业劳动力占比也同时意味着国民收入提升尚有巨大空间。一般而言，当劳动力从低的生产率部门向高的劳动生产率部门转移时，不仅本身收入会得到提高，而且高生产率部门还可拉动低生产率部门的工资上升，这是工业革命中劳动力从农业部门向制造业部门转移时所发生的现象，也是发达国家农业、服务业人工成本远比发展中国家要高的原因。发达国家在后工业时代的发展困境之一，就是随着制造业的不断萎缩和服务业占比的不断提升，劳动力人口的流转方向不再是从低生产率部门到高生产率部门，而是从高劳动生产率部门向低劳动生产率部门，这也正是后工业化时代总生产率提升速度开始趋缓的原因之一。

要将潜在的规模和结构优势转化为现实的规模拉力和结构引力，需要进一步优化现有的经济规模和结构的质量。尽管潜在规模很大，但在生产率水平上，我国与发达国家仍有一定差距。尽管结构意义上产业部门多样化明显，但高生产率部门向低生产率部门的生产率溢出效应仍不够高，未能产生足够的产业协同力，在路风教授的统计中，中国之所以劳均产出和劳均资本的水平会被大大拉低，是因为中国人口众多且农业人口的比例较高，这从另一方面反映出，相当一部分劳动就业人口仍停留在劳动生产率较低的部门，城乡协调、区域协调、产业协同尚有巨大的改进空间。

### （三）抓住时间上的第二种机会窗口，围绕"空间"链主打造产业竞争力

如前所述，高质量经济活动具有时间特定性。一方面，围绕着新技术经济范式的高端争夺是一种时间的竞速竞赛；另一方面，技术浪潮的产品节奏型变化是产业竞争的重中之重。前者要求"快"，实现先到先得；后者意味着"准"，实现产业利基。而工业革命以来若干次技术革命浪潮中时间特定性变化的显著特征，就是一方面时间竞赛过程中的规

模、垄断、成本等因素的重要性越来越低，而标准、知识产权、产业生态联盟的重要性日渐突出；另一方面是技术周期中短周期技术产品大量涌现，使节奏变化大为加快。

按照新熊彼特学派的技术窗口理论，对后发国家而言，在成熟的技术中不存在赶超机会，因为时间上先发国家已经实现技术、规模、价格、标准和产业生态联盟的锁定；但在新兴技术和产品中，先进国家和后发追赶国家在技术上基本处在同一起点，新技术和产品与传统技术和产品的差别越大，先进国家和后发国家的差距越小。而由于对传统技术—经济范式的制度路径依赖和产品路径依赖都弱于发达国家，在新一轮技术革命爆发之初，后发国家反而具有更大的优势，也即新熊彼特学派所强调的真正具有赶超意义的"第二种机会窗口"。而技术和产品更迭的周期趋短意味着"第二种机会窗口"开启更为频繁，后发国家的追赶机会也更多。从理论上说，在以通信网络技术这类短周期特征技术为主的第五次技术革命浪潮中，只要抓住短周期的节奏就存在赶超甚至领先的可能性。而一旦在特定的时间节点上实现了突破，空间意义上的价值链、供应链和生产链的"链主"也随之易主。华为5G技术之所以成为中美经贸摩擦的焦点，其原因也在于此。

时间意义上的后发赶超之所以在现实中存在巨大困难，是因为空间意义上，价值链、供应链和产业链的"链主"可以通过对"链"的控制来抑制后发者和赶超者。在一个既定的时间节点上，链主依赖其价值链的优势，具有更强的研发实力和更大的技术标准主导权；依赖其供应链的优势，具有更大的产业生态控制权；依赖其产业链的权力，具有在空间上重构生产，从而破坏后发者通过产业间需求来引导创新升级的可能性。在新技术经济范式切换的过程中，尽管机会窗口频繁开启，但链主通过上述系统优势可以遏制甚至绞杀后发追赶者。从这一意义上说，高质量经济活动的时间特定性和空间特定性是不可分离的，要实现技术浪潮中的竞速，获取特定的产业利基，必须同时突破和摆脱空间链主的抑制。

当前，以人工智能、纳米材料和新能源等高新技术为代表的新技术革命意味着技术—经济范式即将发生根本性转换，这就为中国等后发国家捕捉高质量活动提供了难得的"第二种机会窗口"。但如果不能改变价值链、供应链和产业链的地位，"第二种机会窗口"也将失去意义。而中国在价值链和供应链上的地位仍不乐观，产业链虽然"全"，但对"链"的控制力还有待提高。美国挑起中美经贸摩擦以来，中国产业链的完整性也同样面临着严峻的考验。虽然短期内中国的全产业链地位很难被替代，但从中长期看，这种产业链的替代或碎片化是完全可能发生的。研究表明，跨国公司生产线和供应链的调整周期也仅需 12 个月左右。因此，稳住面向国内市场的产业链，充分发挥中国国内市场的规模效应，以充分释放庞大内需市场的潜力，避免以国内市场为主导的企业也因内需不足而发生产业转移，为实现高质量发展提供稳定、持续、安全的条件，是当前经济政策的重点所在。

2020 年中央经济工作会议指出，产业链供应链安全稳定是构建新发展格局的基础。要统筹推进补齐短板和锻造长板，针对产业薄弱环节，实施好关键核心技术攻关工程，尽快解决一批"卡脖子"问题，在产业优势领域精耕细作，搞出更多独门绝技。要实施好产业基础再造工程，打牢基础零部件、基础工艺、关键基础材料等基础。要加强顶层设计、应用牵引、整机带动，强化共性技术供给，深入实施质量提升行动。

## 五、结　语

工业革命以来，真正通过高质量经济活动成功地完成工业化和现代化的成功案例远远少于失败的案例。大部分国家都难以捕捉、培育和发展高质量经济活动，即使在跻身发达国家之后，很多国家也不同程度地面临着发展缓慢、社会矛盾突出等问题。这说明，捕捉、培育和发展高质量经济活动绝非易事。高质量经济活动的发展本身，不仅仅是一个经济意义上同时也是社会意义上一个创造性破坏和破坏性创造并存的过程。它既需要技术进步的支持，更需要长期而有效的制度体系进行促进和保障。

高质量经济活动的行业与产品特定性、规模与结构特定性以及历史特定性等特征，对我们捕捉新技术革命的机遇，实现以创新、协调、绿色、开放、共享为导向的高质量经济发展，提出了更为复杂和更为系统的要求。以新一轮技术革命的技术特征、产业特征为导向，围绕核心、关键技术和产品重点攻关，前瞻性地审视现有产业布局，及时针对缺陷进行相应系统调整，是应对新技术革命、培育和促进高质量经济活动，从而实现高质量发展的关键所在。在这一难得的历史机遇中，国家的作用极为重要：一方面，需要国家发挥在创造性破坏中的引导与稳定作用，引导社会资源导向高质量生产性活动，同时为经济结构转变，发展动能切换提供稳定的经济社会环境，激发经济主体活力与创造力；另一方面，也需要国家加快适应新技术革命的新型基础设施建设，以高质量的新型供给带动相应的新兴产业发展，从而充分发挥中国经济的规模与结构优势，促进产业融合与产业协同，实现高质量发展。

# 中国是如何通过国际大循环实现经济追赶的

林毅夫　张　军*

中国是第二次世界大战后极少数能成功实现较长时期高速增长的经济体之一。给定它的人口规模，中国的增长堪称奇迹。以出口品的技术复杂度和科技进步的速度来衡量，中国也是后来者中学习技术最快的国家之一。考虑到40多年前极低的起点和普遍贫困的状况，中国今天的成功经验对其他后来者具有参考价值。

中国所实现的快速的技术进步及经济发展的成功来自它在1978年作出的发展战略上的根本转变。中国放弃了教条主义和不切实际的赶超思想，并通过市场化的改革开放政策在给予原有的不符合比较优势的产业必要的保护补贴以维持稳定的前提下，创造条件让符合比较优势的产业快速形成竞争优势，并由资本的快速积累和符合比较优势部门的快速扩张，不断矫正不符合自身优势的经济结构，为消除转型期的各种扭曲创造条件，在稳定和快速发展中过渡到完善的市场经济体系。在此过程中，中国努力改革其管理经济的体制去适应这些变化，并制定一系列行之有效的工业化政策，把中国从一个相对封闭的经济体转变成在制造业上具有全球竞争优势的世界工厂。

中国的经验也指出了第二次世界大战后延续至今的发展经济学的缺

---

* 林毅夫系北京大学新结构经济学研究院院长，张军系复旦大学经济学院院长。

陷。已有的发展经济学对后来者的赶超战略的建议没有能够遵循产业结构演变的内生逻辑，忽视了资源和要素禀赋的结构在成功的工业化战略中的决定性影响。而新结构经济学，基于第二次世界大战后那些包括中国在内的成功实现追赶的高增长经济体的经验，强调了基于要素禀赋结构的动态比较优势原理在实现工业化和快速经济增长中的重要性。根据新结构经济学，后来者在工业化中务必摒弃现成的教条，尊重和正视自身的初始条件、要素禀赋的结构和经济制度等制约条件，从实际出发，用看上去是次优的方式逐步克服各种约束条件，在学习中不断积累物质资本和人力资本，小步快跑，实现从技术模仿到技术创新的转变。

# 一、导　言

虽然这些年经济增速有些放慢，但从 1978 年开始，中国经济在过去 40 多年里还是保持了年均超过 9% 的增长率。这使得中国的人均 GDP 从 1978 年不足 200 美元提高到 2017 年的约 8700 美元，2019 年突破 1 万美元，仅次于美国成为世界上第二大经济体。2010 年，中国的货物出口额超过德国，成为世界第一大出口国，而且 97% 以上的出口产品是制造业产品，成为 18 世纪工业革命以来继英国、美国、日本、德国之后的世界工厂。不仅如此，中国的技术进步和出口产品的技术复杂性提高迅速，与发达经济体的差距大幅度缩小。作为全球重要的制造大国，如今中国在全球生产链中的地位持续上升，不仅出口的附加值显著提高，技术进步加快，而且正在从技术模仿者向创新者转型。

由于经济的快速发展，中国的城镇化进程快速推进，城镇化率从 1978 年的 18% 上升至 2020 年的超过 60%，保持了年均上升一个百分点的城镇化速度，这也意味着平均每年新增了 1000 多万的城市人口。正是得益于快速的经济增长，中国也为世界的减贫工作作出了贡献。改革开放以来，按照现行贫困标准计算，我国 7.7 亿农村贫困人口摆脱贫困；按照世界银行国际贫困标准，我国减贫人口占同期全球减贫人口 70% 以上。

这一切来之不易。中国在 20 世纪 50—80 年代实行了计划经济并推行重工业优先发展的进口替代战略，放弃了后来者的优势，试图借助于自力更生的工业化战略实现对发达经济的追赶。这一违反自身比较优势的发展战略让中国丧失了作为后来者可以学习先行者技术的机会。在将近 30 年的时间里并没有摆脱全面的贫困。到 1978 年，中国的人均收入水平连撒哈拉以南非洲国家平均收入都没有达到。而且有 81% 的人口生活在农村，差不多 84% 的人口生活在每天 1.25 美元的国际贫困线之下。

在这期间，不断的政治运动，特别是经历长达 10 年的"文化大革命"之后，中国经济几乎到了崩溃边缘。1977 年 12 月，据时任国务院副总理李先念在全国计划会议上的估计，"文化大革命" 10 年造成的国民收入损失约为 5000 亿元人民币。这个数字相当于新中国成立 30 年全部基本建设投资的 80%，超过了这 30 年全国固定资产的总和。

在这个初始条件下，从 1978 年到 2018 年，得益于发展思想向务实的发展范式的转变，加之推行市场化的改革和对外开放，中国经济取得了连续 40 年平均每年 9.4% 的增长速度，在人类经济史上不曾有任何国家或地区以这么高的速度持续这么长时间的增长，并且中国的对外贸易平均每年保持 14.5% 的增长速度，在人类经济史上也没有任何一个国家能够这么快速从封闭经济转变成开放经济。

把中国取得的经济成就归因于改革开放当然是对的。但是，作为工业化的后来者，其真正的成功之处在于从一开始就把握住了向先行工业化国家和先进经济体学习的机会，并能够利用这些机会来充分发挥其作为后来者的优势，快速推动了本土的工业化和经济转型，最终使中国恰当地纳入全球经济，成为全球经济和贸易增长的最重要贡献者。作为大国，中国毫无疑问是战后最成功的学习者。

那么，40 多年前，中国是如何转变其思想并开始其学习之旅的呢？

为了回答这个问题，首先，我们将回顾和讨论 1978 年以来中国在发展战略上所发生的重大转变以及促成这些转变的触发因素。然后，我们将谈论 20 世纪 80 年代中国是如何从自力更生的工业化转向基于其作为后来者优势的工业化的。在这里，我们将注意力转向华南的经济特区在政策学习和技术学习中扮演的重要角色和珠江三角洲作为出口加工区的崛起。由于中国放弃了自计划经济时期以来执行的违反自身比较优势的工业化战略，就需要顺势对原有计划管理体制进行改革以推动计划经济向市场经济的转型。我们将看到，中国谨慎地在制度改革和向市场经济转轨中使用了双轨制的策略，这确保了转型的进程平稳，避免了俄罗斯和东欧转型时出现的动荡和出现 L 型增长。

之后，我们将目光转向以上海为中心的长江三角洲地区。作为中国相对最发达的地区，这里成为 20 世纪 90 年代之后向外资开放和加快制造业参与全球生产链的规模更大的试验区。该地区的崛起一方面得益于早期珠江三角洲加工出口以及人力资本和物质资本的快速积累，更因为中国在 20 世纪 90 年代决定开发上海浦东，由此推动一系列市场化的改革政策，并开始实行对外商直接投资（FDI）的更加开放的政策。长江三角洲的崛起不仅加快了中国与全球经济的一体化，更是让中国通过鼓励与 FDI 组建合资企业和独资企业获得技术和管理上的巨大进步。

中国今天已经是全球第二大经济体和第一大货物贸易国。中国过去几十年在技术学习和小步快跑的工业化战略上取得的成功，有很多值得总结的经验，并对其他后来者有借鉴的价值。

## 二、发展范式转变的起点：先行者的试验

### （一）他山之石，可以攻玉

时至今日，改革开放已历经 40 余年。1978 年，74 岁的邓小平刚刚

回到领导岗位不久。1978 年 12 月 18 —22 日，党的十一届三中全会在北京召开，会议决定终止"文化大革命"，将注意力转向经济发展和对外开放。但是在这个会议召开之前，党的领导人在更大范围内召开了长达 36 天的中央工作会议，邓小平在会上呼吁党内同志解放思想，转向务实主义的发展战略。

中国封闭自己已经超过 20 年之久。1978 年，邓小平鼓励领导人出国考察。由于安排了 13 位领导人 20 人次到欧洲和亚洲的多个国家考察，这一年后来被称为"出国年"。邓小平去了日本和新加坡，看到了发达国家的先进技术和更高的生活水平。他乘上了日本的新干线高速列车，参观了松下电器公司，对中国的落后感慨不已，更对新加坡如何利用外资发展出口表现出极大的兴趣。

1978 年 4 月，国家计划委员会和外贸部也曾组织"港澳经济贸易考察团"去香港和澳门考察。回到北京后，考察团向国务院提交了一份《港澳经济贸易考察报告》，报告建议把靠近香港的宝安县（即后来的深圳）和靠近澳门地区的珠海县划为出口基地，力争三五年里建设成为对外生产加工基地以加强大陆与香港和澳门的经贸联系。这个建议的理由很简单，香港的地价和劳动力价格都太昂贵，如果能在珠海和宝安建立一些与出口加工和航运有关的工业区，既可以充分发挥广东的土地和劳动力的比较优势，又可以利用香港、澳门的资金和技术，岂不是一举两得。

以时任国务院副总理的谷牧为团长的代表团在 1978 年 5 月还访问了欧洲，特别是西德，历时 36 天。访问期间，欧洲经济的自动化、现代化、高效率，给考察团成员留下了深刻印象。他们看到：西德一个年产 5000 万吨褐煤的露天煤矿只用 2000 名工人，而中国生产相同数量的煤需要 16 万名工人，相差 80 倍；瑞士伯尔尼公司一个水力发电站，装机容量 2.5 万千瓦，职工只有 12 人。我国江西省江口水电站，当时装机

2.6 万千瓦，职工却有 298 人，高出 20 多倍。法国马赛索尔梅尔钢厂年产 350 万吨钢只需 7000 名工人，而中国武钢年产钢 230 万吨，却需要 67000 名工人，相差 14.5 倍。法国戴高乐机场，1 分钟起落一架飞机，1 小时 60 架；而当时北京首都国际机场半小时起落一架，1 小时起落两架，还搞得手忙脚乱。

1978 年 6 月回国后，谷牧副总理向邓小平和其他领导人汇报了出访情况。领导人在三个月里连续 20 多次召开会议听取和研究这些国外的考察报告，形成了中国应抓住机遇发展经济的基本想法。1978 年 9 月，邓小平在访问朝鲜时同金日成说，一定要以国际上先进的技术作为我们搞现代化的出发点。

## （二）让部分地区先行一步

得知港澳考察报告的建议和中央领导人的初步想法之后，1978 年 6 月 20 日，宝安和珠海所在的广东省便着手研究关于迅速开展对外加工装配业务和宝安、珠海两县的建设问题。10 月 23 日，广东省向国务院上报了关于宝安、珠海两县出口基地和市政规划的设想。1979 年 3 月 5 日，国务院同意两县改设为市并明确提出要吸收港澳同胞和华侨的资金，合建工厂。

与广东省不谋而合的还有香港招商局提出的要在宝安的蛇口设立工业区的方案。招商局是清朝北洋大臣李鸿章于 1872 年创办的，已有 100 多年的历史。时任香港招商局副董事长的袁庚建议，在靠近香港的蛇口建立工业区，利用其低价的土地和劳力，加上香港的资金和技术，可以发展加工出口。1979 年 1 月 6 日，蛇口工业区的方案报送国务院得到同意，划出 2.14 平方千米建设工业区并确定特殊政策，包括在税收、关税等方面给予优惠。1979 年 7 月 20 日，蛇口工业区破土动工，成为中国第一个出口加工区。

受"亚洲四小龙"利用外资和外国技术加快经济发展的考察报告的影响，广东省希望中央给广东放权，抓住先行者产业转移的机会，让广东充分发挥自己的后来者优势，先行一步。作为起点，除了蛇口工业区之外，他们还考虑到与香港毗邻的地理优势和潮汕地区众多的华侨，希望也能在汕头搞出口加工试验。也就是说，广东希望在与香港和澳门接壤的汕头、宝安、珠海三个地方搞出口加工试验，利用外资，引进先进技术设备，搞补偿贸易和加工装配，搞合作经营。为此，广东向中央提出在深圳、珠海、汕头根据国际惯例划出一个地方，单独进行管理，作为华侨、港澳同胞和外商的投资场所，按照国际市场的需要组织生产，名称初步定为"贸易合作区"。

除了广东，靠近台湾岛的福建省也提出在厦门建立出口加工区的要求，希望利用侨乡优势，积极吸收侨资侨汇，大力发展加工出口。1979年7月15日经中央同意，决定在广东的深圳、珠海、汕头和福建的厦门，划出一部分区域试办出口特区，给地方更多的自主权，发挥比较优势，吸引外资，把经济搞上去；同时建议先在深圳和珠海试验，取得经验后再考虑汕头和厦门，特别强调重点把深圳的出口特区办好。

四个经济特区的面积以深圳特区最大，有327.5平方千米。此前经国务院批准香港招商局投资兴办的蛇口工业区也划为深圳经济特区的一部分。珠海经济特区面积为6.81平方千米，汕头经济特区面积为1.6平方千米。厦门经济特区面积为2.5平方千米。四个特区最初批准划定的面积总共为338.41平方千米。最后，珠海、汕头、厦门经济特区的区域范围有所扩大，到1990年底，四个特区的面积扩大到632.1平方千米。

1980年9月，时任国家进出口管理委员会副主任的江泽民，带领国务院有关部门和广东、福建两省以及深圳和厦门两个特区负责干部组成的9人小组，到斯里兰卡、马来西亚、新加坡、菲律宾、墨西哥、爱尔兰等6国的9个出口加工区、自由贸易区进行考察，为特区建设提供了国际经验的支持。他们的基本看法是："无论国家穷富、无论实行何种经济制度，用建立经济特区的特殊办法来利用外资、引进技术、进口设备、促进经济繁荣提高国际竞争力，这是一条十分重要的途径。"

设立经济特区的直接目的是划出特别区域作为桥梁和窗口，实行特殊的和优惠的政策，以吸引外资、技术、知识以及管理技巧。经济特区作为发展范式转变的一个推手。由于中国长期实行了封闭的计划经济，在 20 世纪 70 年代末，中国要全面开放去融入全球经济是不现实的。在靠近香港、澳门和台湾的地方设立特区，显然是一个务实而理性的决策。更重要的是，由于广东和福建两省不在计划经济时期的核心地带，所以跟上海、天津和东北那些重化工业的地区不同，包括深圳在内的这 4 个特区并不面临计划管理体制的严重束缚，可能更容易适应与香港和外部的联系。这可以帮助我们回答为什么中国一开始没有在上海、天津这些条件相对更好的城市建立经济特区的疑问。

### （三）深圳特区的加工出口

这 4 个经济特区从 1980 年下半年起相继开发建设。为了解决特区开发之初的财务约束，特区突破了国家的土地不能有偿转让给外国投资者的法律禁区，尝试收取土地使用费，以地生财。深圳特区先尝试了有偿使用国家土地的制度。1982 年，深圳施行了《深圳经济特区土地管理暂行规定》，率先对划拨土地进行了有偿、有期使用的改革。规定还说明了各类划拨用地的使用年限及土地使用费的标准。其中，工业用地最长年限为 30 年，商业用地最长年限为 20 年，商品住宅用地最长年限为 50 年，教育、科技、医疗卫生用地最长年限为 50 年。在 1987 年之后尝试土地出让或者批租的制度。在这个制度下，取得土地的投资者或者开发商，为了获得一定年限的使用权，需要交纳一笔出让金。1987 年的下半年，深圳特区曾分别将三块土地先后以协议、招标和拍卖的方式出让使用权，获得地价款 2000 余万元。

在总结土地有偿使用和土地出让试验的经验基础上，《深圳经济特区土地管理条例》于 1988 年 1 月 3 日正式实施。条例明确规定，土地使用权和所有权相分离。政府拥有土地的所有权，但土地的使用权不但可以出让，而且可以转让、抵押、出租。就在同年的 4 月，我国宪法进行了再次修改，其中将"土地使用权可以转让"写入了宪法，等于追认了深圳土地制度改革的合法性。在 1992 年邓小平南方谈话之后，地方政府的土地批租制度开始在特区之外被广为采用，极大克服了地方政府在公共资本支出中的融资约束。

另外，借助国家给予的税收优惠等政策，积极吸收和利用来自香港、澳门和台湾的资金，还有就是从国际金融市场筹借贷款，以中外合资和合作经营建设基础设施等形式解决了基础设施投资所需要的资本。

深圳等经济特区也获得了中央和广东省给予的财政分权和一些其他的特殊政策，允许它们在基础设施开发建设、经济管理体制、引进外资和技术、劳动和工资、外汇、引进外资银行等方面制定不同于国内其他地方的特殊政策，允许突破特区所在省的计划经济管理体制和行政管理模式，建立包括劳动力、土地和资本的要素市场。

深圳的劳动就业制度的试验是 1980 年从在蛇口的外资和合资企业中开始的，之后推广到整个深圳特区。1982 年深圳根据蛇口的经验，把劳动合同制作为特区的主要用工形式。企业高级管理人员、政府部门主管的任命在蛇口工业区改革成聘任制度，取消职务终身制度。一般任期为两年。这样的改革试验显然加快了管理部门的人力资本的更新速度，为职业经理人市场的建立和后来向公司治理模式的转型奠定了基础。

深圳率先在全国建立起由劳动保险公司统筹办理的"社会劳动保险基金"。由这个基金来解决劳动合同执行中由于解雇和辞退等原因造成的职工困难补贴和退休金的来源问题。基金由企业和职工按月交纳。在这个制度的试验中，深圳采取了"老人老办法，新人新办法"的双轨过渡的方式，以避免就业体制转轨引起的社会成本过高的问题。实际上，这个试验对其他地区改革劳动就业制度提供了重要的经验。

从 1980 年起，一批投资先行者开始进入经济特区。到 1983 年，累计批准外商直接投资项目 522 个，协议外商投资金额 29.1 亿美元，外商实际投入 3.99 亿美元，平均每年实际吸收外资近 1 亿美元。其中深圳特区最为突出，仅 1985 年一年协议利用外资就超过 10 亿美元，批准各种外商投资企业超过 500 家。外资大多投向资金少、风险小、周转快的项目，主要是加工装配生产，也包括房地产业项目。图 1 显示了 1979 —1996 年深圳特区协议利用外资累计金额的变化曲线。20 世纪 90 年代之后，随着中国承诺更深度的开放和加快了向市场经济的转型，深圳对外资的吸引力明显提高。

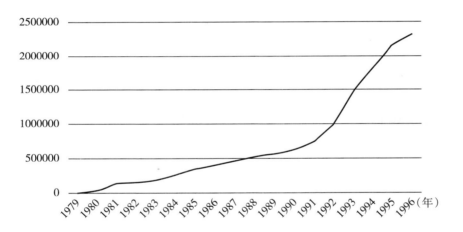

**图 1 1979 —1996 年深圳特区协议利用外资的累计金额（单位：万美元）**

数据来源：根据历年《深圳统计年鉴》数据整理

在深圳经济特区成立的最初几年，由于缺乏技术设备和熟练工人，加之基础设施差，基本建设投资很少，深圳只能因地制宜以"来料加工"方式承接来自香港的小规模订单。这种简单的组装加工涉及服装、金属和塑料制品。当时的香港正经历严重的通货膨胀，实际工资与地价都在上升。这极大地增加了香港制造业的生产成本，而制造业正是当时香港经济的基石。同时，组装加工工作对技术要求不高。本地生产成本高，但组装加工技术门槛低，这使得香港将组装加工工作转移到了深圳，并且不需要太高的资本支出。表 1 给出了 1987—1996 年 10 年间深圳特区货物出口的详细构成，其中来料加工装配成品出口和进料加工贸易出口成为加工出口的主要形式。实际上，从深圳等 4 地开启特区试验到 21 世纪头几年，加工出口（processing exports）始终成为中国出口的主要贡献者。在 20 世纪 80 年代早期，由于深圳特区的存在，广东省的加工出口占据了全国的半壁江山。

加工出口也是大多数后进国家促进出口的一种常用方式，它通过豁免进口中间品和零部件的关税来促进出口增长。在东亚新兴工业化经济体中，加工出口的流行形式是本土企业的"进料加工"。而在全国，由于早期本土企业技术装备落后并缺乏足够的人力资本，在深圳和整个珠江三角洲地区的加工出口至少在 20 世纪 80 年代多为"来料加工"，甚至设备也由外商提供，本土企业仅赚取微薄的加工费。

进入 20 世纪 90 年代以后，由于上海浦东的开发和长江三角洲地区的开放，国家在政策和法律上加强了对外商直接投资的鼓励，本土企业特别是私人企业被鼓励与外国公司组建合资企业。这一做法不仅促进了加工出口，而且借助于来自中国香港、中国台湾、日本、韩国和欧美发达国家持续的投资，我国更快地参与进全球生产链中。正是由于外商企业在长三角地区的不断增加，尽管加工出口依然占据中国出口的半壁江山，但进料加工开始逐步取代来料加工的地位。以数据可得的 1992 年为例，这一年进料加工在中国出口中的比重已经上升到了 28.6%，比来料加工高出 10.6 个百分点。

今天，深圳特区以及包括广东省的东莞、佛山、中山等城市一跃成为中国大陆最具创新活力的地方，聚集了一大批国内最有国际竞争力的公司，如华为、腾讯、比亚迪、大疆等，深圳也成为当今国内一线大都市。这些成就在 20 世纪 80 年代初是根本无法想象的。公允地看，在 20 世纪 80 年代初，

表1 1987—1996 年深圳特区出口货物情况（单位：万美元）

| 年份 | 1987 | 1988 | 1989 | 1990 | 1991 | 1992 | 1993 | 1994 | 1995 | 1996 |
|---|---|---|---|---|---|---|---|---|---|---|
| 出口货物总值 | 203520 | 332167 | 433845 | 505152 | 559565 | 628362 | 648271 | 888175 | 894089 | 910352 |
| 1.一般贸易出口 | 68898 | 117416 | 137394 | 139613 | 113790 | 141932 | 116648 | 235170 | 185756 | 122589 |
| 2.进料加工贸易出口 | n.a. | 91847 | 156525 | 222488 | 291094 | 333948 | 398497 | 519561 | 583177 | 645535 |
| 3.易货贸易出口 | n.a. | 76 | 112 | 137 | 66 | 25 | 917 | 1375 | 24 | 169 |
| 4.补偿贸易出口 | 947 | 901 | 788 | 597 | 218 | 88 | 555 | 2 | 346 | 713 |
| 5.来料加工装配成品出口 | 78803 | 116483 | 136153 | 140085 | 152954 | 151661 | 131205 | 130992 | 109239 | 94462 |
| 6.出料加工出口 | n.a. | 361 | 370 | 2228 | 1437 | 703 | 382 | 169 | 96 | 169 |
| 7.其他出口 | n.a. | 5056 | 2511 | 4 | 6 | 5 | 67 | 906 | 15451 | 46715 |

注：1. 1993 年起易货贸易取代了之前的边境小额贸易

2. 1987 年的数据不完整，"n.a." 表示无此数据

数据来源：根据历年《深圳统计年鉴》数据整理

深圳等特区所提供的示范效应、创业活力及其利用更灵活的政策促进经济发展的能力，对于之后的中国经济改革的影响毫无疑问都是有益的。

## 三、长三角的崛起和参与全球化

### （一）上海和长三角的开放

在深圳特区成立 10 年以后，上海浦东的开发和上海的全面开放才提到议事日程。把浦东和上海的开放视为推广经济特区先行者经验的结果再恰当不过。以上海为中心的长江三角洲地区今天是中国经济最为发达的地区，跟广东一起堪称中国的制造业中心。尽管上海的开放比经济特区迟了 10 年，但由于广东在开放和经济改革中先行的经验，上海和以上海为龙头的整个长三角地区被中央政府赋予经济转型和实现与世界经济融为一体的更高使命。

长三角的工业崛起以开发上海的浦东新区为标志。作为后来者，1990 年 4 月浦东（上海的母亲河黄浦江的东岸）被中央批准获得以超越经济特区的待遇向外资开放。基于深圳特区的经验，上海决定在浦东新区首先向深圳学习，实施"三为主"的政策，即以"三资"企业为主、以出口为主、以参与国际市场竞争为主。另外，同样基于深圳特区的经验，上海意识到必须培育要素市场体系，建立包括证券、资金、技术、房地产、劳务、生产资料等要素市场，要使生产要素在浦东能够聚集、产生巨大的市场能量。

上海也意识到能否突破融资约束是关系浦东开发能否成功的决定性因素。浦东开发的资金需求量很大，如何解决融资的问题非常重要。于是，上海市政府代表团决定去深圳经济特区学习"取经"。对深圳的考察让上海认识到建立更多的地方非银行金融机构对投资进行融资，同时允许和鼓励各商业银行在浦东设立分行，把金融做大，至关重要。

为此目标，浦东出台了一系列的政策，包括对区内生产性的"三资"企业（合资、独资和合作企业），减免其所得税，对进口必要的机器设备、车辆、中间品、建材等免征关税。鼓励并允许外商在区内投资兴建机场、港口、铁路、公路、电站等能源交通项目，从获利年度起，对其所得税实行前5年免征，后5年减半征收。也允许外商在上海（包括在浦东新区）增设外资银行，先批准开办财务公司，再根据开发浦东实际需要，允许若干家外国银行设立分行。同时在浦东新区设立保税区，允许外商贸易机构从事转口贸易，以及为区内外商投资企业代理本企业生产用原材料、零配件进口和产品出口业务。在区内实行土地使用权有偿转让的政策，使用权限50年至70年，外商可成片承包进行开发。

为了更好地推动土地批租的试点，上海率先成立了土地管理局，而且还成立了批租办公室。上海的市、区两级土地管理机构开始组织城乡土地普查、勘丈、确权、登记和发放土地证的工作，建立了较为完整的地籍档案和规范的地籍管理系统，成为上海开展土地批租试点及大规模推行土地有偿使用制度改革的基础工作。

另外，为了更好地学习香港土地批租的经验，早在1986年8月，上海市就派出考察团赴香港考察，进一步了解香港土地批租的特点、房地产市场发展的经验教训、上海试行土地批租需要具备的条件以及听取香港方面关于如何吸引外商来上海租地经营的建议等。后来上海还聘请了梁振英（在2012—2017年担任香港特别行政区行政长官）等7位香港专业人士担任上海土地批租的咨询顾问。

上海在土地批租试点的方向上提出以向国际出让为主要方向，以国际招标为试点起步方式，出让金收取外汇，尽可能参照国际惯例进行试点。1988年8月8日上海虹桥经济技术开发区（26号地块）通过国际招标，以2805万美元的中标价成功转让使用权50年，在海内外引起热烈反响。之后很快就把土地批租试点扩大到了虹桥28-C地块和协议出让了第一块工业用地，即上海漕河泾齐来工业城。

上海还制定了全国第一个允许国有土地使用权转让的地方法规。在这部地方法规试行4个多月后，即1988年4月12日，七届全国人大一次会议通过了《中华人民共和国宪法（修正案）》，在宪法第十条第四款"任何组织或者个人不得侵占、买卖或者以其他形式非法转让土地"的后面，加上了"土地的使用权可以依照法律的规定转让"的条款。也就是从此以后，"土地批租"逐步成为地方政府财政收入的重要补充来源，更重要的是，土地批租强化了地方政府对地方发展规划、基础设施建设与更新，房地产市场以及地方政府招商引资的横向竞争发挥了巨大作用。

由于上海浦东的开发和上海开放具有的辐射效应，整个长三角地区（包括江苏和浙江两省）加快了产业升级与全球生产链融合的步伐。江苏和浙江两省的政府积极对接上海的开放和优惠政策，实施了以招商引资推动和提升本土工业化的战略。一个很好的例证是1993年李光耀最终决定在江苏省苏州市建设工业园区。尽管苏州被李光耀选中有多个原因，但最重要的原因是浦东新区的开发和上海的开放，使得邻近上海的苏州在未来发展中预计将享有上海巨大的外溢效应。在1993年，新加坡工业园区的备选城市还包括山东省的青岛、烟台等，那里的基础设施好于苏州，但考虑到上海要规划建设浦东国际机场并向外资全面开放，加上上海到江苏省省会南京的高速公路1996年也要通车，苏州将会与上海产生更紧密的经济联系。

事实上，得益于上海的外溢效应，加上那里早期受上海影响而发展起来的制造业基础，苏南地区很快成为外商直接投资的主要目的地，实际利用外商直接投资额持续增加。如今世界500强中的接近400家公司已经落户江苏省，包括美国、欧洲、日本、韩国和中国台湾的企业。苏州管辖的昆山和苏州的新加坡工业园也成为台资电子企业和包括韩国三星在内的著名的电子消费品生产的集聚地。

20世纪90年代中期以来，依托与上海的联系，浙江省同样获得加速升级工业化和对接全球生产链的步伐。由于以村镇为中心的私人经济和基于专业市场而发展起来的更广泛的国际市场网络，浙江的私人制造企业早在 20 世纪 80 年代就形成了很好的加工产业链。20 世纪 90 年代后，随着上海的开放，浙江的产业升级加快，嘉兴、杭州和宁波均因为靠近上海的区位优势成为外商和跨国公司的目的地。浙江也成为中国当下许多著名的互联网公司（如阿里巴巴、网易等）的诞生地和集聚地。

无论是上海，还是江苏和浙江，在外商直接投资的来源中，除了中国香港、中国台湾和新加坡之外，日本、韩国、美国和欧洲的跨国公司在长三角的投资中占有重要地位。与中国本土企业组建合资企业或建立外商独资企业成为这种投资的主要形式。图 2 显示了 2000 年各主要国家和地区在浙江省实际吸收的外商直接投资中所占的份额，这种情形与上海和江苏非常类似，从一个侧面反映了外商直接投资对于引导中国制造业参与全球生产所发挥的重要角色。

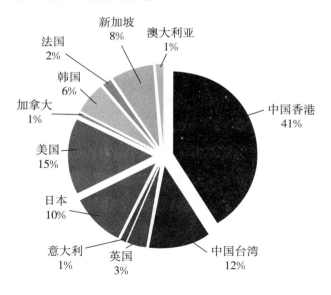

**图 2　浙江省外商直接投资的来源地分布（2000 年）**

Whalley and Xin（2006）的研究显示，2002 年以前，来自中国香港、中国澳门和中国台湾的投资占据内地 FDI 的主要地位。在 1979 —1992 年，来自港澳台的投资占 FDI 流入额的 66%，1993 —2001 年这一比例为 55%。2002 年之后，尽管 FDI 的来源地分布更为分散，但来自港澳台的资本仍稳定地维持在 40% 左右。

为什么中国香港在内地吸引外资中占据如此重要的地位？不少学者都强调了地理与文化联系对招商引资的重要作用。Naughton（1996）指出，由于地理和文化联系，中国香港和中国台湾在内地特别是在广东和福建 FDI 中发挥了关键作用。1991 年以前，FDI 在中国 GDP 中所占的比重从未超过 1%，而在广东和福建，FDI 占各省 GDP 的比例分别为 40% 和 10%。Gao（2005）进一步指出，地理与文化纽带影响着 FDI 的流向。流入中国 80% 以上的 FDI 都来源于亚洲国家和地区，而来自与内地有文化联系的中国香港、中国台湾与新加坡的投资占据了 60%。如果中国的经济中心位于新德里，FDI 总额将下降约 45%；如果中国的经济中心位于新德里，并且没有文化联系，FDI 总额将下降约 70%。这些粗略的估计表明，中国吸引 FDI 的能力大部分源于其天然优势，而这些都是其他发展中国家难以复制的。

尽管不排除华人文化的影响，但对于 FDI 落户真正起决定作用的还是制度、政府治理以及良好的基础设施。以基础设施为例，Cheng and Kwan（2000）利用 1985 —1995 年落户中国 29 个省份的 FDI 数据发现，地区基础设施状况是外国投资者选址决策的重要决定因素之一。基础设施越完善，对 FDI 的吸引作用越强。陈建军和胡晨光（2007）以长三角地区 1981 —2005 年数据为样本也发现，无论是短期还是长期，该地区基础设施投资都是吸引 FDI 流入的原因。刘琳和赵博（2015）基于 1997 —2010 年中国 30 个省份的实际 FDI 和协议 FDI 数据研究发现，基础设施建设与外资到位率呈显著正相关关系。

总体而言，基础设施作为东道国的基础条件之一，有助于提升私人投资效率，对 FDI 区位选择具有显著的正向效应。20 世纪 90 年代之后，中国基础设施建设取得跨越式提升，为 FDI 的流入提供了强大的推动力。至于解释中国为什么拥有良好的基础设施，根据张军等人（2007）的研究，必须从中国地方政府面临的自上而下的政治激励中寻求答案。自上而下的政绩考核与官员晋升挂钩，使得地方政府官员被激励致力于更新和投资城市内部和之间的基础设施以吸引外资和当地的经济发展。为了在吸引外资落户中胜出，原有的其他政策和管理制度在横向竞争条件下也需要调整和改革，官僚主义作风从而被压缩到最低限度。

### （二）20 世纪 90 年代后的外资进入与参与全球化

图 3 给出了 1984 —2017 年中国实际利用外资总额的变化趋势。在广东、福建设立经济特区的起步阶段，外资利用的规模相对较小。但随着上海和长三角地区的开放以及中国对在法律和政策上对外资进入制造业的承诺，外资流入显著加快。1992 —1998 年，每年实际利用外资金额快速上涨。尽管受亚洲金融危机的影响，外商直接投资在 1999 —2000 年略

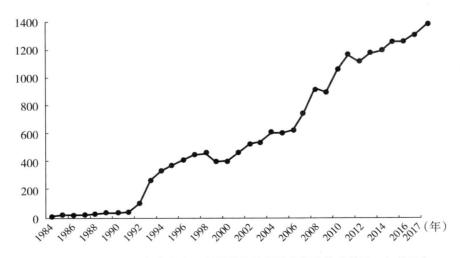

**图 3　1984 —2017 年中国实际利用外资总额的变化趋势（单元：亿美元）**

数据来源：《中国统计年鉴》

有回落，但 2001 年起，随着中国加入世界贸易组织，实际利用外资金额再次进入快速上升的阶段。

而 FDI 始终在中国利用外资中占据绝对多数。毫无疑问，FDI 对中国在 20 世纪 90 年代之后的工业化和推动中国成为世界工厂立下汗马功劳。根据 IMF 的统计，中国 FDI 存量占利用外资存量的比例多处于 60% 上下，在个别年份（如 2009 年）甚至接近 70%。而且，如表 2 所示，约 90% 的外资进入中国的制造业部门。

表 2　2016 年外资在第二产业各行业分布情况

| 第二产业行业 | 实际利用外资金额（亿美元） | 比重（%） |
|---|---|---|
| 采矿业 | 0.96 | 0.24 |
| 制造业 | 354.92 | 88.26 |
| 电力、燃气及水的生产和供应业 | 21.47 | 5.34 |
| 建筑业 | 24.77 | 6.16 |
| 合计 | 402.12 | 100 |

数据来源：商务部外资统计

表 3 显示，1979—2016 年，72.36% 的外资集中在东部地区。看到 FDI 更多地分布在中国沿海地区并不奇怪。一方面加工出口需要接近港口的便利，也由于在出口加工和深度开放上中国采取了分步走的发展战略，允许靠近香港、澳门和台湾的广东、福建先行一步，并在 20 世纪 90 年代才决定开放长三角的龙头——上海。

表 3　截至 2016 年底外资的地区分布情况

| 地区 | 实际使用外资金额（亿美元） | 比重（%） |
|---|---|---|
| 东部地区 | 20331.25 | 72.36 |
| 中部地区 | 5348.09 | 19.03 |
| 西部地区 | 1874.46 | 8.61 |
| 合计 | 27553.8 | 100 |

数据来源：商务部外资统计

可以预料，由于 FDI 的角色，中国的贸易增长在大多数时间高于名义 GDP 的增长，使得中国经济保持了不断提升的贸易依存度。如图 4 所示，自中国改革开放到 2007 年，依存度不断提高，从 1978 年的 10% 提高至 1990 年的 30%，再到 2007 年超过 60%。由于对外贸易的速度超过 GDP 增速，根据世界银行的统计，1975—1979 年中国贸易依存度是有记载的 120 个经济体中最低的，而到 1990—1994 年这一比例上升至 36%，中国已成为世界贸易依存度排名第三的贸易大国。

中国较高的贸易依存度反映了加工贸易比重较高的事实。在 20 世纪 90 年代的大多数时间里，加工贸易占了中国整个贸易额的一半以上。而加工贸易正是在华外商直接投资企业引导的。Yasheng Huang 和 Yin-Wing Sung 发现，由于中国的加工出口以在华的 FDI 主导，这使得中国的出口中至少在 1984 年之后的 20 年间不仅加工出口的比例很大，而且"过度"（unduly）地依赖了在华的 FDI。这个现象在印度和东亚其他高成长经济体中未曾有过。

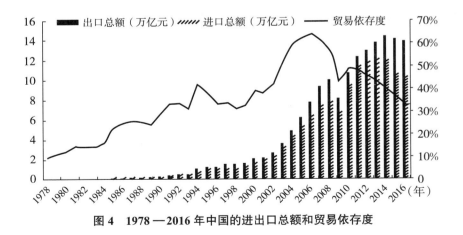

图 4　1978—2016 年中国的进出口总额和贸易依存度

实际上，对在华 FDI 的出口在中国加工出口中过高的份额应该作这样的解释，它是下列事实的一个合理现象：第一，相对于先行者日本、新加坡、韩国，在 20 世纪七八十年代才开放的中国是一个后来者。后来者有机会，从而需要主动利用先行者的资本和技术，发展加工贸易。这是合理的选择。第二，在设立经济特区以及上海开放的 20 世纪 80 — 90 年代，中国多半还是由国有企业和行政控制主导的计划经济。这在很大程度上限制了中国本土企业参与国际生产的能力。如果不是"过度"利用外资的参与，在计划管理制度依然僵化的情况下，中国不可能迅速克服这一障碍参与到生产的全球化链条中。所以，也许应该把中国"过度"利用外资视为中国参与全球化的一个次优解。

### （三）技术进步

广东和长江三角洲的经验显示，中国向国外技术的学习是一个典型的小步快跑的方式。从早期的来料加工出口到进料加工出口的转变，中国本土企业也在其中获得成长机会。如此中国国内的企业在进料加工中获得技术学习的机会，快速积累了经验和技术，加工能力不断提升，中国的出口结构不断优化，出口产品质量持续提升。而且研究发现中国出口品的技术复杂程度也持续提升，这从一个侧面反映了中国制造业的技术进步和产业升级，使中国快速走向了全球的制造业中心。中国在参与全球化中所获得的快速的技术进步和产业升级的事实还可以从以下变化中得到反映：过去 10 年，中国的制造业出口对外资的依赖已经显著减弱。

## 四、经济转型的策略

新中国成立不久便开始以苏联为模板并在苏联的技术支持下建设社会主义国家，实行封闭的计划经济的管理模式。这也是一个典型的政策学习和技术学习的大规模试验。在完成苏联技术和资金援助的 156 个大型工业化项目之后，中国开始了激进的发展模式，这个模式以进口替代和自给自足为目标，推行大干快上的重化工业战略。为了实现追赶目标，中国很快决定引入中央计划经济的管理体制，关闭自由市场，由中央计划机关（计划委员会）等政府机构控制资源分配，包括安排劳动力就业。为了加快工业化，必须像苏联一样，在农业实行集体化运动，农产品以极低的收购价被政府获取以补贴城市居民的生活和借助于这个价格剪刀差转移利润来支持工业化。在那时候的工业化战略中，实行严格的城乡分类管理制度，农民无法自由进入城市就业和生活，资本价格则被国有化运动压低。这一做法严重背离了中国当初的要素禀赋结构。由于跟世界经济脱节，在封闭条件下劳动供给充裕而资本短缺的组合不能够充分接近全球生产链，相对优势潜力得不到释放，生产率无法获得改善。

在计划经济体制里，中国沿海地区尽管得天独厚——广东和福建有大量的华侨，第二次世界大战前的上海则跟中国香港和欧美存在着商业联系，这些在计划经济模式和平衡发展战略中并不能成为经济发展的引擎和先行者。相反，重化工业和 20 世纪 60 年代开始的以国防为目标的三线建设都将重点放在内陆省份和山区。考虑到地理意义上中国东西部发展空间不平衡，这种支持平衡的内向发展战略无疑是一种降低效率的发展模式。

进入 20 世纪 70 年代，特别是 1972 年中美关系改善以后，中国领导人对外部环境的看法慢慢发生了改变。1972 年，周恩来决定从美国进口大量的机器。跟中国从苏联引进的机器大部分送往内地的做法不同，这批从美国进口的机器中有一半送到了东部地区，而东部地区由于其自身特有的地理和资源禀赋条件，更加适合发展工业经济。在这种情况下，中央政府的经济政策开始从追求平衡优先的发展到效率优先的发展转变。

1978 年，邓小平就坚持认为应该考虑让一部分地区先行发展起来，并把视野转向东部和东南沿海的广东、福建。1978 年对日本和新加坡的访问，更加坚定了他主张在沿海一部分地区先行一步、发展补偿贸易和利用外资的信念。在广东和福建兴办经济特区这个建议上，他非常支持。为此，他两次到深圳经济特区视察。

深圳、厦门等 4 个经济特区建设时，广东和福建两省成为全国的先行者，率先获得中央许可，实行跟全国其他地区不同的经济管理体制和利用外资的优惠政策。这包括中央向省级的财政分权、贸易由国家进出口管理局单独管理，同时在立法和政策上给予高度授权，根据需要可以在包括税收政策、土地政策和外汇管理等政策上制定不同于其他地区的政策。这种让一部分地区先行发展而后向其他具备条件的地区推广的分步走战略体现了中国领导人对国情的深刻理解。邓小平说，搞深圳特区的目的是发展扩散先行者的经验，为全国的经济发展和改革示范。的确，在广东、福建先行之后，国家陆续把开放和利用外资的范围扩大到东部沿海的其他城市，特别是上海，后来再覆盖到主要的省会城市和经济中心城市。

先行的试验区尽管对于改变之前的发展模式和推动中国与世界经济的融合发挥着重要角色，但发展模式的转变需要改革原来的计划经济体制和管理模式以让市场在资源配置中发挥决定性作用。1984 年，中央作出了对整体的计划管理体制进行改革的决定。不过，出于社会稳定和慎重的考虑，改革的决定在表述上格外谨慎。在农业部门，尽管允许土地由农户承包耕种，但依然保留了计划配额。只是允许计划外的产出可以高出计划价格出售。这个双轨制的做法也被用于对城市国有企业部门的改革。企业只允许在计划配额之外寻求市场交易的机会。在很多其他的计划经济领域，如就业制度、住房制度等，均采取了"老人老办法，新人新办法"的做法，对改革的受损者进行一次性补贴，从而使改革的阻力得以降到最小。

在整个 20 世纪 80 年代，要素价格包括资本的价格也没有一次性放开，而是采取价格调整与小步放开相结合的方式，依据重要性、市场供求条件分批和逐步推动要素价格的市场化。这种做法的一个优点是，私人企业利用了局部市场的开放而开始快速发展起来，与此同时，国有企业继续得到计划的支持。但是随着时间的推移和私人企业部门的扩大，国有企业必然开始面临来自私人企业的竞争，这种竞争压力不断挑战和改变国有企业的生存环境和盈利条件，以致 20 世纪 80 年代末 90 年代初国有企业整体上出现大面积亏损，从而引发并加快了国家在 20 世纪 90 年代中后期对整个国有企业部门的重组与分类改革。

这种双轨制的改革方式在计划经济下为农户和企业追求计划外的更多产出提供了激励，导致资源的配置效率和劳动生产率在边际上获得显著改善。在时间上不断缩小计划内的比重，扩大计划外比重的双轨过渡的方式整体上是一个皆大欢喜的改革。

双轨制的改革方式显然是为了避免激进的改革和大规模的私有化和市场化改革造成的经济混乱和社会的不稳定。这么做的最终目的不是继续保护国有经济和既得利益，而是为了实现计划经济向市场经济的平稳转型。

在维持了多年的经济双轨制之后，随着条件变得可行，进入 20 世纪 90 年代，中国及时地推动了对国有企业和银行的结构重组与改革，国有企业大多数从竞争性领域退出战线，仅保留了战略性行业的国有企业。20 世纪 90 年代以来也在立法和政策上鼓励了私人企业的扩张，同时在外汇、价格、劳动力市场以及资本生产等方面加快了自由化的步伐。在中央的坚持之下，1994 年中央与地方政府放弃了之前的收入分成而改为税收分成，以增值税作为主要税种，保障了中央在稳定宏观经济中所需要的收入稳定性，也实现了之后超过 10 年的宏观稳定，为中国在吸引外资和加快上海及长三角地区参与全球生产链创造了有利条件。

经过艰难的谈判，2001 年中国成功加入 WTO。为此，按照加入 WTO 的承诺和 WTO 的自由贸易原则，中国在知识产权保护、国民待遇、环保以及市场准入等多方面做了很大努力，不仅推动了经济改革，而且也开始对政府部门管理经济的方式和治理结构进行大幅度的改革。2013年中国决定在上海实行自由贸易区的试验，随后在多个地区设立了12个自由贸易区（当前，中国自贸区已扩容至21个），继续探索自由贸易和资本账户开放的可行模式，推动国内金融、外汇和贸易等更大幅度的改革和向世界的更深层次的开放。

## 五、中国经济追赶的经验与理论反思

按照世界银行的统计指标，1978年中国人均GDP只有156美元，比撒哈拉以南非洲国家人均GDP 490美元还要低。与世界上其他贫穷国家一样，中国当时有81%的人口生活在农村，84%的人口生活在每天1.25美元的国际贫困线之下。

在20世纪50—70年代，中国还是非常内向的经济，出口只占国内生产总值的4.1%，进口仅占5.6%，两项加起来仅为9.7%。而且，出口的产品中75%以上是农产品或是农业加工品。

在这么薄弱的基础和起点上，1978—2018年，中国经济取得了连续40年平均每年9.4%的增长速度，在人类经济史上不曾有任何国家或地区以这么高的速度持续这么长时间的增长，并且中国对外贸易每年增长的平均速度达到14.5%，在人类经济史上也没有任何一个国家能够这么快速从封闭经济变成开放经济。在这样的增长速度下，2009年中国经济规模超过日本，成为世界第二大经济体，2010年中国货物出口额超过德国，成为世界最大货物出口国，并且97%以上的出口产品是制造业产品，所以中国也被称为"世界工厂"。2017年中国人均GDP达到8640美元，成为中等偏上收入国家。2019年，中国人均GDP超过1万美元。

改革开放至今，中国是世界上唯一没有出现严重经济危机的国家。

中国过去40多年的经济发展表现给经济学家提出了很多需要回答的

问题。第一，为什么中国经济在 40 多年间能够获得这样高速的增长？第二，为什么在改革开放之前中国那么贫穷？第三，从计划经济向市场经济转型，中国不是唯一的国家，为什么其他转型中国家经济崩溃、停滞，危机不断，中国却在稳定快速发展？第四，总结中国改革开放 40 多年的经验对现代经济学有什么意义？

要回答第一个问题，我们必须先了解经济增长的本质是什么。表面上看，增长是人均收入水平不断提高，但是，人均收入水平提高的前提是劳动生产率不断提高。要知道，提高劳动生产率主要有两种方式：一种方式是在现有的产业上进行技术创新，让单位劳动者生产出越来越多的好产品；另一种方式是产业升级，将资源从附加值较低的产业部门配置到附加值较高的产业部门。对发达国家和发展中国家而言，这两个方式是一样的。但是，作为后来者，发展中国家有通过引进、消化、吸收、再创新实现技术进步和产业升级的可能性，这就是所谓的后来者优势。利用这一优势，发展中国家可以以较低的成本和较小的风险实现技术进步和产业升级，取得比发达国家更快的经济增长。这是因为，发达国家的技术和产业处于世界前沿，只有发明新技术、出现新产业，才能实现技术进步和产业升级。而对于发展中国家而言，只要下一期生产活动采用的技术优于本期，就是技术进步；只要下一期进入的新产业附加值高于本期，就是产业升级。由于技术先进程度和产业附加值水平有差距，发展中国家可以对发达国家的成熟技术进行引进、消化、吸收、再创新，通过进入附加值比现有水平高且在发达国家已经成熟的产业，实现产业升级。

如果把改革开放后中国经济快速增长的主要原因归结为它所拥有的后发优势，那么，为什么它在改革开放前没能利用后发优势呢？这就引出了上面提到的第二个问题。

我们认为，利用后发优势只是一种理论上的可能性，并不是所有发展中国家都能利用后发优势实现快速发展。第二次世界大战后，只有 13 个经济体利用后发优势实现了年均 7% 甚至更高、持续 25 年甚至更长时间的经济增长。改革开放后的中国便是这 13 个经济体中表现最为抢眼的一个，也是赶超速度最快的一个。

1949 年新中国成立后，中国领导人也希望民富国强。20 世纪 50 年代，中国领导人提出的发展目标是"10 年超英、15 年赶美"，在当时贫困的起点上迅速建立与发达国家一样先进的产业，希望以此尽快缩小与发达国家的劳动生产率差距，但那些最先进的产业、最先进的技术不仅都有专利保护，而且与发达国家的国家安全有关，所以不可能通过引进这些产业和技术来实现目标。在此情况下，要发展与发达国家一样先进的产业，只能靠自力更生。

那些先进的产业资本非常密集，中国又是一个资本严重稀缺的农业国家，模仿这些产业根本没有比较优势，这类产业中的企业如果在开放竞争的市场中也必然没有自生能力，必须依靠政府保护和补贴才能生存。因此，中国在计划经济时期为了保证重工业发展，就只能依靠国家能力扭曲资源和要素价格来降低重工业投资的成本，牺牲农业和轻工业来补贴重工业的发展，并且由政府直接按计划配置资源来保证重工业发展所需要的资源，采用国有制和对企业微观经营进行直接干预的方式以保证企业按政府计划生产。

然而，计划经济体制虽然让中国快速建立起独立的比较完整的工业体系，却导致经济发展效率低下。显然，这样的发展不可持续，既实现不了民富的目标，也实现不了对发达国家的真正赶超。

1978 年，中国开始改革开放，转变发展范式，确立了符合国情的发展战略和目标，决定实行改革和对外开放，有意识地发展那些能更好利用劳动力丰富的比较优势，推进出口导向的工业化，充分创造就业机会、吸纳农村大量富余劳动力转向劳动密集型产业，实现劳动生产率的快速增长。在改革中推行的是"老人老办法，新人新办法"，对于资本密集、规模大、与就业和国家安全有关的产业，在转型期间继续给予必要的保护补贴，以维持转型期的经济和社会稳定；对过去受到抑制的、劳动密集型的、符合中国比较优势的产业，放开准入，积极招商引资，并以务实的方式设立经济特区、工业园区和加工出口区等，大力吸引外资和技术，对接全球生产链，将后来者优势变成全球的竞争力。

由于物质资本和人力资本得以快速积累，随着时间推移，中国的比较优势也就逐步发生变化，原来违反比较优势的产业变成了有比较优势的产业，原来缺乏自生能力的企业变成有自生能力的企业。到了 21 世纪，除了少数战略性行业的大企业之外，大多数竞争性领域的国有企业也有条件分门别类地实行股权多元化和民营化，原有的保护和补贴被终止和取消，成功实现了经济的转型。

20 世纪 80 年代，在中国推动改革开放时，绝大多数社会主义国家和其他社会性质的发展中国家也在向市场经济转型。国际学术界的主流观点认为，实现经济转型必须实施"休克疗法"，按照"华盛顿共识"的主张把政府的各种干预同时地、一次性地取消掉。受这种观点影响，不少国家采取了"休克疗法"，其中既有社会主义国家，也有非社会主义国家。但"华盛顿共识"的主张忽视了原体制中的政府干预是为了保护和补贴那些不具备比较优势的重工业，如果把保护和补贴都取消掉，重工业会迅速垮台，造成大量失业，短期内就会对社会和政治稳定带来巨大冲击，遑论实现经济发展。而且，那些重工业中有不少产业和国防安全有关，即使私有化了，国家也不能放弃，必须继续给予保护和补贴，而私人企业要求政府提供保护和补贴的积极性只会比国有企业更高。大量实证研究表明，这正是苏联、东欧国家转型以后的实际情形。

而中国经济改革并没有套用任何现成理论，而是从自身实际情况出发，以对经济社会冲击较小的渐进转型方式启动，以"老人老办法，新人新办法"维持经济社会稳定，提高各种所有制经济的积极性和资源配置效率，在不断释放后发优势的过程中推动技术进步和产业升级，并与时俱进深化经济体制改革。在 20 世纪八九十年代，西方主流经济理论认为中国这种市场和计划并存的渐进转型方式是最糟糕的转型方式，造成的结果只会比原来的计划经济还差。然而，结果恰恰相反，我国经济转型取得巨大成功，不仅成功建立起社会主义市场经济体制，而且经济发展成就令世界惊叹。我们预测，继中国台湾和韩国之后，到 2025 年，中国大陆很可能成为第二次世界大战后第三个从低收入进入高收入的经济体。

当然，中国的改革开放并没有终结。虽然取得了巨大成就，但在渐进双轨改革进程中存在的市场扭曲和不当干预没有完全消除，还存在着腐败滋生、收入差距拉大和环境污染等问题。这些已经成为我们要应对的挑战。2021 年 2 月召开的中共中央政治局会议进一步强调要"坚持稳中求进工作总基调，以推动高质量发展为主题，以深化供给侧结构性改革为主线，以改革创新为根本动力"等要求，体现了中国政府致力于解决这些问题的努力。

由于发展条件的相似性，中国作为一个发展中国家在经济转型中所积累的经验和智慧，也将有助于其他发展中国家克服发展和转型中的困难，实现现代化的梦想。第二次世界大战刚结束时，追赶发达国家的思想普遍存在于发展中国家当中。大多数社会主义国家都想在贫穷落后的农业经济基础上建立起资本密集型现代化大产业，其采用计划经济体制造成的问题也和中国的情形相类似。其他社会性质的发展中国家如印度、拉美和许多非洲国家，在第二次世界大战后纷纷摆脱殖民统治，实现了政治独立，也都追求在贫穷落后的农业经济基础上建立资本密集型现代化大产业，在经济运行中形成了一系列本质上与中国计划经济体制一样的市场扭曲和不当干预。

通过比较第二次世界大战后少数几个成功和绝大多数不成功的经济体，我们发现，迄今还没有一个发展中经济体，按照西方主流理论来制定政策而取得成功的，而少数几个成功经济体的共同特点是：其政策在推行时，从当时主流理论来看是错误的。

比如，20世纪五六十年代，所有的发展中国家都在追求国家的现代化、工业化，当时主流的理论是结构主义，认为发展中国家要实现这个目标，应该推行进口替代战略，以政府主导来配置资源，发展现代化的资本密集型大产业，推行这种战略的经济体都未能取得成功。少数成功的东亚经济体是从传统的劳动密集型小规模产业开始的，推行出口导向而不是进口替代战略，当时这种发展方式被认为是错误的。

20世纪八九十年代，所有的社会主义和非社会主义国家都从政府主导的发展方式转向市场经济，当时的主流理论是新自由主义，倡导"华盛顿共识"，主张采用"休克疗法"，一次性消除各种政府干预扭曲，以建设完善的市场经济体系。按照这个方式来转型的国家，遭遇的是经济崩溃、停滞、危机不断，而少数几个像中国、越南、柬埔寨等国家却取得快速的发展。为什么？

因为主流理论来自发达国家经验的总结，以发达国家的条件作为理论的前提，由于发展中国家与发达国家条件不同，照搬来自发达国家的主流理论，发展中国家必然遇到问题。从经济学的角度看，我们现在采用的理论都是从发达国家有什么来看发展中国家缺什么，如结构主义，或者看发达国家哪些方面做得好，就让发展中国家照搬，如新自由主义。发达国家的市场经济确实比较完善，由于发展中国家的政府对市场有很多干预，就主张发展中国家采用发达国家的制度安排，实际上这样的理论忽略了重要一点，就是没有看到发展中国家与发达国家初始条件的差异性。

新结构经济学基于中国的成败，总结了第二次世界大战后发展中国家和经济体的成败，与过去主流经济学有很大的差异。这样的一个理论来自发展中国家，自觉地把发展中国家的条件作为出发点，能够较好地解释中国为什么成功，哪些方面存在不足，未来如何发展。同时，这样的理论对其他发展中国家也具有重要的参考借鉴价值。

新结构经济学采用新古典经济学的分析方法来研究现代经济增长的本质及其决定因素。其核心思想是：一个经济体在每个时点上的产业和技术结构内生于该经济体在该时点给定的要素禀赋结构，与产业、技术相适应的软硬基础设施也因此内生决定于该时点的要素禀赋结构。企业的自生能力则是新结构经济学的微观分析基础。在新结构经济学看来，遵循比较优势是经济快速发展的药方，其制度前提是有效的市场和有为的政府。当政府发挥有为作用时，产业政策是个有用的工具。新结构经济学将结构引入新古典的分析框架中，会对主流的新古典经济学产生许多新的见解。新结构经济学希望能够在反思发展经济学自诞生以来涌现的结构主义和新自由主义两种思潮的基础上，推动建立发展经济学新的理论框架。

# 加快形成内外循环相互促进的新发展格局

贾　康*

2021年2月，中共中央政治局召开会议提出，要加快构建以国内大循环为主体、国内国际双循环相互促进的新发展格局。围绕如何认识"双循环"、促进形成新发展格局的要领是什么等问题，笔者谈一下自己的理解。

## 一、"双循环"：追求升级版的发展

改革开放40多年来，通过持续推动对外开放和国际贸易，中国取得了令世界刮目相看的经济发展成就，不仅在经济规模上成为世界第二大经济体，人均国民收入按照世界银行可比口径也已处于中等收入经济体的上半区。然而由于受多种因素影响，持续多年的传统全球化呈现减缓之势，国际上的经济、科技、文化、安全、政治等格局都在发生深刻调整，当今世界正经历习近平总书记多次强调的"百年未有之大变局"。这一变局非常突出地表现在中国在推进现代化、寻求和平崛起的过程中所面临的一系列需要应对的逆全球化的不良因素，以及需要慎重和理性处理的国际关系变化。特别是新冠肺炎疫情的全球大流行又使这一变局加速演化，世界经济衰退难以避免。要应对挑战，把握继续和平发展、和

---

* 著名经济学家、财政部财政科学研究所原所长。

平崛起的机遇，我们原来的发展轨道、战略策略组合有必要适当调整。在这一背景之下，中央提出要推动形成以国内大循环为主体、国内国际双循环相互促进的新发展格局，其源于对我国发展阶段、环境、条件变化情况以及国际环境的变化的深刻洞察，是具有前瞻性、战略性的重大战略抉择。

## 二、内循环与扩大内需一脉相承

从某种意义上讲，这不是决策高层首次提出注重内循环的概念，内循环其实和已经强调若干年的、已被社会方方面面广泛接受的"扩大内需"是一脉相承的。现在的政策新意，则更体现在强调以内循环为主体。

前些年，我们碰到了如 2008 年国际金融危机等外部环境的变化和挑战，中央政府提出了扩大内需的应对之策。从原理上讲，扩大内需，继而在市场上给内需以相应的有效供给，从而推进到一种使经济生活中的供需互动形成一种经济的、周而复始的循环状态。由此，如果扩大内需得到其带动本土所有有效供给的回应，合成的便是一个供需均衡的经济循环。现在讲的内循环，更多的是讲在过去扩大内需之后，在新的历史阶段形成的经济循环。在本质上，扩大内需和强调以内循环为主体是一个逻辑。

强调以内循环为主体，有适应当前外部巨大的不确定性、把主动权掌握在我们自己手中的战略考虑。毕竟内部的一些确定性因素还是相对好掌握的。我国拥有全球最完整、规模最大的工业体系、强大的生产能力、完善的配套能力，无论是推动的工业化、城镇化、市场化，还是要对接国际化和信息化客观形成的成长性，我们都有可观的发展潜力、韧性、回旋余地。既然国内大循环的分量可以相机调适，那么当然就要在主动权这方面紧紧抓住不放。不过这种立足内循环形成的主动权，在不同的领域里还得具体分析，需要从供给侧角度上尽可能高水平地定制解决方案，不可一概而论。以粮食安全为例，我们过去在大豆、玉米等方面较多依赖国际市场，由于大豆进口可腾出中国大量的农田，利于把我们自己占相对优势的农作物更好地在本土安排，现在国际形势的变化需要我们对此作出调节。而如何调节，怎样掌握好有一定替代性的解决方案，就需要专家团队和科学决策主体一起努力。

所以，笔者认为扩大内需和内循环是同一个事情在不同阶段上的两个具体表述，属于同一个"阶段性相机抉择"——既要立足于本国，尤其经过改革开放的多年努力一步步发展起来的具有全球最大市场潜力的国内统一市场，又要拥抱全球化来实现现代化的进一步发展，那么"双循环"应该是一个长期坚持的完整的大框架，是成为我们进一步维持经济景气和繁荣水平的重要支撑因素，但是在一些特定的背景情况之下，强调扩大内需和现在强调的内循环又体现了突出的现实意义。

一句话，现在更倚重于内循环，是形势使然，很有必要。

## 三、内循环决不意味着"封闭"

在中央的权威性表述中，"双循环"是一个完整的方针，是政策组合的大框架，其在强调注重内循环的同时，还要求使内循环、外循环相互促进，两者相得益彰。

外循环其实也不是新概念，在20世纪80年代曾经称为"国际大循环"。那时候中国本土的市场发育还很有限，于是强调"两头在外"，通过国际大循环把中国经济发展进一步引入商品经济、市场经济。在这一过程中，不仅引入资金，同时带来技术、管理以及商品经济和市场经济的意识与规则，从而一步步发展到经济起飞的状态。之后，从20世纪90年代初确立社会主义市场经济目标模式，到2001年加入世界贸易组织，中国市场经济一步一步地培育起来，融入全球的市场经济大舞台。综合国力大大提升之后，我们现在需要审时度势，要考虑更多依靠已有雄厚实力的国内统一市场来抵御外部巨大的不确定性。总体来看，外循环在历史演化过程中似乎存在一个由升到减的变化：开始我们很弱，很多的原始积累和一开始的蓄势过程要更多依靠引进外资，整个中国的发展局面被带动起来；经过这些年的发展，内循环的市场潜力可以更多转变为现实的支撑力量，外循环这方面的分量由升再到减是必然的。

这种内循环与外循环此消彼长的态势是我们作出注重内循环决策的重要依据。但同时，外循环的分量降低并不意味着可以否定外循环的重要性。中国的发展实践证明，外循环与内循环并不矛盾，是相辅相成、相互促进的。本质上讲，"以国内大循环为主体"就是在中国改革开放的轨道上，以自身的更深层次的改革，匹配上更高水平更好的对外开放，从而形成内循环和外循环的相互促进，其中也内含开放对国内深化改革攻坚克难的催化与倒逼。这种相互促进是在世界市场广阔舞台上产生的一种积极效应。其会带来品质提升和转型升级，改变如过去"三来一补"为主的两头在外的经贸格局，更多在产业链提升状态下更好形成中高端的产品，既满足国内需要又输出到国际上去。这样的进步是值得努力追求的。

何况当前全球产业链的基本格局也要求我们必须坚持外循环。如果从我们现在研究的新供给经济学来做论证，从整个生产力发展所决定的生产关系以及由人们构成社会群体组成的国家关系来看，全球共享一个产业链的基本格局并没有变。美苏冷战结束以后，全球逐步形成了今天"你中有我，我中有你"的共享一个产业链的格局。由这个共享一个产业链所升华出的比如"共享经济"等，在信息革命时代日新月异发展的今天，也在新的历史条件下，从生产力层面支撑着社会关系的演进。而这正是人类命运共同体的配套条件。

因而，面对当前中国社会存在的一些情绪化甚至极端化的观点看法，强调"双循环"是个完整政策框架非常重要，其完整表述一定是内外循环相互促进，而不是只讲一边。要把内循环和外循环合在一起看，强调以内循环为主体的同时，仍要长期坚持外循环，内循环绝不意味着"封闭"。我们决不放弃继续在外循环这方面争取一切的可能性，只不过现在外循环面临的不确定性更大一些。

总之，要在开拓创新中形成新发展格局，就是要以更为优化的"双循环"，即通过内外互动、内外循环的相互促进不断开拓发展新格局，打开新局面，追求更高质量的、以结构优化和应变能力提升实现的中国升级版的发展。

要领是什么？

在推动形成新发展格局，尤其畅通国内大循环方面，笔者认为应主要把握如下几个要领。

第一，要注重怎样优化收入再分配，以释放 14 亿人口巨大经济体的消费潜力。我国人均收入这些年确实是在上升，但不必讳言收入分配里面存在着结构性矛盾和不合理之处。要通过优化收入再分配，更好地改进民生，在有效投资的支撑之下，保持就业达到一定的水平，使老百姓的收入可以稳定和形成较好预期，进而继续提高消费能力，消费潜力就会源源不断地释放出来。这也是对以国内大循环为主体的一个重要支撑因素。

第二，要让中国本土企业的活力能够如愿发挥。这是根本性的问题。企业作为市场主体，其微观层面活力的释放，离不开宏观决策上高水平的改革战略和决策。在这个问题上，笔者认为就是要吸取东北地区在前些年迎来了短暂的经济回暖后，近年来却又面临经济增速"断崖式"下滑的困境的教训。这里面反映的一个主要问题就是市场经济的"文化"因素。民间有个说法叫"投资不过山海关"，某种程度上反映了崇拜权力、崇拜关系的社会氛围。市场经济的商业文化不足，高标准法治化的营商环境构建缓慢，会深刻影响甚至扭曲交易行为，如果契约很难得到遵守，交易成本过高，企业的活力怎么可能真正发挥出来呢？坦白地讲，这样的问题并不局限在东北，全国不少地方都存在类似特点的问题。这启示我们：当前的国内大循环要想做得好，关键是要继续推进全面深化改革，下决心打造出高标准、法治化营商环境，让企业的活力真正发挥出来。

第三，要以新型举国体制攻关"卡脖子"的关键技术，支持内循环。经过多年努力，尽管我们已经成长为创新大国，但离创新强国仍有距离，尤其芯片等"卡脖子"的关键领域技术创新仍存在突出短板，是我们在内循环里特别突出的自己目前还解决不好的问题。解决这类问题则需要依靠举国体制 2.0 版，即新型举国体制，而在借鉴"两弹一星"经验的同时，一定要加上市场经济条件。比如，芯片不能只是停留在科研阶段的试验样品，它最后一定要在市场上形成大批量、源源不断、高稳定性、高质量提供成品的生产能力。攻关掌握了这些"卡脖子"的关键技术，无疑将对内循环发挥重要支持作用。

第四，要在配套改革中让要素充分地流动。这其中，首要的是通过户籍改革等形成的配套改革，让更多的农村人口相对顺利地进入城市成为市民，构造内循环新局面。中央在一系列改革的配套方面都有明确的部署，凡是可以在实际运行中有条件放开户籍的中小城镇，要尽快放开户籍限制，有压力的一线和一些省会、中心城市等，也要积极地以积分制度来实施过渡，让已经进入城市里的常住人口——从农村迁移过来又没有取得户籍的人被称为"打工仔""打工妹""农民工群体"，以后有更好的条件尽快地对接到市民身份上。

第五，要强调必须抓好有效投融资。如果想使所有的经济活动能够有后劲，前置环节是要有投资来形成有效的产能，即形成有效供给能力。2021 年将加快推进"两新一重"建设，从新基建到新型城镇化，再到传统基础设施，要合成投融资的通盘安排。

此外，企业在外部环境阴晴不定的形势下，积极地进一步发展外贸的同时，需注重在必要的时候"出口转内销"，等等。

所有这些龙头因素归结到一个概念，就是中央所说的打造现代化经济体系的主线是"供给侧结构性改革"。对我们这么大体量的经济体来讲，如果供给侧问题解决不好，畅通国内大循环是难以做到的。事实上，也正是因为近年来我们不断深化供给侧结构性改革，才塑造了立足国内大循环的有利条件。因此，畅通国内大循环，意味着要构建强大国内需求体系，并使供给体系和国内需求更加适配。其内在要求就是：在改革深水区，要以有效的制度供给、结构优化，促进供给体系的质量和效率提高。而这个供给体系一定要立足本土，同时要对接全球化广阔舞台，充分发挥中国超大规模市场优势和内需潜力，以内外循环的相互促进来开拓发展新格局、打开新局面。

# 两种类型增长与深圳角色转换

刘世锦 *

经过近 10 年的增速回落，中国经济逐步转入中速增长平台。经济增长从高速到中速是如何发生的？中速增长期的增长动能源于何处？这是两个对理解中国经济走势至关重要而又相互关联的问题。本文主要讨论我国经济减速的原因，提出了中速增长期的两种增长类型，即"补短型增长"与"升级型增长"，强调实现中等收入群体倍增目标的重要性，分析了与这些增长相配套的重要改革选项，正确的改革机制和方法论，最后对深圳如何引领"升级型增长"提出政策建议。

## 一、影响中国经济减速的重要变量

10 年前，在研究第二次世界大战后工业化历史经验的基础上，我们提出中国经济在经历长时期高速增长后，将下一个大的台阶，由高速增长转入中速增长。当时中国刚刚经历国际金融危机的冲击，采取 4 万亿元刺激政策后，经济快速回升至高速增长轨道。对我国经济将要下台阶、增长阶段转换的观点，认同者甚少。但此后这个过程确实发生了。

在经历多年的增长减速后，特别是 2019 年三季度增速低至 6% 以后，社会上又出现了一种担忧，认为经济将大幅下滑，甚至深不见底，主张

* 十三届全国政协经济委员会副主任，哈尔滨工业大学（深圳）经管学院院长，国务院发展研究中心原副主任。

通过大力度的财政货币刺激手段稳增长。而我们的看法是，除非出现类似 2008 年国际金融危机和其他巨大的外部冲击，中国经济继续深度回落的可能性并不大，相反中国经济正在稳下来，进入一个十年左右的中速增长稳定期。10 年前后两种看似相反的观点，背后反映了一个共同问题，就是如何理解我国经济增长阶段转换的逻辑。

我国经济减速，由高速转向中速，是一个复杂的历史演进过程，至少应当关注以下几个重要变量。

第一，重要需求和相关产业历史需求峰值的相继出现。所谓历史需求峰值，是指在整个工业化几十年乃至上百年的历史进程中，某种需求数量最大或增长速度最高的那些点或区间。这是我们在观察工业化历史经验时所注意到的一个相当普遍现象。

从微观角度看，历史需求峰值与消费者行为相关。消费收益递减规律决定了人们对某种产品的需求是有限度的，如家用电器中的洗衣机、电冰箱、电视机，一个家庭通常有一两台就够用了；即使是城镇居民住房，人均达到 30 多平方米后就差不多了。当然，这些都是受到已有技术和资源条件的约束。

在现实经济分析中，历史需求峰值是一个宏观现象，是大量个体消费行为的集合，由社会全体消费者的行为所决定。收入水平及其结构、消费者个人或某个集体的消费偏好、供给能力和结构、体制和政策约束等，都会影响到历史需求峰值出现的时点和形态。

直观地看，历史需求峰值似乎是一个需求侧现象，实际上它是由技术驱动的。如果没有技术变革，生产出相应产品，需求无从谈起。蒸汽机改良由瓦特所推动，汽车的大规模普及与福特流水线密切相关。由此而论，历史需求峰值本质上是一个技术问题、供给侧问题。

第二，人口和劳动力的数量与结构的变动。这是经济学家最常提到的变量。15~59 岁的劳动年龄人口从 2012 年开始减少，每年减少的数量从二百多万到近年来的四五百万。这与年轻一代学习时间延长有关，更多的则是人口老龄化的影响。2018年我国就业人数总量负增长，出现拐点。

增长减缓对就业的冲击，是近年来宏观决策中优先考虑的因素，稳增长就是为了稳就业。从实际情况看，冲击主要是结构性的，如重化工业减速、出口减速等对相关行业就业的影响。在总量上，就业基本稳定，一个百分点GDP增长所吸收的就业人数，从10年前的100多万，增加到近年来的200多万。就业人数既会受到经济减速的影响，同时它本身就是经济减速的重要变量。

第三，可利用技术的减少。后发经济体能够实现更高的经济增长速度，一个重要条件是能够利用先行者已经发明和推广的先进技术，这就是所谓的"后发优势"。东亚成功追赶型经济体是如此，当年的美国对英国的追赶也是如此。尊重保护知识产权与向后起者转让技术并不矛盾，运用技术优势恰恰是先行者对外投资和扩张的驱动力。

这里需要关注的一个理论问题是，技术中所包含的可编码知识与不可编码知识对技术转让的影响。可编码知识，如机器设备中包含的技术知识、写入操作手册中的工艺流程等，学习成本较低，易于实现转让。而不可编码的知识，如必须通过"干中学"才能获取的知识，尤其是那些尚处在创新酝酿阶段的难以条理化的知识，则转让成本较高，或难以转让。对后发经济体来说，拥有更多的可编码知识的技术，意味着具有在较短时间内实现相同技术进步和经济增长的潜能，有助于提升经济增速。中国经济的高速增长，无疑受到已有先进技术特别是可编码知识技术的驱动。

经过长时间的高速增长，中国已经形成了联合国界定的最为完整的工业门类。这是迄今为止其他国家未所能及的。在技术水平上，我国过去主要是"跟跑"，近些年来已经在部分领域"并跑"，在有的领域

"领跑"。当我们说到这些成就时，同时也意味着人类社会已有的可利用技术正在减少，特别是那些容易学的可编码知识技术已经不多了。

第四，资源环境接近或达到了临界状态。随着重要需求和工业产品达到历史需求峰值，对应的部分能源资源人均消耗水平，也接近或达到国际比较意义上的峰值。污染物排放，特别是碳排放，正在挑战环境容量和气候变化的底线。事实上，相当多区域的排放已超临界值。当严重雾霾天气影响到日常生活工作时，人们提出了这样的问题：现在吃饱了、穿暖了，物质生活水平大幅提高，为何难以呼吸到新鲜空气？由此反思一个本源性问题：我们推动经济增长的目的究竟是什么？2020年中央经济工作会议提出要做好碳达峰、碳中和工作。我国二氧化碳排放力争2030年前达到峰值，力争2060年前实现碳中和。要抓紧制定2030年前碳排放达峰行动方案，支持有条件的地方率先达峰。要加快调整优化产业结构、能源结构，推动煤炭消费尽早达峰，大力发展新能源，加快建设全国用能权、碳排放权交易市场，完善能源消费双控制度。要继续打好污染防治攻坚战，实现减污降碳协同效应。要开展大规模国土绿化行动，提升生态系统碳汇能力。

传统工业化是通过"改造"自然环境加以推进的。过去很长时间内，人们对这种"改造"的成本认识不足，甚至视而不见。但这种成本总会以各种方式表现出来，并且日益尖锐地威胁到传统工业化的可持续性。我们当下所面临的挑战，从长期看，并非对传统工业化方式漏洞的简单弥补就可应付，而是要在真正理解的基础上，推动传统工业化发展方式到绿色发展方式的转换。

无疑与经济减速、增长阶段转换相关的因素还可以列举出很多，但以上几条足以说明这种变化的必然性。在上述几条中，历史需求峰值是需求侧的，其他三条基本上属于供给侧。以往增长研究主要集中于供给侧，现在看来要增加对需求侧的关注。供给侧要素，如人口和劳动力、技术、资源环境等确实直接影响到增速，但我们不妨作一个假设：人口和劳动力供给保持不变，经济高速增长是否可以持续下去？答案是不会。如把历史需求峰值的约束加上去，增速依然会下降。把这些因素放在一个统一框架内进行解释分析，是一件实践中很有必要、理论上很有意义的工作。已有增长理论所提出的收敛、趋同等说法，更多的是一种现象描述，缺少结构性逻辑分析。这也是进入减速期后认识混乱的一个原因。

中国经济减速、增长阶段转换并非个别现象，得到了更大范围历史经验的支持。经验是逻辑的外在体现。我们对经济减速的研究，就是始于对日本、韩国、中国台湾等经济体历史经验的关注。这些经济体是跨越"中等收入陷阱"的成功者，然而，在经历了长达二三十年的高速增长之后，在人均收入达到 11000 国际元（按照麦迪森的购买力平价方法计算）时，无一例外出现减速，由高速增长转向中速增长。这一转换，日本发生在 20 世纪 70 年代初期，增速降到 4% 左右；韩国发生在 20 世纪 90 年代中后期，增速降到 5% 左右；中国台湾发生在 20 世纪 80 年代后期，由于当时抓住了信息产业发展的机遇，增速保持在 5%~6%。

回到中国当前的增长态势，多项研究表明，2020 年以后，中国的潜在增长率将降到 5%~6%。事实上，这是一个相当乐观的估计。近年来的实际情况表明，继续维持 6% 以上的增速难度很大。今后一段时间，宏观经济增速可能有 0.5~1 个百分点的回落，但这或许是由高速到中速的最后一跌，然后稳定在 5%~6% 或 5% 左右的中速增长平台上。

这样一种展望并非悲观，而是体现了对中国经济增长前景的信心，这种信心是建立在对经济增长长期分析逻辑框架之上的。以这一框架为背景，2016 年下半年到目前为止，处于初步触底期；此后将会逐步进入 5%~6% 或 5% 左右的中速稳定增长期，借鉴有关国际经验和对未来增长潜能的研究，这一时期有可能延续 10 年左右时间。

中速稳定增长期将会呈现若干新的特点，比如，持续下行压力明显减少，中速增长平台逐步得以展现；增长的波幅减小，稳定性增强，但中速平台上的周期性波动对宏观经济走势的影响加大。

## 二、"补短型增长"与中等收入群体倍增战略

中速稳定增长期是中国经济下一步的新场景。发展仍然是硬道理。对于以往习惯于 10% 左右高增长的经济体来说，5% 左右的中速增长似乎唾手可得。这里存在着一种可称为"数字幻觉"的现象。增长速度是分子分母共同决定的，作为分母的增长基数每年都在扩大，作为分子的新增量增速相对放缓，但每年也在增长。近年来，中国经济提供了全球近 30% 的新增量，其规模相当于澳大利亚等国的经济总量。从数据上看，基建、房地产等投资增速明显降低，但实际规模均超过以往。在这样一个水平上保持 5% 左右增速的难度往往被低估了。概括地说，中速增长期的增长动能可以区分为两种类型，一种是"补短型增长"，另一种是"升级型增长"。

所谓"补短型增长"，是指低收入阶层追赶中高收入阶层而带动的增长。这样就引出一个重大议题，即如何扩大中等收入群体。所谓中等收入群体，按我国官方统计标准，是指三口之家收入处在 10 万元到 50 万元人民币的人群，目前中国这一群体的规模超过 4 亿人。我认为，应当把中等收入群体倍增作为全面建成小康社会后的另一个重要战略，争取用 10 年或略多一些的时间，实现中等收入群体倍增目标，中等收入群体从目前的 4 亿多人增长至 8 亿—9 亿人，占到总人口的 60% 以上。

提出这一目标的首要原因是，低收入群体接近或达到中等收入水平，将成为今后相当长一段时期内最为重要的增长来源。这是我国内需增长最大的潜能所在。同样需要提出的是，提升低收入阶层的收入水平，缩小他们与中高收入阶层的差距，所释放出来的需求能够在相当大程度上直接匹配处在过剩状态的已有产能。

另一个原因是，当中等收入群体占多数后，才能形成较为稳定的社会结构。拉美和东亚一些落入"中等收入陷阱"的国家经验表明，过大的收入和财产分配差距往往会成为社会不稳乃至陷入混乱的起因。不仅如此，近些年欧美等国家情况显示，即便进入高收入社会，收入差距过大，中等收入阶层收入增长停滞，依然可能催生民粹主义，导致社会动荡和政治极端化倾向。

在这种情境下，如何在增长与缩小收入差距之间寻找平衡，有效扩大中等收入群体规模，进而实现倍增目标，理解并解决问题的思路和方法尤为重要。

一种传统的、依然颇有影响力的思路着眼于收入再分配，把高收入乃至部分中等收入群体的收入转到低收入群体，即所谓"劫富济贫"，以缩小收入差距。国内外的历史经验证明，这条路是走不通的。一个社会抑制了最有创造性那部分人的活力后，并不能改变低收入者的状况，还会滑向普遍贫穷。

另一种思路则立足于机会均等，致力于缩小不同群体之间在人力资本提升上的差距。一个简单的逻辑是，在剥去种种社会关系的外衣后，人们之间能力的差距，远没有现实世界中收入和财产分配差距那么大。如果能够创造一个人力资本公平发展的社会环境，人们的积极性、创造力都能发挥出来，公平和效率就可以相互促进而非相互冲突。

依照这种思路，下一步扩大中等收入群体规模，需要通过宏观政策发掘增长潜能，通过结构性改革增强社会流动性，通过社会政策全面提升人力资本质量。

## 三、"升级型增长"与可以利用的优势资源和条件

所谓"升级型增长"，主要包括两方面内容：一是发达国家已经有的但我们还没有的那些增长，这部分仍然具有追赶的属性；二是处在全

球科技和经济发展前沿"无人区"的那些增长。这两部分内容相当于我们在 2015 年研究中提到过的追赶标杆型增长（A 型增长）和前沿拓展型增长（F 型增长）。

"升级型增长"体现了经济长期增长的方向，有一些重要特点。

第一，知识和技术密集，附加价值较高。从产业角度讲，包括我们通常所说的高技术、高附加价值产业和战略性新兴产业等。但并不意味着都是新的高端产业，传统产业的升级改造、向产业链中高端的提升，也属于"升级型增长"范畴，而且在数量上可能占到多数。

第二，与之相联系，支撑这种增长的是中高级生产要素，包括熟练技能、高水平的基础和应用研究、高端基础设施和技术装备、复杂的金融工具等。

第三，地域集中度较高，并不像某些低水平产业那样遍地开花。高附加价值产业分布在大都市的核心地带，能够抵御要素成本上升的压力，形成一定的进入门槛。

第四，在地域集中的背后，是更为复杂的专业化分工供给网络，以产业集群的形态呈现。高级生产要素并非各自为战，供应链网络使之产生协调效应，成为新创造出的、本地化且不可移动的竞争优势。

第五，与以往"升级型增长"不同的是，数字技术作为一种普适性要素，与众多产业相互结合形成新的技术、组织结构和商业模式，如有些产业被纳入了平台经济的架构。数字技术为产业升级提供了前所未有的动能。

这些特点决定了或许只有部分地区能够实现"升级型增长"，至少在开始的一段时间，只有少数地区能够抓住机会。但是哪些地区能够率先进入"升级型增长"行列，尤其是增长要聚集到某些具体城市时，仍有相当大的不确定性。近些年深圳、杭州等地互联网产业异军突起，就出乎很多人的意料；部分中西部省会城市的快速发展也是超预期的。

由高速增长到高质量发展、投资驱动到创新驱动，增长空间的分布趋于集中，但机会之门对每个地区都是敞开的。这在很大程度上与"升级型增长"的多样性与分工类型改变有关。

"升级型增长"的典型形态是高技术产业的发展，如近年来处在"风口"上的互联网、大数据、云计算、人工智能，新能源、新材料、生物技术；这些新技术、新商业模式融合运用的垂直领域，如电动化、智能化、共享化的汽车产业等。这些产业的崛起需要足够的中高级生产要素和供应链网络的支撑，只能成长于为数不多的地区。除此之外，构成现阶段经济主体的传统制造业、服务业、农业、建筑业等，也处在剧烈的转型升级过程之中。如果从数量上说，这部分产业在"升级型增长"中应有更大比重。

传统产业升级实质上也是提升技术含量和附加价值，但表现形态因行业、地域、体制机制乃至文化的不同而异。有的沿着"微笑曲线"向两端延伸，有的致力于提升制造水平，有的则借助机器人等降低成本，如此等等。这些领域丰富多彩的程度也将超过预想，前提是市场力量真正发挥作用。随着历史需求峰值的到来、产能过剩的加剧，几乎所有的竞争性传统产业都经历了分化重组。有研究表明，在过去两三年内，产业集中度明显提高，市场份额、盈利向少数头部企业集中。有的行业，以往有上百个企业，经过优胜劣汰后，可能只剩下二三十家甚至更少。

从发达经济体的历史经验看，在与现阶段中国大体相同的增长阶段，那些在竞争中胜出、站到技术含量和生产率高端、具备长期稳定国内外竞争力的企业，大部分都处在所谓的传统行业，如德国的机械制造、化工，英国的食品、保险，意大利的服装、制鞋、建材，丹麦的乳制品、家具、农业机械，瑞士的食品、纺织机械等。我们经常讲中国要从制造大国转向制造强国，实质上是使传统制造业实现"升级型增长"。

水平型分工增加也是传统产业升级过程中的重要特点。中国传统产业正在经历着由垂直型分工向水平型分工的转变，也就是说，过去更多地依托于低技术含量的劳动密集型产业，而以后的产业发展更多借助中高级生产要素的支撑。水平型分工大量发生在产业内，分工发生的原因主要不是要素技术含量差距，而是通过人为努力成长起来的新高级要素，如供应链网络、营销渠道、专有技术、品牌乃至文化影响力等。比如，中国既可以生产苹果手机，也可以生产华为、小米等国产品牌的手机，在技术、品质等指标上属于同一档次或非常接近，在国内外各有大量的粉丝消费者。在汽车、家电等领域，这类水平型分工也日益增多。水平型分工增加了竞争激烈程度，也提供了更多中国企业和品牌的胜出机会。

"升级型增长"是一个大规模的行业"洗牌"过程。竞争中胜出企业的优势地位很可能维持相当长的时间，其他企业要打破这种格局难度很大。全球化背景下的国际分工体系中，任何一国都不可能在所有行业或产品中均占有竞争优势，但由于中国是一个超大型经济体，且工业门类齐全、开放度较高，很可能比其他经济体拥有更多具有国际竞争力的行业和产品，构成中国参与全球分工体系竞争优势的基础。

中国的"升级型增长"有诸多优势资源和条件可加以利用，其中一些优势是其他经济体所不具备的。首先是超大规模统一市场。中国作为拥有14亿人口、收入和消费水平处在上升期的国内市场，在世界上首屈一指。这样的市场条件，最重要的是能够产生巨大需求，而需求对产业成长至关重要。同时，超大规模统一市场有利于降低生产和交易成本，有利于形成生产和消费的规模优势，有利于商业模式创新和技术创新。在国内市场竞争过关的企业，在国际竞争中通常不会落伍。

其次是对内放开、对外开放形成的民营经济、外资经济，加上市场化改革较有力度的部分国有经济，展现出内生的旺盛且可持续的增长活力，已经成为中国经济增长的主体。以民营经济为例，改革开放初期是作为拾遗补阙而"放"出来的，而当下已经成长为在国民经济增长中发挥"五六七八九"作用的力量。在经济转型期，这种增长活力经常表现为更强的韧性，对来自国内外的市场、政策和自然界冲击的适应性大大提高，同时也拓展了"升级型增长"的可能空间。

产业门类齐全、配套能力强、供应链较为完整等，是中国产业升级的另一个优势。以往中国的成本优势，主要基于劳动力成本低，但近年来人们发现，在相当多领域，当劳动力成本上升后，低成本优势依然存在，奥妙就在于存在着由复杂而细致专业化分工协作而形成的供应链网络。有的企业转走后又转回来了，原因就在于其他地方不具备这样的供应链网络。中国东南沿海地区分布着大量的产业集群，其竞争优势就在于这类供应链网络。"升级型增长"将会给这些产业集群带来向价值链高端提升的机会。

中国在数字技术时代的竞争位势发生了重要改变。依托超大规模统一市场、产业配套条件好等优势，中国已经涌现了一批处在全球前列的企业、技术和产品。数字技术与实体经济的融合，过去一些年主要表现在消费端，进入生产端后，将可能展现更为强劲的变革动能。如能保持并扩大在数字技术领域的有利位势，将使"升级型增长"赢得先机。

还需要提出的是中国经济内部的巨大对冲功能。中国超大规模的内部统一市场、多样化的需求和供给要素、不平衡的消费和产业结构等，为产业转型升级提供了更多的可能性和试错空间。"升级型增长"实际上是一个试错过程，有的地区可能失败，但有的地区则可能成功。地区之间相互竞争，也在相互学习，从失败中吸取教训，降低成功的代价。由于诸多原因，地区之间发展格局会有很大不确定性，有的地区遇到困难甚至危机，有的地区则抓住机遇，快速崛起，进而在全国范围内形成对冲效应。事实上，过去几年这类情景已多次出现。这种对冲功能为产业升级提供了更多的可能性和容错性，也使产业升级过程有可能实现稳中求进。

## 四、与两类增长相适应的重要改革

以上讨论的"补短型增长"和"升级型增长"，构成了中国经济中速稳定增长期的两翼。这两种类型的增长只是研究上的一个区分，实践中是融为一体的。这两类增长都有令人期待的前景，有相当多的支撑要素和有利条件，但并不意味着增长潜能必然能够得以释放。问题依然是，如何把这些好的要素和条件有效组合起来，实现要素生产率提高和高质量发展。这里需要解决的主要还是我们通常所说的体制机制政策问题，具体而言，就是如何推动中速稳定增长期的改革取得实质性进展。

这一时期的改革也将有自身的特点。改革仍然要"替代"，弃旧图新，同时也要"升级"，与中高级生产要素的配置利用相适应。从问题导向出发，可以提出如下一些方面的改革议题。

### （一）稳定预期导向的产权和企业治理结构改革

稳定预期有着较以往更为重要的意义。过去一个时期，对民营经济的看法出现混乱，影响到民营企业的生产经营和投资。下一步产业转型升级、创新驱动，首先要有长期稳定预期，对产权保护、企业治理结构有效性提出了更高要求。

——进一步明确定位民营经济的地位和作用，给民营经济吃长效定心丸。党的十八届三中全会提出，公有制经济和非公有制经济都是社会主义市场经济的重要组成部分，都是我国经济社会发展的重要基础。在此基础上，能否考虑提出：公有制经济和非公有制经济都是我们党长期执政，领导全体人民建设社会主义现代化强国、实现中华民族伟大复兴中国梦的依靠力量。

——把所有制分类与企业分类区别开来。按照国有、民营区分企业类型，实际上是市场经济发育程度低的表现。随着市场经济的发展和成熟，企业的股权结构趋于多元化和相互融合，要找到一个单一所有制的企业越来越难。应摒弃按所有制对企业进行分类的传统做法，而以企业规模、行业归属等进行分类，如大中小企业，工业企业、服务业企业等。同时进行投资者分类，如中央国有资本投资者、地方国有资本投资者、机构投资者、个人投资者、境外投资者等。所有企业都要建立和完善现代企业制度，在市场上公平竞争。国家对所有企业一视同仁，无歧视地平等对待。

——按照"管资本"的思路明确国有经济的作用范围。国家对国有经济由"管企业"为主转向"管资本"为主。按照党的十九大所指出的，推动国有资本做强做优做大。国有资本的使命和任务，是服从国家发展战略的需求，对国民经济发展全局发挥支撑性、引导性作用。为此，应聚焦于提供公共服务、完善社会保障、发展重要的前瞻性战略性产业、保护生态环境、支持科技进步、保障国家安全等。对这些领域进行战略性投资，对其他领域则少进入或不进入，如确有必要进入，也主要是财务性投资，设定退出期限。国家主管部门对国有资本投资领域要进行合规性审查。

## （二）大都市圈和城市群发展导向的要素市场改革

大都市圈和城市群加快发展是中速稳定增长期的龙头，大部分新增长动能会出现在这一范围。抓好这个龙头，就要把与此相关的要素市场改革置于优先地位。

——促进人员、资金、技术、土地等要素在城乡之间双向自由流动。既要让农民进城，也要允许城里人下乡。加快农民工进入和融入城市的进程。重点要解决好农民进城人员的住房问题，不仅对他们安居和融入城市至关重要，也能带动大量的消费需求。

——改革重点要聚焦大都市圈的城乡接合部。加快农村集体建设用地入市，创造条件允许宅基地向集体组织外部流转，对城里人下乡买房应持开放态度，允许试错纠错。城乡居民宜城则城，宜乡则乡，在小城镇建设中，允许、鼓励城乡人员、资金、技术等要素共同参与，共建共享。

——农村集体土地和农民宅基地入市、转让等收益，要优先用于建设社会保障体系，为农民提供社会安全网，把土地这种稀缺要素解放出来，既能提高土地利用效率，也能更好解决农民、农村的稳定问题。

### （三）以提高要素生产率为导向的放宽准入、公平竞争改革

目前仍然存在的低效率领域，大都与不同程度的行政性垄断、缺少竞争有关。

——包括石油天然气、电力、铁路、通信、金融等在内的基础产业领域，在放宽准入、促进竞争上，要有一些标志性的大动作。比如石油天然气行业，上中下游全链条放宽准入，放开进口；通信行业，允许设立一两家由民营资本或包括国有资本在内的行业外资本投资的基础电信运营商。这样的改革既可以带动有效投资，更重要的是降低实体经济和全社会生产生活的基础性成本。

——在历来由国有机构经营的高技术领域，如航空航天领域，鼓励民营企业和其他行业外企业进入。近年来在这方面已有所进展，步子可以迈得更大一些。经验表明，民营经济在高技术领域的创新具有更大潜能，中国航天领域也有可能出现像马斯克这样的企业家。

——在高水平大学教育和基础研究等领域的体制机制政策改革上，要有大的突破。可以考虑在创新走在前列、科教资源丰厚的若干城市，像当年建立经济特区一样，创办高水平大学教育和研发特区，突破现有体制机制政策的不合理约束，走出一条新路，为中国的创新发展打下可靠且可持续的基础。

### （四）人力资本提升导向的社会政策体系改革

无论是供过于求状态下产业分化重组，还是创新导向的"升级型增长"，都要求改进和完善社会政策体系，并使其在"保基本"的基础上，将重点转向人力资本"提素质"。

——健全完善社会保障体系。在就业、医疗、养老等方面，加快完善覆盖全国的"保基本"社会安全网，推动实现全国统筹、异地结转，增加便利性，为劳动力合理流动提供便利。

——以更大力度、把更大份额的国有资本划转社保基金。从逻辑上说，国有资本具有全国社会保障基金的属性。这一改革有利于补充现有社保基金缺口，有利于减轻企业上缴五险一金的负担，也有利于改进企业股权结构和治理结构。

——促进机会公平。改变有些地方对低收入劳动者的歧视性做法。在大体相当条件下，在就业、升学、晋升等方面，给低收入阶层提供更多机会。

### （五）绿色发展导向的资源环境体系改革

绿色发展包括但不限于环境保护和污染治理，正在形成包括绿色消费、绿色生产、绿色流通、绿色创新、绿色金融在内的绿色经济体系。推动绿色发展，不是对传统工业化发展方式的修补，而是加快形成与之相竞争、更符合可持续发展要求的新发展方式。

——形成经济社会环境协同发展的目标体系和核算方法，使传统工业化方式中外部化的成本内部化，绿色发展方式中外部化的收益内部化，重新定义、比较经济活动的成本和收益，推动绿色发展成为低成本、可持续、有竞争力的新发展方式。

——加快探索生态资本服务价值核算，解决好生态资本及其服务价值的"算账"问题，并逐步推动生态资本服务价值可度量、可货币化、可交易，使生态文明建设和绿色发展更多地成为企业和居民的日常经济行为。

——由传统工业化发展方式转向绿色发展方式，从根本上说要靠绿色技术驱动。"十四五"期间应推广一批较为成熟、能够带来明显经济社会效益、起到示范作用的重大绿色技术，并相应形成支撑性体制机制政策。

## （六）引领全球化导向的开放型经济体系改革

中国是全球化和市场经济的积极参与者、重要受益者。全球化时代的竞争，说到底，是不同经济体市场经济体系的竞争。在全球市场经济体系竞争中，中国不能落在后面，只能站到前面，这样才能把握大局，赢得主动。

——以长远眼光维护和引领全球化进程。全球化遭遇冲击，包括WTO 在内的全球贸易投资金融等规则面临重大调整，几大经济体有可能走向"三个零"（零关税、零壁垒、零补贴）。中国应以前瞻性、引领性举措，在维护自身利益的同时，推动全球治理结构合理变革，以顺应全球化进程的需要。

——把对外开放的压力转化为对内改革的动力，加快制度规则性开放。国际谈判中涉及的一些议题，如打破行政性垄断、公平竞争、国资国企改革、产业政策转型、改革补贴制度、保护产权特别是知识产权、转变政府职能、维护劳动者权益、保护生态环境和绿色发展等，并不是别人要我们改，而是我们自己要改，是我们从长计议、战略谋划，从中国国情出发作出的主动选择。对外开放与对内改革相互推动，将有助于高标准市场体系形成，增强我们的长期竞争优势。

——下一步对外开放应谋划一些更有前瞻性和想象力的重大举措。比如，把自贸区开放与国内改革相结合，对内对外改革开放的一些重大举措，可在自贸区率先主动试行；在较大范围内，如海南省或粤港澳大湾区，开展"三个零"的试点，形成高标准市场体系、高水平对外开放的试验田，并与有关国家的部分地区对接，在全球开放中起到引领作用。

## 五、改革方法论："摸着石头过河"仍未过时

提出改革仍要"摸着石头过河"，不少人可能会表示质疑：改革开放已经40多年了，还有这个必要吗？这涉及对改革方法论的理解。

我们经常讲顶层设计和基层试验，顶层设计主要解决两个问题：一是指方向，方向不能走偏；二是划底线，什么事情不能做，什么局面要避免。在此前提下，何种体制机制政策符合实际、管用有效，还是要靠基层试验，靠地方政府、企业、社会组织和个人去试，通过试错找到对的东西。

说"摸着石头过河"，是因为在改革开放发展中总是要面对大量未知和不确定的因素，不同时期要过不同的河流，并非只过一条河就可以了。改革开放初期，农村家庭联产承包责任制怎么搞，城市企业改革、价格改革如何推进，事先并不清楚，在试的过程中逐步摸出一条新路。许多成功的做法，是地方、企业先试，效果不错，中央发现后总结提高，推广到全国。中国经济进入中速稳定增长期，要实现创新驱动的高质量发展，哪些行业、哪些地方能够率先突破，哪种办法切实管用，也是不大清楚或有很大不确定性的。顶层设计要求过这样一条新的河流，从此岸到达彼岸，但到底具体如何过，还是要靠基层试验。事后我们知道需要踩着5块石头过河，但开始时看到的是一片茫茫水面。可行的办法是把水面划分为100个方格，逐个试错。如果只有一个主体去试，需要很长时间，用10个主体去试，时间只需原来的1/10，100个主体去试，时间就更短了。创新本质上是一个试错过程，真正的改革就是体制机制政策创新，需要调动社会各个方面去参与、去试验，好的体制机制政策在

这个试错过程中才能脱颖而出。

对政府作用，需要把中央政府和地方政府加以区分。中国是一个超大型经济体，中央政府和地方政府角色差别较大。中央政府在国家安全、发展共识、宏观经济稳定、全国统一市场、全国性基础设施建设等方面发挥主导作用，而地方政府则是经营好自己范围内的各种不可移动资源，硬的如基础设施，软的如营商环境，还要直接介入招商引资，通过有竞争力的不可移动资源去吸引企业这样的可移动资源。一个地方经济发展得好，是由于地方政府经营的不可移动资源与企业经营的可移动资源形成了良好的互补效应。换个角度说，企业面对市场竞争、开展创新，要以大量精力去应对不确定性。而政府经营好不可移动资源，是在减少不确定性。在企业资源一定的情况下，就可以把主要精力分配到市场竞争和创新活动上。这就是好的发展环境的含义。反之发展环境差，政府经营的不可移动资源问题多，如基础设施短缺、营商环境不稳，不仅不能减少反而增加不确定性，企业不得不抽出大量精力加以应对，能够用在市场竞争和创新上的精力相应减少，市场活力和竞争力必然下降。

在这种格局下，地方政府的领导力、主要领导者的素质，进一步说，地方领导者的企业家精神至关重要。所谓企业家精神，本质上是创新精神，是指能够对要素进行重新组合的眼界、胆略和技巧。企业家精神并非企业领导者固有，包括政府在内的各类组织领导者应该也能够拥有。当然企业领导者也不一定都是企业家，有的只是循规蹈矩乃至平庸的管理者。

中国特色社会主义市场经济的一大特色是地方竞争，这是传统的政府科层组织与市场经济相遇后的产物，或者说是改革前初始条件与改革开始后引入新要素之间融合后的产物。地方竞争很大程度上是地方政府领导者之间的竞争，有些地方发展得快且好，是因为当地领导者具有企业家精神，敢于并善于重新组合当地各种不可移动的要素，也就是想干事、能干事，还能干成事。强调发挥地方基层的积极性、主动性、创造性，基本的一条就是要把具备企业家精神的人才推到地方政府特别是城市政府的领导岗位上去。有了这样一批人，加上地方之间的竞争，许多意想不到的好东西就会脱颖而出。

改革就是要理顺关系，理顺解决问题的办法，不同的矛盾问题，用不同的体制机制政策应对，用经济学的观点说，就是要成本低、预期稳且可持续。改革开放以来，我们经常讲的一句话是，要用法律的、经济的和必要的行政办法。有的问题要用法律办法，如产权保护；有的问题要用市场机制办法，如价格调节；还有的问题，如应对突发事件，较多地要用行政性办法。容易出现的倾向，是不适当地倚重行政性办法，这样层层加码、形式主义、走极端就在所难免。如治理污染无疑是正确的目标，但在有些地方变成了"一刀切"，以行政命令将小企业或化工企业一律关停，产权保护、成本收益都不讲了，其结果往往事与愿违，甚至一地鸡毛。强调地方探索、基层试验，就是要找到真正符合规律、符合实际、管用有效的体制机制政策，法律的归法律、市场的归市场、行政的归行政，如此才能提高治理效能。

## 六、深圳如何引领"升级型增长"

在这里所讨论的两种类型增长中，深圳几乎具备了"升级型增长"最为有利的条件，应该而且完全有可能走在全国前列。与此同时，深圳也面临着如何打破逐步增多的约束条件限制的挑战，如以 IT 产业主导的产业结构增长动力减弱，土地、人工等要素成本快速上升，源头创新能力不足，社会发展相对滞后制约人力资本提升，资源环境压力加大挤压可持续发展空间等。与深圳曾多次经历的转型压力相似，打破上述约束条件限制将会打开深圳"升级型增长"新的巨大空间。

## （一）加快形成增长潜力充足的新主导产业

深圳在人均收入接近 3 万美元的水平上，仍能保持 7% 以上的高速增长，从产业结构角度看，主要是因为拥有以 IT 产业为主导的产业结构。但近年来 IT 产业的增长速度已明显放缓。深圳的优势在于制造 + 创造。房地产和金融对所有城市都是诱惑，包括深圳在内的很多大城市也能搞出些名堂，但具备以制造加创造为基础成为全球科创中心条件者则凤毛麟角。深圳应当坚持这个方向不动摇。事实上，这个方向的发展潜能依然很大，不可限量。至于应当发展什么样的新产业，还是要坚持深圳的一贯传统，以市场为基础、企业为主导，在一个开放竞争的环境中使优秀的企业和产业脱颖而出。深圳的大企业能力很强，更重要的是拥有大量创新活跃的中小企业。政府应加固已有的创新环境，善于识别和催生新产业，为有潜能的企业和产业补短板、破瓶颈，打通产业链条。

## （二）补上高水平大学教育、基础研究的短板

中国近些年创新发展较快，优势在于市场规模巨大，产业配套能力强，而短板则是基础研发滞后、源头创新甚少。这些优势和短板在深圳也都表现明显。当创新进入"无人区"，特别是当有人在关键科学技术领域"卡脖子"的时候，高水平大学教育、基础研发领域"补短板"的任务就无法回避了，因为远距离"借智"的做法无法满足前沿性创新近距离交流的需要。事实上，深圳在这个领域是有远见的，已有大量投入。下一步应当确立的一个目标，就是高水平大学和研发机构要产生诺贝尔奖级的研究成果，要形成相应的研究能力和环境。如此才能与深圳作为全球科创中心的地位相匹配，才不至于出现一定时期后创新后劲不足的问题。

## （三）建设以深圳或深港为核心的大都市圈

深圳现阶段面临的供地不足、房价过高、制造业成本上升过快等问

题，需要通过加快大都市圈建设来解决。具体地说，在深圳周边一小时车程的范围内，打破现有行政区划的限制，形成大批小城镇与城市核心区相互关联的新城市体系。深圳核心区致力于发展高技术、高附加值的产业，其他制造业和服务业则依照产业链的关联性分布到周边城镇。在空间资源配置上，也要贯彻市场起决定性作用的基本原则，按照人口流向确定建设用地和公共服务资源指标的配置。与农村人口进城落户相配套，加快推进住房、教育、医疗、社会保障等基本公共服务的均等化，健全财政转移支付同农业转移人口市民化挂钩机制，继续推进并扩展义务教育等基本公共服务随人员流动可携带的政策，逐步打通农村社保和城镇居民社保的衔接。与都市圈建设相衔接，分期建设主要面向外来人口特别是农村进城人口的安居房工程。户籍制度应逐步转为人口居住地登记制度。逐步确立与企业和社团法人类似的城市法人地位，把城市管理者行政级别与城市法律地位分开。城市不论大小，在生产要素获取、基本公共服务提供、发展环境建设等方面具有平等地位和权利。允许并鼓励中小城镇从自身发展需要出发，主动融入都市圈建设进程。

### （四）在生态文明建设、绿色发展上成为先锋

在制造业占比仍远高于世界大都市的情况下，深圳实现人均碳排放仅 7.5 吨，空气质量指数从 10 多年前将近 100 微克下降到了近年的 26 微克以下。深圳提出并正在实施"两达一高"，即目标碳排放达峰、空气质量达标、经济社会高质量发展的目标。"十四五"期间，深圳应当率先形成包括发展理念、政策目标、重点领域、体制机制等在内的绿色发展基本框架，并力争在核算和技术这两个绿色发展的支柱领域取得突破。生态资本服务价值核算是绿色发展的基石，缺少这块基石，绿色发展的大厦是立不起来的。深圳如能在这方面先行一步，将有助于展示并确立绿色发展方式在成本收益比较上的优势，推动绿色发展真正成为企业和

个人的日常经济行为，从而大幅加快绿色转型进度。绿色发展不是放弃而是追求更高的生产率，区别在于使用绿色技术。绿色转型要求所有创新都应当是绿色的，并且逐步用绿色技术替代传统技术，这将为深圳的创新和增长提供前所未有的空间。

## （五）在深化改革开放上再度领先

深圳的发展靠的是改革开放先行先试。要在"升级型增长"中带头，必须在新形势下的改革开放中再次冲到前面。之前提到的加固创新环境、教育科研体系改革、建设大都市圈、引领绿色发展等，都需要拿出当年改革开放的勇气、魄力和智慧，在体制机制政策上开拓一片新天地。面对逆全球化的压力，对外开放应站上"三个零"的制高点，争取国际博弈的主动权。深圳和粤港澳大湾区在此过程中应该有一些更具前瞻性和想象力的重大举措，对高水平对外开放和全球化的持续推进起到引领作用。

# 诊断中国经济：结构转型下的增长与波动

陆　铭 *

理解中国经济并不容易，理解中国经济从高速增长到增速下滑更是容易产生争议。在实践中，如果不能找准中国经济的脉门，就不能有效施策并推动中国经济的高质量发展。笔者认为，既不能直接用标准的市场经济理论来把中国经济增长从高速到下滑的过程理解为经济周期，也不能把经济增长速度的明显下滑理解为人口老龄化等外生因素引起的潜在增长率下降。

## 一、黄金率与中国经济的动态无效

经济增长的黄金率是理解经济增长的动态效率的基准理论。在黄金率下，投资和消费各自所占的比率能够使跨期的经济增长率最大化，消费多了，资本积累会变慢；而如果投资多，消费少，投资回报不高，则会影响未来的资本积累。对于长期经济增长路径来说，利率是一个核心的调节变量。如果偏离经济增长的黄金率，出现投资过快的情况，那么利率将升高，使得投资增长不至于太快；反之，如果投资增长不够快，则将下调利率，从而有利于投资增长。

我们用一个非常简单的图来表示没有扭曲的黄金率下的平衡增长路径。在图 5 中横轴表示时间，纵轴表示一个经济体的经济总量，由于人

\* 上海交通大学安泰经济与管理学院教授。

口相对来说比较稳定，所以纵轴也可以表示人均GDP。图中的虚线就表示始终处于黄金率下的平衡增长路径，在这条路径之下，随着资本的积累，人口并没有出现明显的增长，于是资本的边际回报将有所下降，经济增长率将逐渐递减。

中国经济的基本特征是长期以来存在以压低利率为主要特征的金融抑制。特别是在2003—2008年，中国经济处于一个高速增长时期，并且增长速度逐年递增。在通常情况下，利率应该上升，但实际情况是，在此期间，由于存在严格的管制，实际利率（即名义利率减通胀率）却处于下行通道，起到了鼓励资本积累的作用。于是这一阶段由于投资快速增长，而投资本身就是短期经济增长的来源之一，因此整体经济增长速度非常快。相较于处于黄金率路径上的增长曲线，在一段时间内扭曲的经济增长速度可能超过平衡增长路径的增长速度，在图5中用一条实线予以表示，其中$D$、$T$表示曾经的高增长。

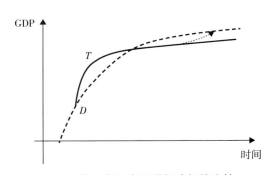

**图5 黄金率和中国增长路径的比较**

由于资本积累加速所带来的经济增长偏离了黄金率，其结果一定是国内消费相对不足，而使得产能相对过剩，必须依靠出口来进行消化。在2008年国际金融危机之前，中国投资在GDP中所占的比重曾经超过50%，并且出口加进口在GDP中所占的比重超过60%。在国际金融危机到来之前的 2001 — 2008 年，全球宏观环境宽松，欧美国家的进口旺盛，因此维持了中国经济的高速增长。在此基础上，由于接近 3 亿人的城市非本地户籍人口未能在城市安居乐业，其消费受到了压制，特别是服务消费，这又进一步加剧了产业结构中消费占比和服务业占比偏低的问题。

以压低利率鼓励投资来实现的高速经济增长，伴随着一系列的结构性扭曲，这样的增长难以持续。从需求结构角度来讲，消费相对不足使得经济没有足够的需求支撑，那么就一定会出现产能过剩的问题，导致投资回报下降。2009 年，中央出台 4 万亿元经济刺激计划在短期内使中国经济率先走出经济危机，但同时也加剧了中国经济本来就已经非常严重的产能过剩问题。有学者从统计口径上否定中国投资过度的事实，对此，仅从理论上提出反问：如果利率被压低了，而且是在经济增长速度加快时实际利率不断下降，那么如何保证投资符合黄金率？

从产业结构角度来讲，由于低利率鼓励了投资，相对于服务业而言，制造业得到了鼓励，资本密集型的重化工业得到了更多的鼓励，所以总体上来讲，中国的制造业（特别是资本相对密集的重化工业）占比偏高，服务业相对受到了抑制。从收入分配角度来讲，投资驱动型的经济增长带来的是资本收入在国民收入份额中所占的比重偏高，而劳动收入在国民收入中所占的份额受到了抑制，并且在实际利率下行的阶段，劳动收入占比也呈下降趋势。劳动收入占比持续下降，又为提升消费占比设置了障碍。

有了黄金率增长与中国结构性扭曲的对比，就可以对当前有关中国经济的一些认识进行回应。

第一，中国经济的问题不是通常的经济周期问题。如果仅仅从经济增长速度在危机之前逐渐加快和危机之后逐渐放缓来看，这似乎就是一个周期现象，但是理解了中国的结构性问题及其形成机制就会知道，中国经济的波动既不是凯恩斯意义上的有效需求不足，也不是供给方的生产率衰退所形成的真实经济周期（real business cycle），而是国内经济政策的扭曲所带来的结果。同时即使在 2008 — 2009 年中国经济有随着经济危机到来而同步下降的全球经济周期特征，中国经济增长下滑也不是国际经济危机的周期问题。

第二，不能简单利用传统经济增长理论的增长潜力（或潜在增长）来理解中国的增长问题。"增长潜力"这个概念本身就是与黄金率下的平衡增长路径相对应的，一个国家的增长潜力逐步下滑，通常是这个国家逐步接近了发达状态和经济增长的前沿，因此，创新变得越来越难，同时也有可能出现了人口老龄化等问题，其潜在增长率逐步下降（图 5 虚线）。但是在一个存在结构性扭曲的中国经济中，接下来有两个路径选择，比较好的路径是通过改革来实现经济的再平衡，这样中国经济将沿着结构性改革的路径，先恢复到符合黄金率的平衡增长路径上，然后才能运用增长潜力的概念来讨论类似于人口红利消失这样的因素对于增长的长期影响（图 5 虚线箭头）。在这条路径上，消费在经济增长中的比重将上升，在生产端服务业的占比将上升，制造业内部重化工业的比重将有所下降。理解了这一点就知道，有一些观点并不符合中国实际，如认为只有靠持续加大投资才能推动经济增长，消费无法成为经济增长动力，靠服务业来拉动经济增长不可取。类似这样的看法都是把平衡经济增长路径（图 5 虚线）下的结论套用在存在结构性扭曲的中国经济（图 5 实线）上。另一条悲观的路径是，如果没有结构性改革的话，那么当前经济增长下滑将持续存在，而这种经济增长的下滑（图 5 实线）并不是新古典增长理论所讲的增长潜力下滑（图 5 虚线）。

第三，为什么在其他国家发展历史上经济增长速度的下滑不会在短时间内连下几个台阶，而在中国却出现几年时间内经济增长速度连续明显下滑的现象呢？原因在于其他国家如日本和韩国，是沿着平衡增长路径发展，因此，经济增长速度和增长潜力沿图 5 虚线逐渐下滑。而中国近年来经济增长的失速，恰恰是经济危机之前快速经济增长所付出的代价。因此，把 10 多年来的中国经济增长曲线连在一起看，便出现了从高速增长向中低速增长的急剧转变（图 5 实线），而这两个阶段其实只不过是同一个结构性问题在不同阶段的表现。

## 二、空间均衡与中国经济的空间错配

中国是一个幅员辽阔的发展中大国，不同地区在自然地理条件、区位和制度等方面都存在着巨大的差异。对于这样一个发展中大国而言，城乡间和地区间的资源配置效率极大地影响了整个国家的全要素生产率。为了理解大国发展，需要借助空间经济学提供的参照系，并将中国经济中存在的制度性和政策性因素嫁接到空间经济学的分析框架中。

### （一）在发展中营造平衡，在集聚中走向平衡

中国区域之间的自然地理和经济地理条件的差异非常大。经济和人口的空间集聚似乎与平衡这个目标存在矛盾，然而发展和平衡这两个目标都很重要。为了分析大国发展，可以建立一个高度简化的反映"空间均衡"思想的等式（如图 6 所示），以此表明，"在发展中营造平衡"恰恰需要"在集聚中走向平衡"。

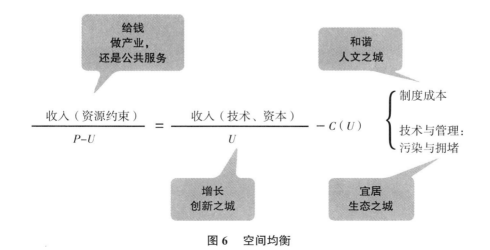

图 6　空间均衡

　　笔者把一个国家分为两个部分，等式左边理解为农村，右边则为城市。类似地，讨论小城市与大城市的关系，左边是小城市，右边是大城市。等式也可以用来讨论现代经济发展的劣势地区（左边）和优势地区（右边）的关系。一个国家内部，在人口可以自由流动的情况下，直到两边的人均收入相同，人口流动才会停止。

　　如果国家总人口用大写的 $P$ 表示，$U$ 表示在右边的人口，那么，左边的人口就是 $P-U$。等式的右边表示现代经济增长，其主体是制造业和服务业，它的产出取决于技术和资本这两大因素，再除以 $U$，就是人均 GDP。相比之下，左边的产业比较优势是农业、旅游和自然资源，其总收入受制于资源因素。如果右边 GDP 增长快于左边，那么，只有不断减少左边的人口，增加 $U$，才可以保持两边人均收入相等，即"在集聚中走向平衡"。

　　当然，在等式右边人口增长的时候，也会出现一些成本，如高房价、拥堵和污染。某些成本会抵消实际收入，如房价。因此，地区之间的名义收入虽然有差距，但考虑到生活成本，实际收入差距就更小了。还有些成本很难被量化，如拥堵和污染。当存在这些成本的时候，地区之间的"平衡"最终将实现生活质量的均等化。但如果只看名义收入，可能仍然存在差距。

　　在上面这样一个高度简化的分析框架里，存在着国家、区域和城市三个层面的三角悖论。

　　国家层面：统一、发展和平衡的三角悖论。需要说明，这里所指的"平衡"是传统意义上人们所理解的平衡，即经济在不同地区之间均匀分布。但是，这样就会导致统一、发展和平衡不能同时实现。如果市场是统一的，特别是劳动力市场是统一的，那么劳动力就能自由流动，而发展主要由等式右边的优势地区来推动，特别是由城市和大城市所具有的规模经济效应来保证，这时，经济一定是向优势地区集中的。如果劳动力自由流动，那么人口也将向优势地区逐步集中，这时，在均匀分布意义上的平衡发展就无法实现。如果要追求均匀分布意义上的平衡发展，那么就只能阻碍劳动力流动，而这就牺牲了国家层面的市场统一，也就牺牲了国家层面的有效率的资源配置和经济发展。

区域层面：均匀、差距和补贴的三角悖论。在区域经济发展层面，如果追求均匀发展，那么在等式右边的优势地区需要设置劳动力流动的障碍，而此时等式两边无法借助人口自由流动来实现人均 GDP 意义上的平衡发展。换言之，劳动力流动障碍的存在一定会带来地区之间的人均 GDP 差距，可以通过促进劳动力流动来缩小人均 GDP 差距，但这会导致经济和人口向优势地区集中。如果既想缩小地区间差距，又想阻碍劳动力流动，那么就需要在国家层面加大对劣势地区的补贴。但事实上，一方面，对地理劣势地区的大量补贴往往仅提升了当地经济总量，大量投资偏离了当地的比较优势，一旦没有补贴，此类发展便不可持续；另一方面，大量补贴的来源是转移支付，本质上来源于优势地区的税收，故又构成优势地区的税收负担，不利于其提高竞争力。

再来看等式左边的劣势地区。从比较优势的角度来讲，等式左边是适合发展农业的地区。当阻碍劳动力流动的时候，就会出现等式左边的农业劳动力太多的现象，而农业的规模经营又不足，故导致农产品出现"三高"，即高产量、高库存和高进口。其内在的逻辑是，当等式左边进行农业补贴的时候，在微观层面上，农户的理性决策就是增加产出，但是由于生产成本过高，农产品失去国际竞争力，结果大量转化为库存。与此同时，在农产品内部结构上，中国首先失去竞争力的是资本更加密集的农产品生产，其中最具代表性的就是大豆，因此在国际贸易中大量进口大豆。

城市层面：增长、和谐与宜居的三角悖论。在城市层面，一段时间以来的城市政策是控制人口向大城市流动。如果把大城市放在整个国家的空间均衡里，那么就不难理解这个事实：如果要控制人口向大城市流动，那么城市发展的增长、和谐与宜居三个目标就无法同时实现。如果这三个目标同时实现了，人口就会持续向等式右边转移。如果要控制人口，那么在增长、和谐与宜居三个目标里，就应当至少放弃一个。在区域经济发展的三角关系里，等式右边的地区还需要向等式左边的地区提供一笔财政转移支付，以实现区域间和城乡间收入差距的缩小，而这也构成了优势地区的税收负担。

## （二）中国经济空间错配的空间政治经济学

相对于"空间均衡"的参照系，如果一些基于短期局部经济增长最大化的政治经济学因素阻碍了经济资源在城乡间和地区间的配置，那么，就将出现资源的空间错配和社会福利的损失。对于中国这样一个转型和发展中大国而言，应当将结合中国体制的政治经济学分析融入对城乡和区域发展的研究中，从而发展出理解中国经济的"空间政治经济学"。

城乡发展方面。城市的人口为了保护自己的利益，给农村劳动力设置流入城市的障碍。但由于在城市里的收入比农村高，农村劳动力还是会去城市工作，而在城市未能得到平等的公共服务，并且城市可以把由此省下的钱作为资本积累投入生产。但是这种行为的代价就是造成城乡收入差距，这个收入差距会产生负外部性如犯罪。这个负外部性造成的损失可以抵消资本积累。于是这就需要权衡，城市不给农民工提供福利有利于资本积累，但是城乡收入差距大又通过社会负外部性导致资本积累的速度放慢，因此在转型过程中需要看哪一个效应更大。在经济发展的早期，城乡分割主要有利于资本积累的正效应，所以这个时候经济的资本积累很快，城乡收入差距在扩大。但当城乡收入差距扩大到一定程度，并且进城的农民工达到一定数量的时候，它产生的社会负外部性的效应就超过了资本积累的正效应，就会出现一个内生的制度转型的转折点。尽管城市居民仍然强势，但他们会意识到，如果再不改革，社会的收入差距带来的负外部性会进一步侵蚀整个国家的资本积累，对城市居民也将产生不利影响。此时，城市会慢慢地放开户籍制度的管制。所以，需要在刘易斯模型里加上政治经济学来解释中国的城市化进程：它的扭曲、对于收入差距的影响以及户籍制度的内生变迁问题。

区域发展方面。笔者有两篇关于"空间政治经济学"的论文。文章的逻辑如下：一些发达地区是有"干中学"机制的，欢迎外来人口进来产生规模经济效应。但是欠发达地区会认为，如果在静态决策里按照比较优势来进行分工，放任生产要素（主要是人口）往发达地区流动，那么欠发达地区就永远丧失了发展汽车、高科技等产业的机会。所以，欠发达地区会不按比较优势分工，而是先加大新兴产业的投资。这个道理类似国际贸易理论里面的动态比较优势理论。在国际贸易里，欠发达国家不考虑全世界的资源配置效率，每个国家只需考虑自身福利的最大化。但是，如果只考虑本地的动态比较优势，那么整个国家的资源配置效率和经济增长潜力就会遭受损失。

需要说明的是，引用周黎安的理论去证明中国官员晋升和考核制度有利于经济增长的学者，可能忽略了他说的一句话——地方官员通过最大化本地经济增长而获得晋升，地方官员之间的合作空间非常狭小。这就是中国地方间竞争的"囚徒困境"。那么问题又来了，官员之间不合作怎么能有利于经济增长呢？如果一个地方的官员和另外一个地方的官员不合作，两地进行重复建设，那么，这跟整个国家的资源配置效率最大化和竞争力提高的一个长期经济增长目标之间在理论上如何一致呢？

在理论工作中，笔者逐渐把地方政府行为以及中央—地方关系引入有关区域发展的分析之中，指出了行政体制对于经济发展的两面性。它既在短期有利于局部的增长，又在长期不利于全局的增长。前些年，笔者曾对这一组与区域经济有关的研究进行总结，把它们总结为地理和政策对于区域和城市发展的影响，其已经具有这里所提出的"空间政治经济学"的雏形。其中，笔者最为重要的一个观点就是，在空间经济发展里，集聚和平衡是不矛盾的，效率和平等也是不矛盾的。在空间均衡的概念之下，经济集聚保证了效率，而人口等生产要素的自由流动有利于在不同地区之间实现人均意义上的平衡发展，因此，这是一条"在集聚中走向平衡"的道路。

对于大国治理来说，最高目标是实现"长期的全局的多目标最优"。以此为参照，可以非常清楚地比较几个与空间政治经济学相关的理论。周黎安的理论刻画了地方之间"为增长而竞争"的模式。张五常认为县域竞争是中国经济成功的制度创造。但是，其在"为增长而竞争"的模式之下，由于地方政府追求的是本地短期的 GDP 增长，在长期、全局、多目标三个维度上都可能偏离社会最优。相比之下，陈钊和徐彤的"为和谐而竞争"的理论讨论了单一指标下的地方间竞争可能存在的扭曲，并且提出，如果采用类似满意度这样的综合指标，那么可以减少基于单一目标的地方间竞争造成的扭曲。但是，即使如此，仍然无法保证实现全社会的长期和全局目标。与上述两个理论相比，陆铭、陈钊、严冀和陆铭、陈钊、杨真真讨论了在地方政府跨期决策下的分工和增长问题，并且指出，在不施加中央政府任何协调机制的情况下，地方间将出现不分工的结果，将影响全局的长期增长。如果中央政府发挥协调的作用，通过转移支付让欠发达地区分享地区间分工产生的经济增长成果，那么，就可以实现全局的长期的最优资源配置。这两个模型都没有讨论如何实现多目标最优的问题。构建综合长期、全局、多目标最优的理论，将是关于大国治理的空间政治经济学的任务。

## （三）中国经济的"03 拐点"与空间错配

有了上述理论准备，就可以来分析中国经济中的空间错配了。

从 2003 年开始，出于一些政治经济学的考虑，为了追求规模意义上的平衡发展，中国采取了一系列政策。在当时的背景下，这样做可以缓解区域和城乡差距。然而，按照前面所说的道理，真正的平衡发展在于人均 GDP 的趋同，因此平衡发展应着眼于通过人口流动和区域间分工来实现。遗憾的是盲目加大对于欠发达地区的投资，产生了大量违背当地比较优势的短期经济增长，结果在之后的 10 多年时间，产生了持续的资源空间错配。

2003 年之后，中西部地区在全国建设用地指标分配的过程中，获得了越来越多的份额。伴随着 2003—2004 年的开发区治理整顿，全国大量开发区被关闭，尤其是沿海省份的开发区。此后开发区政策被认为可以用于帮助欠发达地区进行发展。伴随着欠发达地区获得越来越多的建设用地指标，工业园建设在全国遍地开花。之后土地开发又催生了大量的新城建设，尤其是在 2009 年推行 4 万亿元经济刺激计划之后，新城建设成为全国各地拉动经济增长的一种手段，而大量的新城却建于中西部中小城市，这些地方恰恰是人口流出地区。

用于农业的补贴数量自 2003 年后大幅度增长。补贴政策虽然有利于缩小城乡间的收入差距，但是从负面效果来说，其使得农民进城工作的动力有所下降，提高了他们外出打工的机会成本。与此同时，在沿海地区人口持续流入的情况下，土地供应有所收紧，导致房价快速上涨。而房价的快速上涨，又通过增加人口流入地的生活成本，形成了阻碍劳动力持续流入的因素，其结果就是在劳动力市场上产生了抬高工资的作用。不仅如此，在房价快速上涨的地区，实体经济的投资增长相应地被挤出了。由于上述原因，2003 年之后中国经济就开始出现了严重的资源空间错配问题。表面上看当时的经济增长似乎仍然非常快，但是这种快速度是以投资增长、消费相对不足、出口消化产能为背景，掩盖了中国经济的结构性扭曲和空间错配问题。

理解了 2003 年开始的政策拐点以及之后所产生的一系列影响，就不难理解我们的诊断：中国经济从快速增长转入明显的下滑阶段，根本不是通常的经济周期现象。另一个相关的依据是，在一般的市场经济的经济周期里，经济增长速度也会反映在全要素生产率的变化上，两者通常正相关，而中国经济却并非如此。换言之，当经济增长出现明显下降的时候，资本和劳动的使用数量下降通常相对较慢，而产能利用率则明显下降，这时全要素生产率的增长速度也在下降。而当经济增长快速上升的时候，资本和劳动的使用数量上升也会相对较慢，而产能利用率则应上升，这时全要素生产率会同步上升。但是在中国经济的数据里，2003—2008年，经济增长速度逐步加快，中国企业层面的全要素生产率增长速度却出现了比较明显的下降。这说明，自2003年开始的高速增长已经不是传统意义上的经济周期现象了。

在上述分析的基础上，就能对另外一些有关2003年之后拐点的观点进行评论。

第一，笔者已经多次指出，2003年之后中国东部城市劳动力市场上出现的劳动力短缺和工资快速上涨现象，不是传统意义上的刘易斯拐点。刘易斯理论本身是一个劳动力在城乡间流动不存在障碍的二元经济理论。而在中国，由于存在城乡间劳动力流动的障碍，以及2003年之后对于农村地区的大量补贴，还有事实上由于偏向内地的土地政策所导致的东部地区房价上涨和生活成本上涨，都会促使人口滞留在欠发达地区和农村，导致出现人口流入地劳动力短缺、工资上涨的现象。这种类型的工资上涨会随着政策拐点的到来而到来，但是它不是刘易斯意义上的纯粹基于城市工业部门需求拉动型的劳动力短缺。

第二，中国经济的拐点到底是什么时候？如果仅仅从经济总量增长来看，认为中国经济的拐点出现在全球经济危机之后特别是推行4万亿元经济刺激计划之后的观点只看到了表象。在图5中，如果看实线表示的中国经济增长路径，会认为经济增长速度由快转慢的那一个点（$T$）是中国经济的拐点，大约出现在2009—2010年。而如果把中国经济偏离黄金率平衡增长路径的整个阶段连在一起看的话，中国经济的真正拐点恰恰是整个这一时期高速增长的起点（$D$），而那正是造成资源空间错配的政策拐点所处的 2003 年。

第三，如何看待中国的产业升级和资本深化？在符合黄金率状态的平衡增长路径之下，随着劳动成本的上升，会出现逐步的产业升级和资本深化。但是中国的实际情况是在劳动力市场和资本市场上存在双重的扭曲。一方面，在劳动力市场上存在着政策扭曲所导致的劳动成本上升；另一方面，在相当长的一段时间里，中国存在以压制利率为主要表现的金融抑制。由于这些因素，从表面来看，中国的资本深化速度会非常快，中西部资本深化的速度甚至超过东部沿海地区。但是，在生产要素价格存在扭曲的情况下，一段时间以来的资本深化偏离了黄金率下的最优经济增长路径，这样的资本深化伴随着劳动收入占比的下降和消费的持续低迷。同时城乡间和地区间差距依赖大幅度的转移支付来弥合。在这种经济增长方式之下，存在着民众福利的损失。

第四，由于有了空间错配的概念，中国经济的很多宏观问题就需要分区域来看，其中最典型的就是房价和债务两个问题。在加总层面，中国的房价收入比在不断上升，同时债务与 GDP 之比也在持续上升。从这两点来看，宏观问题非常严峻，但是，如果从城市和省一级的层面来看，这两个问题其实都是空间错配的表现。在房价方面，根本的问题是 2003 年之后，在人口流入的地区土地供应增长速度有所放缓，导致这类地区出现房价收入比的持续上升；而在另外一类地区，人口流出，土地供应却持续增加，房价收入比有所下降。债务的问题也是一样的道理。如果欠发达地区的发展背离其具有比较优势的制造业，然后再通过地方政府借债来进行投资，那么，当投资回报比较低的时候，就会出现债务与 GDP 之比不断上升的情况。而在沿海地区，除了类似天津这样建设了超大新城的地方，其他地区的债务与 GDP 之比总体上还算健康。

## 三、结论：增长和转型的政治经济学

一切宏观都源于微观，一切行为都源于制度。一切总量都包含结构，一切全局都来自局部。中国的总量问题其实是一个结构性的问题。同时中国的全局性问题在不同的局部又有不同的表现。

传统的宏观经济学和应对经济周期的宏观经济政策都刻画市场经济体制，很少讨论政府对于生产要素市场的影响及其结果，也基本上不处理结构性扭曲的问题。其原因在于，市场经济能够基本保证资源配置效率，低效率的企业和个人会被市场机制所惩罚。而在中国，如果不能理解制度如何影响地方政府的行为以及资本、劳动和土地等生产要素市场如何受到政府政策的影响，那么，中国宏观经济学的微观基础就不能真正打好。

从生产要素市场存在的政府影响入手，是理解中国宏观经济中结构性扭曲和空间错配的关键。中国宏观经济中投资和消费的占比、劳动收入占比之类的异常都与金融市场上的金融抑制和对于资本的补贴相关。不仅如此，在中国这样一个疆域和人口都超大的大国，不同地区的经济表现也大相径庭。总体而言，中国沿海地区和大城市出现的是人口持续流入，而土地供应跟不上，导致地价上涨。同时，住房供应跟不上人口增长导致的房价上涨又进一步推升工资，从而削弱了沿海地区的竞争力。而在中西部和东北地区出现的现象主要是人口流出同时投资加大，而且，由于投资大量依赖政府债务，偏离比较优势且投资过量，最终导致债务持续上涨。

那么，目前为止中国似乎没有出现经济危机，是什么原因呢？从表面来看，中国的确没有出现在其他市场经济国家经济危机时出现的企业大量破产、劳动力大量失业、政府债务危机甚至关门停摆等状况。但是换个角度来看。经济危机本质上来讲是对过于乐观的生产者的惩罚和淘汰机制。如果供给增长过于乐观而消费不足，那么过剩的产能就通过市场机制来淘汰失败者。如果在生产端没有严重的问题，而在金融市场上对于增长过于乐观，则会出现证券和房地产市场上的泡沫，最终产生的是金融危机。经济的危机和金融的危机既可能有关联，也可能因为两者的联系不强而仅仅主要表现在其中某一方面。

到目前为止，在中国经济危机和金融危机似乎都没有出现如同其他国家那样严重的表现。但是我们不能回避，经济增长持续下滑、投资回报率下降、政府债务率上升等状况本身就预示着风险在累积。表面上危机没有发生，一个非常重要的原因是国家信用支撑。由于国家信用的支撑，在地方政府端，持续存在的债务问题不被认为会导致大面积违约，公共部门即使发不出工资也不会关门。在企业端，特别是国有大型企业，虽然不一定会出现大面积破产和解雇员工的情况，但是可能表现为大量"僵尸企业"存在并维持就业和税收。即便如此，随着经济增长速度持续下滑，就业问题已经出现日益严峻的局面。在金融市场上，银行的坏账也因为"僵尸企业"的大量存在而没有得以充分暴露。社会公众也始终认为，以公有制为主体的银行体系不会出现西方国家市场经济危机时的银行破产。在这个意义上，中国的经济危机以债务和"僵尸企业"的形式予以存在，那种认为中国到目前为止没有出现金融危机和经济危机的论调是不负责任的看法，只能说中国的体制防止了更剧烈的波动。

中央决策层已经看清，中国经济的持续下滑虽然有一些周期性的因素，但是主要是结构性和体制性的问题。即使是相似的宏观现象，中国产生这些问题的原因与其他市场经济并不一样，解决的方案也就不一样。其他市场经济的危机是一种总量上的调整，需要的是总量意义上的货币政策、财政政策和市场监管。而在中国，潜在的危机来源是结构性和体制性的，因此，解决问题的方案来自结构校正和体制改革，需要减少生产要素市场上的扭曲和空间错配问题。党的十八届三中全会以来，中央始终在强调，要让市场成为配置资源的决定性力量，政府需要更好地发挥作用。在金融市场上，要逐步打破刚性兑付的预期；对于"僵尸企业"，应当加快处置；在土地市场上，已经明确建设用地指标的增量要与人口流动方向一致；在人口政策上，全面取消城区常住人口300万以下的城市落户限制，全面放宽城区常住人口300万至500万的大城市落户条件，特大超大城市的积分落户制度也需要加快改革。

笔者认为，从生产要素市场的结构性和体制性问题入手，才是供给侧结构性改革的治本之策。中国的供给侧改革不是西方供给学派所讲的减税那么简单，而是要涉及如何从生产要素的市场化入手，从根本上调整了供给端市场和政府的关系，真正地在生产要素市场上发挥市场在资源配置中的决定性作用。

从更深层次的角度来说，供给侧结构性改革必须伴随国家治理结构的深层次变化。在中央和地方关系的重构方面，核心的问题是如何让地方政府行为能够更加符合整个国家的整体长期利益。这需要打破传统的以短期GDP增长和招商引资为主要指标的官员考核体系，引入居民满意度等综合性指标，并将总量指标调整为人均水平的考核指标，直到逐渐放弃对官员考核体系的追求，将生产型政府转化为服务型政府。同时，需要通过法律和市场两个机制，有效约束地方政府行为。违反法律的政府行为应当被追究责任，违背市场规律的政府项目如果出现亏损，就可以通过市场机制进行破产清算。随着人口流动机制的逐步完善，民众"用脚投票"的行为也将形成针对地方政府违背市场规律的投资行为的约束机制。

关于有效转移支付，我们的理解是，转移支付应当扶持地方具有比较优势的发展项目，同时为当地居民提供均等化的公共服务，而不是支持违背地方发展比较优势的投资项目，更不能为违背经济规律的政府投资项目进行事前的补贴和事后的偿债。同时，要更加珍惜和爱护市场机制中的价格信息以及在公共领域各种发声机制所反映的信息，因为这些是最有效和宝贵的体现人民对美好生活向往的信息。只有充分信任且利用这些信息机制，并将其作为现代国家治理结构的一部分，才能建立更加高效的反应机制，使得决策层能够更有效地以人民对美好生活的向往作为工作的目标。

# 双循环的深意与落实中的关键点

林毅夫 *

"以国内大循环为主体、国内国际双循环相互促进的新发展格局"是我国 2020 年提出的很重要的国家发展定位。关于中国经济发展模式的惯常说法是，要"充分利用国内国际两个市场、两种资源"。不少国内国际学者据此把中国的经济发展模式称为出口导向型。在 2008 年国际金融危机爆发前存在全球贸易不均衡，以及美国与中国发生经贸摩擦时，甚至认为是由于中国推行出口导向经济，才导致全球贸易失衡以及美国对中国贸易逆差的不断扩大。

2020 年中央首次提出我国经济发展模式要以国内大循环为主体，这是一个重大的转变。由于中国现在已经是世界第一大贸易国，中国发展模式的改变将不只影响到中国自身，也将影响到全世界。

## 一、提出双循环的短期原因与深层考虑

个人的看法是，中央这个新论断的提出既有短期原因，也有深层考虑。

2020 年，新冠肺炎疫情在全球大暴发，全球经济遭受巨大冲击，不少学者认为，这次冲击是自 20 世纪 30 年代大萧条以来规模最大的一次。

---

* 北京大学新结构经济学研究院院长。

在这个局面下，国际贸易随之萎缩。中国是出口大国，在产品出口减少的情况下，当然要更多地靠国内消化，这就是国内循环。此外，美国对中国高科技产业的不断打压，比如对华为公司实施断供，也会影响相关企业的出口。这些企业要继续发展，产品就要更多地靠国内市场来消化，在国内循环，这就是中央提出"以国内大循环为主体"新论断的短期原因。

但从我们研究经济学的角度来看，中央提出这一论断更重要的原因在于"以国内大循环为主体"是经济发展基本规律的反映。

虽然有不少学者把中国经济的发展模式称为出口导向型，但事实是出口在我国经济总量中的比重最高的年份（2006 年）也只有 35.4%，略高于 1/3。到 2019 年，这一比重就下降到 17.4%，换言之，2019 年中国经济总量的 82.6% 就已经是在国内消化循环，这意味着我国经济已经是以内循环为主体。

出口在 GDP 中的比重自 2006 年以来不断下降，反映了两个基本经济规律：第一，一国的经济体量越大，内循环的比重就越高；第二，当服务业在整个经济中的比重不断提高，内循环的比重就会越高，因为服务业中的很大一部分不可贸易。

第一，为什么出口占比与经济体量存在正相关的关系？因为现代制造业本身就有很强的规模经济的特征。如果一个小型经济体发展现代制造业，其国内市场容量有限，本土可消化的比重偏小，所以生产出来的产品绝大多数只能出口；反之，如果经济体量大的国家发展现代制造业，国内市场能就地消费的就多，出口比重就低。以新加坡为例，其 2019 年的出口占经济总量的比重高达 104.9%，明显超过其 GDP 总量，原因是国内市场规模太小，同时出口的有些零部件是先从国外进口，成品出口之后可能又会计算一次。我国出口占经济总量比重最高的 2006 年也不过是 35.4%，这个比例就得益于中国是个大经济体。

第二，为什么出口比重与服务业有关？同样是大经济体，美国在2019年的出口占其经济总量的比重只有7.6%，原因在于服务业占美国经济总量的比重达到80%，服务业往往有很大一部分不可贸易。所以一国服务业占经济总量的比重越高，其出口比重也一定越低，而服务业的发展水平与一个国家经济发展、收入水平有关。

从上述两个角度分析，我国的出口比重从2006年的35.4%下降到2019年的17.4%是因为我国这些年经济总量和人均收入水平都得到极大提高，服务业得到良好的发展。2006年我国人均GDP只有2099美元，2019年提高到10098美元；2006年我国经济规模占全世界的比重只有5.3%，服务业在GDP中的占比只有41.8%，到2019年，这两个数字分别上升到16.4%和53.6%。我国经济在世界经济总量中的占比提高了三倍。

展望未来，我国经济还会继续发展，收入水平还会继续提高。随着收入水平的提高，我国经济占世界经济总量的比重会从现在的16.4%增加到18%、20%，再向25%逼近。我国服务业占经济总量的比重会从现在的53.6%逐渐向60%、70%、80%逼近。在这两个因素的叠加之下，我国的出口占经济总量的比重会从现在的17.4%逐渐降到15%、12%、10%。也就是说，国内循环占我国经济总量的比重会从现在的82.6%逐渐向90%逼近。所以，我国经济现在已经是将来更会是以国内循环为主体。

中央现在提出上述论断其实只是澄清了一个事实：中国是一个大经济体，随着我国人均收入水平的提高，服务业在经济总量中的比重会越来越高，国内循环的比重会越来越大。

澄清这个事实很重要。

此前，国内国际都有不少人宣称中国是出口导向型经济。2008年国际金融危机，国外很多人归因于全球贸易不均衡，进而又归因于中国推行了出口导向型经济；国内也有类似说法。这都是因为没有看到中国经济的实际情况。

同时，如果再错误地把中国经济看成出口导向型经济，当中美经贸摩擦或新冠肺炎疫情影响出口时，各界就容易判定中国经济要出问题。现在中央出面澄清我国经济是以国内大循环为主体这一事实，也非常有利于我们认清发展的现实和规律，并增强我们发展的信心。在这种状况下，只要我们能够把国内经济稳定好，不管国际风云如何变幻，基本上都不会改变我们整体发展的格局。

## 二、国际循环跟过去一样重要

明确提出中国经济以国内大循环为主体，是不是意味原先我们关于"充分利用国内国际两个市场、两种资源"的说法就不重要了？笔者认为，国际循环和过去一样重要。

笔者倡导的新结构经济学强调，发展经济要充分考虑各个国家、各个地区的比较优势。具有比较优势的产业要想发展得好，不仅要在国内市场流通，也应该进入国际市场。

中国是一个大经济体，按照购买力平价计算是世界第一大经济体，按市场汇率计算是世界第二大经济体。按市场汇率计算，2019 年中国经济总量仅占世界经济总量的 16.4%，这意味着国际上还有 83.6% 的市场值得我们关注和开拓。所以，中国有比较优势的产业除了充分利用国内市场、国内循环之外，也要充分利用那 83.6% 的国际市场。

按照比较优势发展，也意味着我们在很多产业还不具备比较优势。中国许多自然资源短缺，一些资本、技术很密集的产业与发达国家相比也还不具有比较优势。另外，随着经济发展、工资水平上升，我国过去很有比较优势的劳动密集型产业的比较优势也会不断消失。

在这种状况下，经济发展要降低成本、提高质量，就应该更多地利用国际市场提供的资源。对我国没有比较优势的产业的产品，我们能进口当然要多进口，要利用好包括自然资源、技术资源和劳动力资源在内的国际资源。只有少数关系到国家安全、经济安全的高科技产品，可能会被某些国家"卡脖子"的才作为例外。对于哪些国家可能会卡我们的"脖子"，也要认真分析。欧洲在高科技产业有比较优势，但并没有积极性卡我们"脖子"，中国是全球最大的单一市场，欧洲有积极性将具有比较优势的产品卖给我们。而在这方面卡的积极性相对大的是美国。我国发展很快，体量和影响力越来越逼近美国，为打压中国发展，美国对我国实施技术封锁。然而，美国这样做也会牺牲掉利用我国市场来发展美国经济的机会。

我们还要认识到对那些我国没有比较优势的大多数高科技产品，并非仅仅美国有，欧洲、日本也有。这些国家为自身发展考虑，也乐意把这些产品卖给我们。而只要买得到，而且买比自己生产更合算就要继续买。而对于美国独有的产品，我们要发挥举国优势自力更生，但这是极少数。

所以我们以国内大循环为主体的同时，一定要坚持国内国际双循环的相互促进。

如何落实这个新论断？怎样才能真正循环起来？

第一，用结构性改革挖掘发展潜力，拉长长板，补足短板。笔者认为，要实现以国内大循环为主体，最重要的是必须让国民收入水平越来越高，让经济体量越来越大。在这种情况下，经济体量在世界的占比以及服务业占经济总量的比重会越来越高，随之而来的必然是出口比重下降，国内循环比重增高。怎样让经济体量越来越大？从经济发展的角度来看，需要不断实施技术创新、产业升级。中国在这方面具有两大优势。

传统产业方面，2019年我国人均国内生产总值突破1万美元，但跟美国的6万多美元、德国的4.8万美元、日本的4.2万美元相比，我国的收入水平较低。人均国内生产总值的背后是平均劳动生产水平、产业技术、产品附加值等方面的差距。面对差距，传统产业是成熟产业，我们还有相当大的后来者优势，还能追赶。为了实现技术价值，那些有技术的国家也会乐意把设备卖给中国。所以，我国仍具有通过引进技术实现技术创新、产业升级的后来者优势。2010 年我国人均国内生产总值按照购买力平价计算是美国的 19.2%，仅相当于日本在 1953 年、新加坡在 1970 年、中国台湾在 1971 年、韩国在 1980 年相对于美国的比例水平。利用这种后来者优势，20 年里，日本实现了每年 9.3% 的增长，新加坡实现了每年 8.4% 的增长，中国台湾实现了每年 8.9% 的增长，韩国实现了每年 8.4% 的增长。这意味着，到 2030 年，我们还有 8% 的增长潜力。

新产业方面，我国拥有前述东亚经济体在追赶阶段所没有的新经济革命的换道超车优势。新经济革命的新型产业中，我们跟发达国家在很多方面有条件齐头并进。新经济有的涉及软件，如互联网、人工智能；有的涉及硬件，如大疆的无人机、华为的手机。新经济有一个特点，即研发周期短，投入以人力资本为主。我国是人口大国，人力资本多。这些新的产业如果属于软件方面，我们国内有最大的应用场景；如果属于硬件方面，我们国内有全世界最大最齐全的产业部门和最好的供应链。所以，中国在新经济革命上具有比较优势。

一个最好的指标是所谓的"独角兽"。"独角兽"指的是创业不到 10 年还未上市，市场估值已超过 10 亿美元的企业。根据胡润研究院发布的全球独角兽榜，2019 年全球 494 家独角兽企业中就有中国的 206 家，美国有 203 家。2020 年全球独角兽企业有 586 家，中国有 227 家，美国有 233 家。这意味着中国在新经济方面具有和发达国家直接竞争的优势。

在供给侧方面，可以利用我们的优势拉长长板、补足短板。当然，一方面必须靠有效的市场来配置资源、提供激励，另一方面要靠有为的政府来克服产业发展方面的一些市场失灵。

第二，要深化改革，打通国内循环中的一些堵点。中国改革是渐进、双轨的，各方面改革的速度不一样，现在产品市场基本放开，但要素市场还存在很多结构性的障碍或堵点。

在金融市场方面，实体经济中的农户和民营的中小微型企业，其税收占全国 50% 以上，GDP 占 60% 以上，城镇劳动就业占 80% 以上，但是，其金融需求在国内以大银行、股票市场、金融债券、风险资本等为主的金融体系中得不到满足。金融要实现服务实体经济的功能，在改革中就需要补上为农户和中小微企业提供金融服务的短板。

在劳动力市场方面，要推动户籍制度改革，以利于人才流动。要解决高房价问题，让房价回归"房子是用来住的，不是用来炒的"定位。

在土地市场方面，最大的堵点是怎样落实农村集体土地入市的问题，增加土地供给，包括工业用地、商业用地和住房用地。政策已经有了，就看具体怎么推行。

在产权方面，要落实"两个毫不动摇"：毫不动摇巩固和发展公有制经济，毫不动摇鼓励、支持、引导非公有制经济发展。要让民营企业在市场上不受因为产权安排的不同而形成的准入或运行方面的障碍。

第三，需要扩大开放，更好地利用国际资源。在扩大开放方面，过去我们的开放也是双轨制的，有比较优势的产业开放，没有比较优势的产业不开放，现在需要扩大开放来更充分地利用国际资源。

国内要做的是，一方面是要降低关税，另一方面是要缩小负面清单的范围，让外国投资能够更好地进入中国。在这方面先要扩大自贸区的范围，在自贸区试点成功的政策要向全国推行。这样我们可以充分利用外国资源，包括技术资源和金融资源。

在国际上，中国应该更积极地推动世贸组织的改革，参加一些区域性的经济合作协定。目前，RCEP（区域全面经济伙伴关系协定）已经签署，中欧投资协定也已经达成，同时我国已经表示有意愿加入 CPTPP

（全面与进步跨太平洋伙伴关系协定）。区域性贸易协定让我们能够更好地利用国际资源和国际市场。

同时中国的开放还有一个好处，国际上其他国家也能更好地利用中国的市场和资源。中国作为世界上发展最快的市场，能够给世界上其他国家提供发展的机遇，如此，这些国家就不会轻易加入美国封锁中国的行动中。如果美国想孤立中国，被孤立的反而会是美国自己。所以，进一步扩大开放也有利于化解我国目前遭遇的不利国际局面。

总体来讲，面对百年未有之大变局，我们要保持定力，认清形势，做好自己的事。继续深化改革，扩大开放，充分利用我们的发展潜力。那么，不管国际上有多大的不确定性，中国都可以保持稳定和发展，实现到2035年把中国建设成社会主义现代化国家，到21世纪中叶把中国建设成富强民主文明和谐美丽的社会主义现代化强国的目标。中国的发展不仅有利于中国，还有利于世界。

# 构建"双循环"新格局的六大内外支柱

张　明*

　　2020年习近平总书记提出了构建以国内大循环为主体、国内国际双循环相互促进的新发展格局。构建"双循环"新发展格局有望成为贯穿未来10年中国结构性改革的逻辑主线，也将成为"十四五""十五五"规划时期的战略重点。目前，国内对"双循环"新发展格局讨论很多，成果斐然，但同时也存在一些错误理解。比如有观点认为，以国内大循环为主体，意味着对外开放变得不再重要，甚至意味着中国可以仅凭国内需求搞封闭式发展。为了澄清这些错误认识，必须进一步加强对"双循环"新发展格局的学术与政策讨论。在这里，笔者先简要分析"双循环"新发展格局提出的历史渊源与现实背景，然后重点论述构建"双循环"新发展格局的内外支柱。

## 一、"双循环"新发展格局的历史渊源与现实背景

　　从历史渊源来看，"双循环"新发展格局承接的是20世纪80年代末期以来的"国际大循环"发展理念。后者的提出者是国家发改委的王建研究员。国际大循环发展理念的主要内容包括：充分利用廉价劳动力优势发展劳动密集型行业；大力引进外资；发展"两头在外"的行业等。该理念的

---

* 中国社科院世界经济与政治研究所国际投资研究室主任、研究员。

核心就是通过国际大循环带动国内大循环，实现以外促内的目标。

国际大循环的发展理念在中国的运用非常成功，尤其是在 2001 年加入 WTO 后，中国将自身的比较优势发挥得淋漓尽致，迅速成为全球的制造工厂，在全球生产链上扮演着极其重要的中枢节点地位。

然而，在 2008 年国际金融危机爆发之后，发生了两大变化。一个变化是国际的，另一个变化是国内的。这两大变化使得我们不得不将发展理念从国际大循环转为双循环。

从国际来看，2008 年国际金融危机爆发之后，全球经济增速不升反降，这一现象被美国经济学家萨默斯概括为"长期性停滞"（Secular Stagnation）。

在笔者看来，全球经济陷入长期性停滞的原因，一方面与全球技术进步的速度放缓有关，另一方面则与全球范围内收入和财产分配状况不断恶化有关。全球经济长期低增长，导致民粹主义、孤立主义、单边主义与保守主义盛行，全球经贸摩擦加大。实际上，在 2008 —2019 年这 11 年，全球贸易年均增速略低于全球经济年均增速，这与 2008 年之前的 20 年间全球贸易年均增速是全球经济年均增速的 2 倍形成了鲜明的对比。2018 年 3 月美国挑起中美经贸摩擦，这进一步压低了全球贸易增速。

换言之，全球需求疲软和国际经贸摩擦加大，使得中国很难继续依赖外需去带动国内经济增长。

从国内来看，中国经济在经历了长达 40 年的高速增长之后，自身体量迅速扩大，再靠外需带动庞大的国内经济增长。中国外贸依存度（进出口总额占 GDP 的比重）在 2006 年一度达到 65% 的历史性峰值，而目前已经下降至 32% 左右。从"三驾马车"对经济增长的贡献来看，在 20 世纪八九十年代，净出口对中国经济增长的贡献在高的时候能够达到 4 个百分点，而自 2008 年国际金融危机至今，净出口对经济增长贡献的均值为负。

综上所述，"双循环"新发展格局的提出，既是为了应对外部环境的挑战与复杂性加剧的不得已选择，又是国内经济发展壮大而必须要做的选择。

## 二、构建以国内大循环为主体新发展格局的三大支柱

那么，怎么构建"双循环"新发展格局呢？可以分两个层次来讨论：第一个层次是如何构建以国内大循环为主体的新发展格局；第二个层次是如何构建国内国际双循环相互促进的新发展格局。

如何构建以国内大循环为主体的新发展格局呢？笔者认为，需要三大支柱的支撑：一是消费扩大与消费升级，二是产业结构升级和技术创新，三是要素自由流动与区域一体化。

### （一）消费扩大与消费升级

要形成以国内大循环为主体的发展格局，消费扩大（指消费规模的扩大）和消费升级（指消费水平的上升）都非常重要，这需要我们同时从供给层面和需求层面来进行变革。

从供给层面而言，要促进消费升级，就要向中国居民提供更高质量、更多类型的消费品，包括制造品和服务品，因此，要大力发展先进制造业和现代服务业。

从需求层面而言，要促进消费扩大与消费升级，就必须持续提高居民部门收入。笔者认为，要在不加剧政府债务或通货膨胀的前提下持续提高居民部门收入，至少需要做好以下5方面工作。

一是在国民收入初次分配领域，通过特定举措让国民收入分配更多地向居民倾斜。目前居民收入占国民收入的比重，与改革开放初期相比有很明显的下降，尽管中国政府一直在通过再分配政策进行调整，但是调整后的居民收入占比依然显著偏低。因此应通过一系列措施的实施，在国民收入初次分配领域让资源更多地从政府部门和企业部门流向居民

部门。这一方面意味着应该降低居民的整体税负水平，另一方面也意味着国有企业应该将更高比例的税后红利上缴给社保体系。

二是加大收入再分配政策力度，以有效缓解居民部门收入分配失衡。自 2008 年国际金融危机爆发以来，中国社会零售品消费增速呈现出波动中下行的趋势，与此相伴随的是城乡居民可支配收入增速的下降。后者的下降固然与中国经济增速下行有关，但也与收入分配差距持续扩大有关。要持续扩大居民消费，必然要扩大中低收入群体的收入，因为中低收入群体的边际消费倾向更高。但不能让所有群体在同时都显著扩大收入，因为这样做要么会导致政府债务上升，要么会导致通货膨胀加剧。这就意味着必须加大再分配政策的力度，如征收各种类型的财产税。在发达国家，遗产税、房地产与资本利得税都是比较典型的用于调整收入分配状况的财产性税收。目前，我国居民的税负主要以基于当期收入的所得税为主，而个人所得税具有典型的"累退"特征，即居民收入越高，越有办法规避个人所得税，实际上承担的税负越低。在未来，政府引入基于财产的、具有典型"累进"特征的财产性税收，将会是大势所趋。

三是努力构建"房住不炒""因城施策"的房地产调控长效机制。相关研究发现，2015 年是一个分水岭。在 2015 年以前，居民购房总体上是挤入消费的；而在 2015 年之后，居民购房总体上是挤出消费的。要避免房地产畸形繁荣对消费增长的挤压，当前的房地产调控政策必然会长期持续。当然，最好的调控方法是市场化举措，如在房价上涨较快的城市显著增加土地与房产供给等。但是，如果其他约束条件导致市场化举措难以推进的话，当前以限购限贷政策为核心的行政管控措施也不能贸然放松。中国的房地产调控措施已经发生根本性转向，未来不会再度依赖刺激房地产来稳定经济增长，中国将会致力于构建更可持续的房地产调控长效机制。

四是加快取消户籍制度、推进公共服务均等化、推进农地流转，最终显著扩大农民群体的消费。2020 年 5 月，李克强总理在十三届全国人大三次会议闭幕会后的记者会上指出，当前中国有 6 亿人月均收入低于 1000 元。北京师范大学教授李实团队的研究指出，当前中国有 9 亿人月均收入低于 2000 元。上述低收入群体大多数分布在农村。如果农村居民的收入不能持续增长，那么全国范围内的消费扩大就是一句空话。例如，陈斌开与陆铭的一篇论文指出，在控制了其他因素之后，一旦给农民工所工作城市的户口，农民工的人均消费就会上升 40% 左右。又如，制约农民工消费的一大掣肘因素，是农民工家庭在城市不能享受到与城市家庭平等的公共服务（如教育、医疗、养老等）。再如，财产性收入的匮乏是农民工收入增速缓慢与消费倾向偏低的重要原因。因此，取消户籍制度、推进公共服务均等化、推进农地流转，能够对症下药地解决上述问题，最终促进农民群体的消费。

五是让民营企业发展壮大。民营企业对中国经济的贡献有"五六七八九"的说法，即民营企业贡献了税收的 50% 以上、国内生产总值的 60% 以上、技术创新成果的 70% 以上、城镇劳动就业的 80% 以上和企业数量的 90% 以上。如果民营企业不能发展壮大，大多数老百姓的收入增长就难以为继，持续的消费扩大与消费升级也就无从谈起。为此，一方面，应该对国有企业和民营企业一视同仁，向民营企业开放更多过去被国有企业控制的行业；另一方面，应该通过金融发展与金融创新，改变民营企业融资难、融资贵的状况。此外，政府也必须坚定不移地加大对各类合法产权的保护力度。

## （二）产业结构升级和技术创新

以内循环为主体，并不代表外循环不重要，现在我们希望的是"以内促外"。因此，保障中国在国际产业链的核心地位至关重要。但是，其中有些因素是不以我们的意志为转移的。比如，新冠肺炎疫情暴发后，一些发达国家发现自身在产业链上过度依赖中国，这会使得它们在特定情况下变得比较脆弱，因此要寻找可以替代中国的其他核心节点。又如，新冠肺炎疫情的冲击让一些国家发现，全球产业链太长容易遭受冲击、脆弱性太强，它们就会选择适当缩短产业链，实现产业链的本地化和区域化。

考虑到未来5年至10年内全球产业链可能变得更加本地化与区域化，中国应该更加重视跟周边国家的合作。笔者认为，在未来10年，经略好东盟和"一带一路"对中国而言至关重要。为什么东盟对中国很重要呢？举个例子，在中美经贸摩擦加剧后，中国有很多出口事实上是借道东盟来进行的。东盟国家加起来人口超过10亿人，经济总量也很大，总体而言在发展程度上要比中国低一个层次。因此，东盟是中国天然的贸易伙伴与产业链合作对象。但是，到东盟去仔细调查就会发现，日本已经在东盟深耕了数十年。未来在经略东盟方面，中国将会面临着与日本的竞争。

不过，要推动国内产业结构升级，除了依赖国内技术自主创新，中国依然要寻求与发达国家之间的合作。当前，美国的确加大了对中国在高新技术出口方面的审查力度，但"东方不亮西方亮"，中国可以寻求与欧盟国家、英国、日本、韩国、新加坡等发达国家的合作，力求通过与发达国家企业的合作来提升自己的技术实力与产业水平。

要进一步激发国内技术自主创新，就必须强化相关激励机制，包括加强对知识产权的保护、促进教育理念的转变（鼓励独立性、原创性、批判性思考的"创新思维"）等。

## （三）要素自由流动与区域一体化

创建国内大循环的第三大支柱，是以要素自由流动为抓手，推进要素流动与要素聚集，借此来推动新一轮区域一体化，带动相关都市圈与城市群的发展。基于区域一体化的都市圈与城市群建设，有望成为未来10年中国经济最重要的增长极之一。

2020 年 4 月，党中央、国务院出台了一份非常重要的改革文件——《中共中央 国务院关于构建更加完善的要素市场化配置体制机制的意见》，其核心是鼓励要素的市场化定价和自由流动。如果要大力推进要素自由流动的话，就必然会出现新一轮要素聚集与区域一体化。

笔者认为，有 5 个增长极在未来 10 年对中国至关重要。一是粤港澳大湾区，这里的最大特点是市场经济氛围浓厚，金融和创新两方面都很强，有望成为中国的"硅谷"；二是长三角，长三角的特点是区域一体化程度最高，国有企业和民营企业发展相对均衡；三是京津冀，迄今为止京津冀的最大问题在于河北的发展显著落后于北京与天津，但京津冀的特色在于总部经济，科技创新能力很强，而且是资源分配的中心；四是中三角（武汉、郑州、合肥），这里是高铁时代最大的获益者，处在 4 个其他区域的中间，必然成为物流的核心地带和生产链的重要中间环节；五是西三角（成都、重庆、西安），相对而言这里教育科研比较发达，且人力资本的成本较低，能够很好地承接从东部转移来的产业。

必须指出的是，加快区域一体化看起来很美好，但也是有成本的。这必然会导致区域间发展差距的再次拉大。现在我们面临一个两难选择：是要阻止要素进一步聚集，阻止超大城市的形成，人为地拉平各地发展水平呢，还是要放开要素流动的束缚，让要素自由聚集，让超大城市继续变大，造成一种差序发展格局，再通过转移支付让先进者帮助后进者呢？当前，中国就面临着这样的两难选择，这个选择的走向迄今为止还不是非常明朗。《中共中央 国务院关于构建更加完善的要素市场化配置体制机制的意见》的出台，表明我们向后者迈了一大步，我们对发展前景拭目以待。

## 三、构建内外循环相互促进新发展格局的三大支柱

如何构建内外循环相互促进的新发展格局呢？笔者认为，构建内外互

促的发展格局，也需要三大支柱的支撑：一是在贸易层面通过构建"双雁阵模式"来强化中国在全球产业链的地位，二是在金融层面以新的思路推动人民币国际化，三是在开放层面以风险可控的方式推动更高水平的开放。

## （一）贸易层面通过构建"双雁阵模式"来强化中国的全球产业链的地位

在贸易层面，应该通过构筑国际、国内两个雁阵模式来强化中国在全球产业链的核心地位。新雁阵模式的形式，跟全球产业链在新冠肺炎疫情后的重塑有很大关系。

国际版雁阵模式是以东亚产业链为核心，头雁是中日韩，第二雁阵是东盟国家和"一带一路"沿线相对而言发展水平较高的国家，第三雁阵则是东盟和"一带一路"沿线相对发展水平较低的国家，它们之间可以形成国际版雁阵模式。

国内版雁阵模式就是以粤港澳大湾区、长三角、京津冀为龙头，中三角、西三角为第二雁阵，全国其他区域为第三雁阵。国内版雁阵模式的构建有助于更好地实现以南促北、以东促西。如果我们沿着瑷珲—腾冲线一画，国内雁阵全在东边，西边没有一个。沿着中国地理中轴线一画，西边只有西三角。从中可以看出中国经济发展的巨大区域不平衡，这既是问题，也是潜力。

## （二）金融层面以新的思路推动人民币国际化

在金融层面，要推动新一轮人民币国际化。人民币国际化在 2010—2015 年上半年期间进展迅速，在 2015 年下半年至 2018 年期间发展陷入停滞。在 2018 年之前，中国在用"三位一体"策略促进人民币一体化，也即鼓励跨境贸易和直接投资的本币结算、发展香港为代表的离岸人民币金融中心，中国央行和其他国家央行签署了很多双边本币互换协议。在上述模式下，表面上人民币国际化发展得很快，但背后有很多跨境套利和套汇的因素。因此随着人民币由升值预期转为贬值预期以及境内外利差大幅收窄，人民币国际化的发展速度必然会放缓。

从 2018 年起，我国推进人民币国际化的策略似乎已经发生了转变，笔者将其概括为新的"三位一体"，即大力发展以上海人民币计价石油期货交易为代表的人民币计价功能，向外国机构投资者加快开放本国金融市场，以及在"一带一路"沿线和周边国家培养关于人民币的真实需求。

在新"三位一体"策略推动下，人民币国际化的发展速度可能会更慢一些，但可持续性会显著提升。贸易层面的支柱和金融层面的支柱可以相互匹配，即让国际版雁阵模式的构建和人民币国际化相辅相成、相得益彰。

### （三）开放层面以风险可控的方式推动更高水平的开放

最近几年，中国对外开放的速度明显加快。例如，迄今为止我们已经有 21 个自贸区和 1 个自贸港。但实际上，目前除了上海自贸区，其他自贸区在核心竞争力与发展特色方面乏善可陈，还没有看到结合自己资源禀赋的、富有特色的开放案例。就连上海自贸区的发展，在一定程度上仍然受到跨境金融套利的驱动。又如，海南自贸港的蓝图看起来很美，但目前海南一是缺乏好机制，二是缺乏好企业，三是缺乏市场化运作新思维，要实现快速发展谈何容易？因此，在开放领域的重点工作之一，就是要尽快把自贸区、自贸港做实，做到各有特色的多元化开放格局，而不是再来一次低水平重复竞争。中国可以考虑在不同的自贸区分别推进不同种类的政策创新与开放试验。

近几年来，中国金融市场的对外开放步伐也很大。2019 年 9 月，国家外汇管理局取消了 QFII 和 RQFII 投资额度限制，中国将出现更多的外资独资商业银行、信托公司、资管公司等各种类型的金融机构。中国金融机构未来会越来越多地面临外资金融机构的竞争。

加快开放无疑是正确的，但我们应该注意到，很多新兴市场国家快速发展的路径被打断，都是因为系统性金融危机的爆发。因此，在加快金融开放的同时，一定要注意风险防范。例如，在金融市场向外国机构投资者加快开放、金融机构股权比例向外国投资者加快开放的同时，中国在资本账户开放方面应该格外审慎。资本账户管理是中国经济防范系统性金融危机爆发的最后一道"防火墙"。我们千万不要在当前错综复杂的国内外环境下，基于一些主观上过于乐观的理由，轻易地把"防火墙"给拆了。

# 重塑中国经济内外循环的新逻辑

刘志彪 *

对于当前经济形势，习近平总书记从内外两个维度进行了分析。他指出：我国经济正处在转变发展方式、优化经济结构、转换增长动力的攻关期，经济发展前景向好，但也面临着结构性、体制性、周期性问题相互交织所带来的困难和挑战，加上新冠肺炎疫情冲击，目前我国经济运行面临较大压力。我们还要面对世界经济深度衰退、国际贸易和投资大幅萎缩、国际金融市场动荡、国际交往受限、经济全球化遭遇逆流、一些国家保护主义和单边主义盛行、地缘政治风险上升等不利局面，必须在一个更加不稳定不确定的世界中谋求我国发展。[1] 总体上来看，现在这两个维度的内部和彼此之间相互制约，存在着许多影响经济走势的堵点和障碍。

对于如何破解这两个维度的困局，习近平总书记给出的答案是：我国经济潜力足、韧性强、回旋空间大、政策工具多的基本特点没有变。面向未来，我们要把满足国内需求作为发展的出发点和落脚点，加快构建完整的内需体系，大力推进科技创新及其他方面创新，加快推进数字经济、智能制造、生命健康、新材料等战略性新兴产业，形成更多新的

* 国家高端智库建设培育单位长江产业经济研究院院长，南京大学经济学院教授，教育部长江学者特聘教授。

[1] 《习近平在看望参加政协会议的经济界委员时强调：坚持用全面辩证长远眼光分析经济形势 努力在危机中育新机于变局中开新局》，《人民日报》2020 年 5 月 24 日。

增长点、增长极，着力打通生产、分配、流通、消费各个环节，逐步形成以国内大循环为主体、国内国际双循环相互促进的新发展格局，培育新形势下我国参与国际合作和竞争新优势。这一关于国内经济与国际经济双循环体系构建的思想，确立了新形势下重塑中国经济内外循环关系的新逻辑，其核心在于要把各种影响经济运行的主要因素联动起来进行系统化考虑，及时地把低成本竞争优势转化为以内需为主的竞争优势，以此带动中国参与新的国际经济循环。

关于国内经济与国际经济双循环体系构建的思想，现在理论界对其内涵和意义的认识并不十分清晰，一些人还误以为要回归内向化经济，认为这是一种经济体系走向独立和封闭的信号。笔者认为，它其实是新形势和新环境下中国经济的另一种开放方式或模式，据此可以对中国经济发展战略进行重大调整和修正。因此本文试图运用过去研究中提出的"基于内需的经济全球化"这个概念，以此理顺新时代中国经济内外循环关系的新逻辑。毫无疑问，进一步加大对内开放力度将是实施这一战略调整的基本路径和措施。

## 一、新环境下需要新发展格局和新战略转向

我国 1988 年提出参与国际经济大循环。虽然从 1992 年开始我国一些沿海地区开始实施出口导向型经济战略，但实质性地融入经济全球化的进程，则是从 2001 年正式加入 WTO 开始。过去中国开放发展战略的基本特征是基于低成本优势利用西方市场进行出口导向参与国际经济大循环。具体来看，有几个明显的特点：

第一，它利用的是别国成熟的市场而不是自己的市场。因发展水平和发展程度比较低，收入和消费水平比较低，以及国内市场规模和发育水平比较低，国内市场还无法承担支持现代经济成长的功能和重任。

第二，它利用的是本国生产要素相对廉价的比较优势，而不是技术

知识的竞争优势，仅仅把本国作为加工制造生产装配的平台，并不承担研发设计、营销网络等非实体性高端活动。

第三，它侧重的是"两头在外"的循环，而不是基于国内循环为主体的国内国际双循环。原材料和产成品的市场都在外，国内作为出口加工的"飞地经济"，而不是以国内经济循环为主带动国际经济循环，因此出口活动与本国的自主创新活动、新兴产业发展等之间缺乏逻辑的、必然的联系。

作为一个发展中的大国，我国在发展的初始阶段采取上述发展战略、模式和机制，是完全符合当时的历史条件、国内外环境和比较优势的，实践证明这种开放战略也取得了巨大的成功。但是，现在随着我国经济发展水平的迅速提升，我国的比较优势已经发生了重大的改变，过去开放战略的基本条件和环境已经发生了根本性的变化。

比如，我们自己的市场规模已经非常庞大，100万亿元的总需求，而且是全球成长最迅速的市场，因此发展必须更多地利用自己的市场去消化庞大的产能。同时，在西方日益高涨的逆全球化趋势下，西方国家也不可能再为这种庞大的经济体提供市场，不会允许中国巨大的产能与自己的产业进行竞争。

又如，随着发展水平的提升，中国国内的要素成本上升不可避免，尤其是劳动力和环境的成本上升迅速，由此决定的动态比较优势也在发生变化。如果不能走上创新驱动、劳动生产率上升的内涵发展新路，继续走"拼资源、拼消耗、拼投资"的粗放型发展老路，势必是不可持续的。

再如，发展战略过度重视对外循环，忽视内部循环，对于本来就处于结构非均衡的发展中大国来说，也会进一步加剧国内发展的产业结构失衡和空间配置失衡，导致产业升级障碍和严重的区域矛盾，并影响发展的韧劲和后劲。

新时代中国新的高水平开放战略，必须考虑我们自己的竞争优势已经从低成本转向以内需为主，巨大的内需才是我们可以运用的战略资源，是未来参与国际经济循环的战略工具和手段，也是我们的绝对优势。

其涉及三个战略维度的根本性转变：一是实现市场利用重心的转换，把依靠外需的经济全球化，转化为依靠内需的经济全球化，从而不仅避开国际经贸摩擦，而且为世界发展提供中国机会和中国市场。二是实现要素利用上重心的切换，把依靠低价要素投入的粗放发展，转化为依靠创新的转型升级发展，从而不仅避开与广大发展中国家的低价争夺，而且为世界市场打开新的需求，创造新的机会，避免处于"夹在中间"的窘境。三是进行经济循环方式的切换，把"两头在外、两种资源、两个市场、大进大出"的以国际经济循环为主的发展格局，逐步转化为以国内大循环为主体的新发展格局。

因此，新时代新的高水平开放战略，应该是把过去的"基于出口导向的经济全球化"战略转换为"基于内需的经济全球化"战略。这一战略的核心要义，是用国家的超大规模市场的磁场效应，吸引全球先进要素来本国进行创新创业，并依托于内需创造的规模经济和产品差异化，形成推动出口的强大的内在力量。显然，两种经济全球化存在巨大的差异。

第一，实施战略的出发点完全不同。一个是在内需狭小的前提下，为了促进快速增长而必须利用别人的市场进行出口；另一个是在持续增长40多年的基础上，为了充分利用超大规模内需优势促进国内外均衡增长和进一步满足人民对美好生活的需要。

第二，实施战略的比较优势完全不同。一个是基于生产要素廉价的比较优势，因此专注于劳动密集型产业的国家代工生产；另一个是基于大规模市场的比较优势，今后甚至可能成为中国经济的绝对优势。因此，未来可以形成基于规模经济和产品差异化的广泛、多样的优势产业门类。

第三，战略实施的路径完全不同。一个是只要求企业嵌入全球价值链，服从来自跨国企业的治理命令和规则，接受其外包订单；另一个则要复杂得多。首先要求企业加入或形成国内价值链，且在此基础上形成全球创新链，即国内巨型企业或本土跨国公司成为价值链高端的治理者，并根据市场需求自主研发设计，向国内外企业进行发包，将产出向全球销售，这时它的产业链是自主可控的。

第四，战略实施方法完全不同。一个是引进外资、购买原材料机器设备进行加工生产，然后依据外包订单进行出口。另一个内容广泛，包括"走出去"，即通过海外设厂或者海外并购等多种方式，以资本的控制力为突破口，有效提升对全球经济要素的整合和掌控能力；利用国内市场的巨大吸引力和规模效应的支持，发展逆向外包，吸收国外高级要素为己所用；建设各种内需平台，如以事业平台吸引海外高科技人员来促进我国产业创新发展等。

需要说明的是，中央提出的"以国内大循环为主体、国内国际双循环相互促进的新发展格局"，与上述关于"基于内需的经济全球化"的研究，可以说是一个问题的两种不同的表述。其主要区分在于：前者是从循环关系入手，定义了以内需为主的新的全球化形式；后者则是从利用谁的市场入手，界定了形成中国参与新的经济全球化的方法和路径。

## 二、基于内需的经济全球化：双循环发展格局的内在联系

针对国内国际新的变化的环境，习近平总书记提出：我们要把满足国内需求作为发展的出发点和落脚点，加快构建完整的内需体系，大力推进科技创新及其他各方面创新，加快推进数字经济、智能制造、生命健康、新材料等战略性新兴产业，形成更多新的增长点、增长极，着力

打通生产、分配、流通、消费各个环节。① 这个论述给出了基于内需的经济全球化战略的内在逻辑联系，指出了如何以国内大循环为主体构建双循环发展格局的具体路径。

从学理性来看，所谓国内大循环，就是指再生产活动的每一个环节，即投资、生产、分配、流通、消费这种有机过程的周而复始所形成的循环，都是以满足国内需求作为出发点，同时也以此作为落脚点。显然，这种大循环格局是以内需而不是以外需为基础的。这与过去的外向型经济循环即"两头在外，大进大出"有本质的不同，后者是原料、设备进口、产品出口，国内提供的只是产能。

在扩大内需的前提和基础下，构建以国内大循环为主体、国内国际双循环相互促进的新发展格局。其内在的逻辑联系大致是：扩大内需—虹吸全球资源—形成以新兴产业为主导的现代产业链—以基础产业高级化、产业链现代化为目标；构建国内经济为主体的大循环格局，促进形成国内国际双循环相互促进的新发展格局。这样一种重塑中国经济循环的内在逻辑，可以从以下几个方面解释。

其一，通过制度改革扩大内需。不断扩大内需是该战略的起点和基础。扩大内需既是一个总量增加的问题，也是一个结构改进的过程。前者与刺激生产性增加和生产率提高有关，这是扩大内需的决定性因素；后者与分蛋糕有关，如何分配好将影响甚至决定后期的蛋糕生产。在一个收入和财富分配扭曲的社会结构中，由于高收入者的消费边际倾向很低，而低收入者又没钱消费，那么即使这个社会财富和收入都很高，也达不到扩大内需的作用。实践证明，形成中等收入群体占据绝对优势的收入分配结构，是一种最有利于扩大内需的制度结构安排，也是最优的社会结构。

---

① 《习近平在看望参加政协会议的经济界委员时强调：坚持用全面辩证长远眼光分析经济形势 努力在危机中育新机于变局中开新局》，《人民日报》2020 年 5 月 24 日。

其二，在扩大内需的基础上，利用内需虹吸全球科技创新资源。内需为什么可以成为吸收全球先进生产要素的重要力量？这是因为内需会为全球先进要素创造巨大的发展机会。在当今世界，并不是发展程度低的经济体才有投资的机会，恰恰相反，只有内需大的发达国家才有真正的投资机会，只有后者才能为资本和人才创造安全的盈利机遇。为此，一是可以通过建造各种城市化平台，利用内需提供的市场和事业发展机遇，广泛吸收全球人才和技术；二是可以利用内需优势发展对全球供应商的外包，在国际外包中利用全球智力资源；三是可以依托内需走出去，参股联合或者并购外国企业，吸收当地知识技术人士就业，利用其智慧为开拓国内国际市场服务。

其三，利用内需诱导科技创新和产业创新，科技政策和产业政策要顺势激励形成以战略性新兴产业为主导的现代产业链。过去在外需主导的全球化下，国内产业链的基础是脆弱的，企业往往只做国外研发设计好的订单，进行简单加工制造出口，当然无法形成具有自主可控能力的现代产业基础和产业链。自主品牌、自有知识产权的自主创新，只有在内需的主导下才有可能完成。因此在基于内需的经济全球化发展模式下，我国的产业政策和科技政策要利用好庞大的内需，顺势激励形成以战略性新兴产业为主导的现代产业链。这次新冠肺炎疫情在全球蔓延，虽然给全球带来了巨大的生命和财产损失，但是也给经济活动从物理世界走向数字世界提供了重大机遇。

为此，产业政策和科技政策要重点放在补链、强链上。一是用数字化改造传统产业链。对电子、机械、化工产业等进行大规模的信息化改造，既可以提高自动化水平，降低消耗和保证安全生产，又可以为信息化提供巨大的需求支持。二是加速机器换人促进产业链升级。机器劳动代替人类劳动正在进入重要的时间拐点。机器换人可以降低服务业人员密切接触的频率，减轻各企业单位劳动用工的压力，提升劳动生产率和改进产品质量，推动质量变革、效率变革和动力变革。三是鼓励培育和引进各种数字服务提供商，通过其对产业链上下游的拉动或推动，争取在人工智能、物联网、云计算、大数据、网络安全、集成电路等领域形成具有国际竞争力的产业链和生态环境。

其四，以基础产业高级化、产业链现代化为目标，构建国内经济为主体的大循环格局。长期以来，中国经济运行面临的突出矛盾和问题，根源在重大结构性失衡导致经济循环不畅。这表现为实体经济内部供给和需求之间的失衡，以及普遍的一般性产能过剩和高端产能的不足的失衡。而基础产业高级化程度的不足，特别是生产环节、关键技术、重要产品的瓶颈，是高端产能不足的直接原因和结果。产业链过于依赖国际经济循环，过于强调嵌入全球价值链低端进行国际代工，也是形成巨大低端产能的重要原因之一。

因此，要立足于国内市场，以基础产业高级化、产业链现代化为目标。一是发挥新型举国体制的优势，突破"卡脖子"的关键生产环节和关键技术，构建强大的产业技术链。二是推进产业组织现代化进程，尤其是要形成产学研政、大中小企业之间的联合，引导技术经济关系密切的上下游企业通过兼并收购等重组形式进行联合，构建强大的企业链或供求链。三是从形成现代产业链的治理结构出发，重点重塑产业链"链主"，培育产业链上的"隐形冠军"，构建合理分配资源和财富的产业价值链。四是建设国内经济循环关系，尤其是沿海与内地、东北地区、京津冀、长三角、粤港澳、成渝地区等内部以及相互间的循环关系，构建紧密的产业空间链。

其五，形成国内国际双循环相互促进的新发展格局。在出口导向型经济全球化战略下，嵌入全球价值链的国内企业似乎也形成了国内国际双循环，但实质上仍是以国际经济为主体的大循环。与此不同的是，在基于内需的经济全球化战略下，发展的侧重点和重心不是全球价值链，而是建立和完善国内价值链的循环；是以国内循环为主体带动国内企业参与国际经济循环，以国内经济循环来促进国际经济循环。这样中国作为发展中的大国经济体就摆脱了对发达国家市场的依赖和控制。但需要强调，这不是与世界经济脱钩，而是为世界经济发展提供中国的市场需求，为全球经济增量提供中国机遇，而且在这个过程中利用全球的资源发展创新经济，增强自身的竞争能力。

## 三、对内开放：基于内需的经济全球化战略的关键因素

实施基于内需的经济全球化战略，形成双循环相互促进的新发展格局，关键的问题还在于开放，既要对外开放，更要对内开放。关于全球疫情后中国的进一步开放问题，习近平总书记提出，我们要站在历史正确的一边，坚定不移推动经济全球化朝着开放、包容、普惠、平衡、共赢的方向发展。为了推动开放发展，目前中国的开放战略的思路面临着重大的转换，即从过去强调对外开放转向对外开放与对内开放共同促进、共同发展，既要以对外开放倒逼对内开放，更要以对内开放促进和提升对外开放的水平和层次。现在对内开放的紧迫性和重要性在一定程度上已经高于对外开放，进一步对内开放已经成为深化对外开放的基础和前提。

这里说的对内开放是相对于对外开放而言的，它是我们过去研究得还不够的一个重要范畴。这里内与外划分的基本标准，主要是主体即国民的属性。对本国国民开放，张开、释放、解除限制等，就是对内开放；而对外国国民的开放，就是对外开放。过去我们在开放战略和开放的艺术上，一直是利用对外开放来倒逼对内开放，在这个方面我们取得了世界瞩目的成就。而现在到了只有进一步对内开放，才能促进和提升对外开放的水平和层次的发展阶段。

第一，如果没有进一步的对内开放，我国改革就无法深入推进。对

内开放与对内改革之间，既有区别也有一些重要的联系。从前面给"对内开放"下的定义看，区别主要在于一个强调对本国国民放松、解除管制，公平对待本国国民；另一个强调对本国政策、制度和法律的变革。显然，这两个概念之间的紧密联系，表现在对本国国民不断地放松限制、平等对待，需要有很多的政策、制度和法律的变革作为保障。在具体的实践中，我们一直用对外开放来倒逼对内改革的办法，这是一个很聪明的策略选择。在一系列国际规则的要求和制约下，旧的计划体制受到了巨大的冲击，为了适应这些规则就必须进行国内改革。比如，我们为了适应 WTO 的规则，不得不更多地放松对企业和个人的经济管制，给后者在市场上以更多的自由选择权利，使政府的做事规则更接近国际惯例的要求。但也应该看到，仅仅开放国门，对旧体制的冲击还是有限的，很多实质性的东西最终需要有内部的动力来推动变革。如要素市场化改革，尤其是货币资本的市场化配置。之所以到今天还要说必须深入推进，说到底是因为它的背后涉及权力关系、利益关系的重大调整和彻底重组。结构性改革所需要的降低行政壁垒、降低企业税费、降低对国有企业补贴等，都涉及对政府职能的改革和权力的再配置，关系如何充分发挥市场在资源配置中的决定性作用等问题。如果没有进一步的对内开放，国内的市场主体尤其是民营经济就不能在相对宽松自由的环境中发育，市场组织、个人和社会机构就缺少成长的空间，市场工具就没有运用的条件，市场机制也就无法在资源配置上逐步替代计划机制。

第二，没有进一步的对内开放，对外开放就无法深入下去，更无法建立和完善高水平的开放型经济新体制。现在的问题是由于对内开放的相对不足，已经极大地影响和制约了进一步对外开放的能力和水平。比如，国内不少地区之间互不协调的非一体化竞争体制，极大地影响和制约了地区间相互开放的程度和水平，影响了地区间按现代产业链的要求进行分工协作的可能性，影响了建设世界先进制造业产业集群的可能性，这势必会严重制约中国参与全球产业链集群竞争的能力。又如，即便在沿海最发达的长三角地区，因地区间的非一体化也难以在市场竞争基础上进行合理的产业协同，盲目重复建设情况也十分严重。再如，国内市场对民营经济开放的相对不足，影响和制约了我国民营企业成长为跨国企业的可能性和成长速度，进而影响和制约了民营企业走出去争取国际话语权的能力。在世界发达国家纷纷限制国有企业参与国际竞争的大背景下，如果我们的民营企业不强，何以参与国际产业竞争？在此意义上可以说，对内开放程度已经成为进一步高水平对外开放的前提和基础。

第三，没有进一步的对内开放，国内大市场就无法真正形成，那么就无法依托内需推进经济的转型升级。对内开放与近年来一直强调的内需拉动有直接的因果关系，这表现在很多方面。首先，对内开放不足表现为地区间行政壁垒严重，各地区呈现出严重的市场非一体化格局，或称为"碎片化经济"，不仅妨碍资源配置的效率，而且使我国潜在的市场规模优势难以变成实际的竞争优势，因此把出口导向的经济全球化转变为基于内需的经济全球化，也就欠缺基础和前提。比如，国内市场处于严重的分割状态，或国内市场发育不足、信用不良，企业就不得不选择出口市场。其次，对内开放不足导致国内经济缺乏活力和动力，市场取向改革不够深入，居民和企业缺少经济选择权，居民可支配收入和国民福利增长缓慢，内需规模成长速度低，因此必须以对内开放、放松管制来刺激国民的生产性努力，激励生产率提升和改善收入分配态势，最终形成现实的可利用的超大规模市场。最后，这些年我国扩大消费的战略之所以难以真正奏效，根本原因还在于对内开放不够，以及相应的国内改革措施没有及时跟上。制约中国人消费能力提升的主要原因，在于住房、养老、教育、医疗等沉重负担，以及严重的收入分配不均等。前者造成消费者对未来的预期不稳定，不敢消费；后者形成不利于扩大需求的悬殊的边际消费倾向。因此以解除不必要的限制和平等化为特征的对内开放，以及据此进行的一系列改革措施，可以稳定国民对未来的预期，纠偏收入和财富分配的失衡状态，逐步消除制约中国人消费能力提升的主要障碍。

第四，没有进一步的对内开放，也就无法把国内经济循环与国际经济循环有机地连接起来，从而可能出现产业链、价值链、技术链的脱钩。过去中国"国内—国际"经济循环的特征，在实物形态上是美国消费、中国生产；在货币形态上是美国印钞—中国取得外汇顺差—美债形态的中国外汇储备。这种世界经济均衡格局是不可能长期维系的。随着美国国内中低端产业的不断外移或关闭，以及产品内分工驱使制造业不断外包，美国感到国内产业空心化，蓝领产业工人利益受到了损害，同时中国也出现比较严重的产能过剩、中低端技术锁定、投资规模过大、国内货币发行过多等问题。这时从美国这一端看"国内—国际"经济循环，在美国遭遇国内日益严重的民粹主义等潮流下，必然会因经贸摩擦等而使得产业链、供应链出现松动或断裂的现象。新冠肺炎疫情在全球蔓延使这一现象变得更加严重。因此，进一步的对内开放，就是要改变长期以来的美国消费、中国生产模式，以形成中国需求、中国市场为目标，致力于拉动全球的要素供给，最终使中国市场为全球经济复苏和步入正常轨道作出贡献。

## 四、当前中国对内开放的层次、关键和举措

那么，对内开放，究竟是对谁开放？开放的具体内容究竟是什么？长期以来，究竟有什么重要的障碍影响着对内开放？怎样有效破除？这是一个系统性的改革大问题，需要很多细致深入的分析，这里就此简要括之。

对内开放可以从微观、中观、宏观三个层次来看。从微观个体的角度看，主要是对本国国民的开放，表现为将政府机构为民众包办的一系

列经济事务的选择权，更多地赋予个人和家庭自由选择、自我发展的权利；从企业组织的角度看，对内开放主要是对民营经济的进一步开放，解除民营企业的竞争束缚，运用竞争法破除针对民营企业的行政壁垒和政策歧视，使其与外资企业、国有企业的竞争条件更为公平；从部门这个中观的角度看，对内开放就是要尽可能解除对行业、部门的不必要的管制，约束政府行政垄断或借助于国有企业垄断的行为，实行自由进入和自由退出；从地区这个中观的角度看，对内开放就是要按地区公平的原则，推进经济政策的制定和实施过程，破除政策的"洼地效应"，减少地区间的开放歧视和不均衡现象，均衡区域间的发展条件和政策的差异；从国家这个宏观层面看，经济上的对内开放，就是要放松或解除政府对国内经济事务的不必要的管制措施，在向外国人打开国门、放松经济限制的同时，充分赋予本国民众经济自由发展和市场选择的权利。

长期以来，我们的对外开放态势一路乘风破浪，取得了令世界瞩目的巨大成果，但是为什么对内开放举步艰难？究竟有什么重要的障碍在影响着对内开放的步伐呢？这其中的原因，除了有开放的政治艺术选择等方面的考虑外，主要还是因为在缺少外力冲击的现有体制内，一些利益关系和阶层地位已经固化，观念上也难以接受改变。因此，要发动大规模的伤筋动骨的体制改革有着难以想象的实际困难。对外开放打开国门，让人们走出去，让先进技术和要素走进来，这些都是在开始阶段惠及几乎所有人的改革，自然会受到各阶层的衷心拥护。但是随着开放的深入，某些开放方面的措施必然要触及某些阶层和利益集团的重要利益关系和结构，这时深度开放就与国内深层次改革一样，会遇到种种阻力。比如，形成大规模市场必须改革收入分配体制，改变在国民收入分配中政府和国有企业长期占比过大的分配格局，这其实是利益关系和结构的重大调整，需要以人民为中心进行分配权力的调整和再配置。

总体上看，我国实施对内开放的关键点在于，要让各级政府承担起更多的公共事务和追求人民福利的职能，逐步减少它对市场性、营利性事务的直接插手和不必要的干预，让民众有更多的市场选择权。由此所决定的国内改革，也要从政府内部的纵向权力关系的调整，转向政府与社会、市场与个人的横向改革。其基本目标是塑造能够自我承担风险、自我扩张、自我收缩、自我发展的市场主体，使市场在资源配置中起决定性作用，同时更好地发挥政府作用。

当前，我国亟须通过实施对内开放来提升对外开放的水平和层次，有效举措主要有：

一是进行国民收入分配制度改革，改革的目标是激励国内潜在市场现实化，促进现代消费能力的形成，重点是改变资本收入与劳动收入的结构，大力提升国民可支配收入水平，努力降低财富和收入分配的基尼系数，让中等收入阶层逐步形成并具有强大的消费能力。

二是分区域推进经济高质量一体化战略，重点在粤港澳大湾区、京津冀、长三角、成渝地区运用国家战略破除区域行政障碍，进行高质量一体化发展试验，然后总结经验逐步推开。如果这些中国主要发达地区都已经实现了区域一体化发展，在此基础上再进行相互开放，那么中国统一、开放、竞争和有序的大市场格局就基本形成了。

三是重点拆除民营经济发展面临着的各种"玻璃门""弹簧门""旋转门"等进入障碍，使其享受与其他所有制企业更为平等的竞争条件，重点鼓励其进行并购发展和创新发展，鼓励其"走出去""走进去""走上去"，迅速做精做强，从而形成驰骋全球市场的竞争能力。

# 对双循环格局下推进
# 更高水平资本项目开放的深层思考

巴曙松 *

推进更高水平资本项目开放的政策逻辑根植于扩大内需和国内金融开放的内循环，同时也需要考虑外部金融贸易格局深刻变化下内外循环的联动问题。

在中国推动经济双循环的发展格局下，推进更高水平资本项目开放，是现实的需要，并有其清晰的政策逻辑。基于当前中国经济发展面临的内外部经济格局，笔者认为，更高水平资本项目开放应是立足于宏观经济平衡目标、服务金融体系的改革开放、对冲外部政策溢出效应、配合产业链供应链调整，以及推动实现经济转型升级和发展目标的开放。

## 一、政策逻辑之一：资本项目更高水平开放应立足于实现双循环格局下的宏观经济平衡目标

当前强调经济双循环，实际上是在开放的经济循环前提下，激发内需市场的活力。随着经济增长动力中来自内需的贡献不断增加，我国的人民币汇率形成机制改革有条件实现更为灵活的波动。因为在外需对增长贡献相对较大时，汇率政策决策不得不考虑其可能对进出口的影响；

---

* 中国银行业协会首席经济学家、北京大学汇丰金融研究院执行院长。

而在经济增长动力主要依靠内需的格局下，宏观决策更为关注的是宏观经济的总体平衡，人民币汇率的市场化波动有助于实现新格局下的宏观平衡，而更为灵活的人民币汇率波动，则无疑有利于进一步开放资本项目。

对比全球主要经济体，大国经济的增长，通常都是在保持开放基础上的内需主导的增长格局。这种增长格局的逐步形成，也相应为其货币汇率的灵活波动以及资本项目的开放创造了更好的政策条件。在 2019 年美国经济增长的贡献中，内需拉动的贡献率约为 90%；同期，中国内需对 GDP 的贡献率为近八成。相较而言，人民币汇率浮动弹性近年来稳步提升，未来还有进一步提升的空间。从美国的经验来看，资本账户的开放与内需拉动的增长格局相辅相成，开放后汇率浮动幅度更加灵活。在内需主导的大国增长格局中，宏观政策需要优先考虑内部平衡，这就需要推动汇率市场化决定机制在促进内外部均衡中发挥重要作用，以使汇率波动更加灵活。内需的不断激发，加上汇率更有弹性的波动，无疑会为进一步开放资本项目创造有利条件。

## 二、政策逻辑之二：资本项目更高水平开放应立足于服务金融体系改革开放，促进国际金融体系与我国金融市场挂钩

当前，我国金融服务业的开放可以说是更高水平对外开放的重要组成部分，也是以服务业为主要内容的对外开放中最为活跃的部分之一，对于促进中国金融业竞争力的提高以及金融资源配置效率的提高，都有积极的意义。特别是在当前的国际环境下，中国金融业的对外开放，有助于充分提高我国金融体系的对外开放程度，吸引更多的国际金融机构积极参与我国市场，从而在少数国家推动逆全球化和经贸脱钩的背景下，提升人民币计价的金融资产在全球金融市场的影响力，形成国际金融体系与我国金融市场挂钩的政策效果。

回顾中国金融开放的历史，虽然很早就积极推动金融服务业的开放，但由于仍保持严格的资本管制，外资进入我国在岸市场的积极性并不高，导致总体上我国金融市场的对外开放程度明显低于同等发展程度经济体的平均水平。金融服务业的对外开放和资本项目开放，客观上可以形成相互促进的效果。

## 三、政策逻辑之三：资本项目更高水平开放应立足于对冲外部货币政策的溢出效应和促进人民币国际化

当前，中国经济的外循环面临美元、欧元等主要国际货币零利率甚至负利率的货币环境。为了有效对冲美欧国家大规模量化宽松的货币政策溢出效应，需要推动资本项目的双向开放，以提高我国国际收支平衡的调节能力。

虽然美欧经济在疫情冲击下呈现明显的通缩特征，但大规模宽松政策推动的宽松货币环境，则酝酿着未来对新兴市场带来冲击的风险。此时相应推动资本项目进一步开放，有助于增强对美欧主要国家货币政策外部溢出风险的对冲和缓释作用。具体来说，未来如果出现持续的巨额外资流入，可能会提高人民币的升值压力，如果人民币汇率更具弹性，就可以部分对冲通过经常账户传递的通胀风险；而资本项目的双向开放，则有利于内外资金相互流动，平衡国内国际市场金融资源的供求。需要强调的是，在当前的国际环境下，由于以美元为代表的世界货币具备全球范围的购买力，因此若仅强调外资流入的单方面开放，则必然成为国外主要国家转嫁量化宽松政策溢出风险的渠道。

在开放资本项目对冲外部宽松货币政策溢出风险的过程中，人民币国际化也出现了难得的时间窗口。这一时间窗口是由国际市场对于更为稳定的新的货币需求驱动的，而人民币计价的金融资产基本具备了市场需求的主要特征。资本项目开放和人民币国际化的联系在于：一方面，

可以促进人民币在海外沉淀、支付、计价、交易流动；另一方面，还可以通过投资和汇兑等多重方式回流，形成良性循环，从而扩大人民币计价的金融资产在全球范围内的使用规模。

## 四、政策逻辑之四：资本项目更高水平开放应立足于支持中国企业在全球范围内重新布局供应链

当前，全球产业链、供应链出现显著的调整和重新布局，表现出区域化、本土化、近岸化特征，新冠肺炎疫情的冲击更强化了主要经济体对自身产业链、供应链安全性的担忧。在这样的背景下，中国企业进行供应链的重新布局，更加需要资本项目更高水平开放的支持。

具体来说，在双循环经济发展格局和中国产业升级的背景下，叠加全球产业链和供应链的重新布局，国内国际双循环通常包括较低附加值产业的迁出和提高产业链、供应链水平等不同的方面。"一带一路"倡议推动的中国企业对外布局，可以促使中国企业与"一带一路"沿线国家的劳动力要素和巨大的市场容量形成优势互补。截至 2021 年 1 月，中国已与 171 个国家和国际组织签署了 205 份共建"一带一路"合作文件。可以预计，在这个全球产业链的重新布局过程中，未来中国企业跨境业务的规模将会越来越大，参与全球布局的企业也会不断增多，因而中国企业对灵活的跨境金融交易的需求会越来越大，对资本项目进一步开放的诉求也会相应提升。

当前，中国企业从应对全球产业链重新布局的角度，稳步扩大海外产业布局，不仅有利于增强全球产业链、供应链的稳定性和吸收风险的能力，也有利于增强国际资本对中国产业链、供应链的黏性，防止中国的产业链与全球主要国家经济脱钩。同时，处于转型升级阶段的中国产业，在数字化、智能化产业链、供应链转型升级的过程中也会催生更多如跨境电商业务和服务贸易创新等新模式和新业态，从而带来更多的跨

境金融交易需求。与此相对应，中国激发的内需市场也会形成对国际资本贴近市场生产的吸引力，进而引入创新能力强和技术水平高的外资机构投资。这有助于完善中国的产业链、供应链，也需要资本项目更高水平开放的支持。

此外，基于双循环格局，与双循环相关的不少国际收支项目，目前也还有进一步开放的空间。例如，目前有关境外融资及有价证券管理的文件大多可追溯到 21 世纪初，而实际的经济条件和外部环境已经发生了很大变化，需要结合现实投融资需要适时完善修改。只有根据新的条件服务实体经济，推动资本项目更高水平开放，才能够支持当前中国企业更好地参与全球供应链、产业链的调整进程，便利有直接投资需求又有潜力的企业"走出去"，以及将高质量的外商"引进来"。

## 五、政策逻辑之五：资本项目更高水平开放应立足于支持中国的产业转型，实现新的经济战略目标

党的十九届五中全会通过了《中共中央关于制定国民经济和社会发展第十四个五年规划和二〇三五年远景目标的建议》，2021 年 3 月《中华人民共和国国民经济和社会发展第十四个五年规划和 2035 年远景目标纲要》发布，在对 2035 年基本实现社会主义现代化的美好愿景展望中，提出了未来 15 年国内生产总值要翻一番。在实现 2035 年战略目标的过程中，也需要资本项目高水平开放，以提升中国经济体系在全球范围内配置资源的能力，进而提升经济效率和促进技术进步。

具体来讲，在当前的新环境下，激发内需的关键性作用，需要以创新驱动和科技引领来促进全要素生产率的提升，需要促进经济增长新旧动力的转换，需要培育一批涵盖信息技术、数字经济、医疗养老等新经济的企业，推进智能化、数字化、自动化的工业互联网产业升级。而资本项目的进一步开放，则有利于吸引外资积极参与我国产业转型升级的

过程，激发出更多的新经济投资，加速新旧经济转换的进程，进而使中国经济增长和产业升级双双受益。

　　总之，推进更高水平资本项目开放的政策逻辑根植于扩大内需和国内金融开放的内循环，同时也需要考虑外部金融贸易格局深刻变化下内外循环的联动问题。在推动经济双循环的发展格局下，需要厘清其中的政策逻辑，进而稳步推进更高水平资本项目开放。

# 实现双循环新发展格局的关键
# 在于结构性改革和法治

楼继伟 *

## 一、以国内大循环为主的双循环是大型开放经济体的内在逻辑

一个经济体对国内国际循环依赖程度可以有不同的度量，这里用贸易依存度度量。小型开放经济体，如新加坡、中国香港可以达到200%以上。美国长期以来，国内储蓄率极低、巨额贸易逆差、贸易依存度在20%左右，得益于发钞国优势，不具可比性。欧洲大型经济体贸易依存度较高，如德国在60%以上，这是因为欧洲统一市场的效用，可比价值也不大。俄罗斯、巴西等大宗商品为主的国家同我国经济属性不同。还有一些大型经济体开放度很低。

相较而言，最有可比性的是日本。在1990年以前，日本的贸易依存度长期不足20%，在此之后逐步上升，现在约为30%。日本的变化很有启示意义。日本1955年加入《关税及贸易总协定》（GATT），这是向自由贸易过渡的国际协定，允许签约国保留贸易保护，同时承诺解除保护的过渡期。日本加入GATT时，对制成品贸易保护度很高，而美国出

---

\* 十三届全国政协常委、外事委员会主任。

于扶植，对其削减保护十分宽容，日本一段时间内大力引进技术，并且通过"引进、消化、吸收、再创新"，发展本国高水平制造业，同时外资企业很少。以九大商社为中心的贸易、银行、制造综合体，在全球投资采购大宗商品，在银行支持下加工制造成从汽车到家电等各类制成品，满足国内需要的同时，销向全世界，形成巨额贸易顺差。由此导致日本的单位贸易额产生的 GDP 高或者说贸易依存度极低，一直小于 20%；产业链高度分布于国内。巨额贸易顺差，特别是对美巨额顺差，终于被西方大国所不容，于 1985 年签订《广场协议》，要求日元升值，解除贸易保护，更为尊重知识产权。

在此之后，日本的确削弱了产业政策，快速减少了制成品贸易保护和加强知识产权保护，并加快对外投资。产业链、供应链从以国内为基础更多地延伸到全球，贸易依存度由此逐步抬升，目前在 30% 左右，成为全球化条件下大型开放经济体的常规形态。我国贸易依存度近几年在 35% 左右波动，因中国经济体量和国际形势的影响，估计今后还会略有下降。

## 二、我国贸易依存度变动的过程和原因

1978 年以前，我国贸易依存度不足 10%，是典型的封闭型经济体。改革开放之后，早期通过补偿贸易和吸引外资，贸易依存度抬升，到 1985 年达到了 23%。这一年《广场协议》签订，日本企业一改不重视对我国投资，转为从重化、冶金、汽车、家电等各行业，全面到中国寻找投资机会，带动韩国也来扩大投资。国务院办公厅调研室观察到这一现象，分析认为我国整体改革还没有开始，基础设施也不完备，但应当抓住这一波对外产业转移机会，可利用沿海地区机制相对灵活、基础设施相对完善的条件，扩大开放，大力吸引外资，并在当年形成报告。

1994 年是一个重要节点。这一年推行全面综合配套改革，其中外

汇、外贸体制改革是重要内容。从这一年开始贸易依存度在波动中抬升。2001年底经过一系列解除贸易和投资保护的改革，我国加入WTO。进一步融入全球化，使贸易依存度逐年抬升，到2006年达到顶点67%。而且每年都是顺差，最高的年份，贸易顺差在GDP中的占比达到了9%以上，其间经贸摩擦加剧。

2008年国际金融危机爆发，海外需求萎缩，其后基础设施投资带动国内投资大增，消费需求增长，再加上其他因素，贸易依存度逐年下降，到2019年为35%。贸易顺差在GDP中的占比多年不足2%。我国已初步成为国内大循环为主、国际国内双循环相互促进的大型开放经济体。

从几个重大节点可以看出改革和重大政策的关键作用，当然还有其他方面的原因，总结起来有以下5点。

第一，改革开放是最大的推动力。1985年推出的沿海地区国际大循环战略，尽管完全必要，也是因全面改革还未展开的无奈之举。1994年的全面配套改革和加入WTO前后的解除保护措施，都说明改革开放是大型经济体提质增效的关键。

第二，我国和日本的变化过程说明，大型开放经济体应以内循环为主体，过高的贸易依存度很难持续，过度的贸易顺差会给全球带来太大的冲击，还需恢复常态。同时只要坚持扩大开放，企业绝不会放弃国际市场，会作出相应的调整，满足境外需求，谋求自身在产业链中的位置。从国民经济角度看，积极参与国际大循环，会增加国民收入，也会增加国内需求。

第三，我国一度过高依赖外需也是国内资源配置扭曲的结果。特别是城乡二元体制结构造成城市化水平过低，国内需求释放不足。直到2019年，我国常住人口城市化率虽为61%，但户籍人口城市化率仅为44%，而人均1万美元GDP的其他大型经济体城市化率平均超过65%。过低的户籍人口城市化率使得大量农业人口不能够真正转移，消费和居住需求被压抑，也是初次收入分配差距过大的主要原因。

第四，2007 年以后贸易依存度急剧下滑，还因刘易斯拐点提前到来，农业劳动力转向其他部门趋势性放缓，劳动力成本快速上升，"农民工红利"逐步消失。"两头在外"等更适用于小型经济体的国际大循环方式受到制约，劳动密集型产业加速向外转移。近 10 年来，快速老龄化和低人口生育率进一步推动了上述进程。

第五，1998 年后，大力投资基础设施，以及近 10 年来具有准公共设施性质的互联网平台快速发展，改善和创新了国内循环的渠道，国内需求得以释放。

## 三、结构性改革和法治是关键

刘易斯拐点提前出现，人口快速老龄化，都是客观因素，逆全球化潮流也是我们必须面对的现实。回到 20 世纪 90 年代中期开始 10 余年的国际大循环模式，国内环境不支持，也不被国际所接受。加大改革开放，以及良好的基础设施，完全可以支撑以国内大循环为主体、国内国际双循环相互促进的新发展格局。重要的是解决好制约双循环的堵点。

第一，坚定地推进供给侧结构性改革。供给侧是生产要素一侧，结构性改革是制度性变革。但常常看到的是，将下指标"去产能、去库存"、"关停并转升"调结构等行政手段调整称为供给侧结构性改革。2020 年 4 月 9 日，党中央、国务院发布《关于构建更加完善的要素市场化配置体制机制的意见》。《意见》实际是供给侧结构性改革的纲领性文件。《意见》中有些措施还属于探索性的，要加速落实、加速探索，这对于动员国内需求是最为根本的。

第二，坚定地推进依法治国。我国一度过多依赖国外需求的原因之一，是国内法治环境不佳，对产权保护不足，信用社会还未建立起来。"补偿贸易"或面向海外市场的企业在经营中往往还款信用高，知识产权侵权少。新冠肺炎疫情期间，一些面向外需的企业不得不转向内销，就感到货款回收难，产品仿冒维权难。又如，为了完成某项任务，部分基层政府先拆、先关，不谈如何补偿，法不溯及既往观念淡漠，等等。没有良好的法治环境、信用环境，国内大循环就会受到堵塞。

第三，要降低基础设施和准公共设施的用户成本。基础设施适度超前是必要的，但有些方面过度超前，抬高了用户成本或不可持续的公共部门债务。互联网平台虽是私人部门运作，但有准公共性，垄断带来高用户成本甚至市场进入障碍，这两个方面都要有所控制。目前大家热议的"新基建"，其中包括发展 5G。但现有 5G 技术很不成熟，数千亿级的投资已经布下，而且运营成本极高，找不到应用场景，今后消化成本是难题。这些成本要逐步降下来，不然会是国内大循环的堵塞点。

第四，要坚定地维护和改进国际规则。自由放任的全球化时代已经过去了，今后全球产业链分布不会只由利益驱动，公共安全风险、节点集中度风险等会被充分考虑，会成为效率和风险之间平衡的新形态，甚至会被政治意愿扭曲，产业链、供应链会收缩，但基于通行规则的对外开放应坚定不移。下一步的规则会被政治化，在规则制定上应主动作为，争取共识，形成新的国际经贸规则。要坚持发展中国家的定位，这符合实际，但也要准备应对差别化地位的挑战和更难应对的结构性议题的挑战。

第五，也是作为总结，学习贯彻好 2020 年 9 月 1 日中央深改委第十五次会议精神。在这次会议上，习近平总书记强调：加快形成以国内大循环为主体、国内国际双循环相互促进的新发展格局，是根据我国发展阶段、环境、条件变化作出的战略决策，是事关全局的系统性深层次变革。他还强调：要继续用足用好改革这个关键一招……推动更深层次改革，实行更高水平开放，为构建新发展格局提供强大动力。<sup>①</sup>前面所述就是表明，这一战略决策基于历史、现实和内外环境，是符合客观规律的。真正的供给侧结构性改革，基于规则的对外开放和依法治国，应当是要点。

---

① 《习近平主持召开中央全面深化改革委员会第十五次会议强调：推动更深层次改革实行更高水平开放 为构建新发展格局提供强大动力》，《人民日报》2020 年 9 月 2 日。

# 第 三 篇
# 后疫情时代的全球发展方略

---

疫情冲击下的中国目标与挑战

新冠肺炎疫情与世界经济形势

后疫情时代全球治理的挑战、趋势与对策

后疫情时代的国际秩序调整与中国周边外交

# 疫情冲击下的中国目标与挑战

贾　康*

## 一、中国现代化战略目标和现阶段的三个背景性基本问题及我们的应有选择

### （一）中国现代化战略目标

改革开放之后，中国的现代化推进过程进入了快车道，甚至可以说，在鸦片战争之后 100 多年里，几代中国人所追求的现代化愿景，正在一条有望越走越宽的道路上实现。但是在 2010 年以后，必须正视中国成为中等收入经济体之后"引领新常态"的问题，原来的高速发展状态，需要合乎规律地变为"中高速的高质量发展"。

邓小平于改革开放之初勾画的我国现代化"三步走"战略目标的前两步提前实现后，在 2000 年到 2020 年的 20 年中，中央提出 2020 年要基本实现"全面小康"的节点性目标。党的十九大在中央总体战略谋划基础上，把 2020 年以后的 15 年再到 30 年，进一步规划为新的"两步走"战略目标，时间表上的设计即为 2035 年基本实现社会主义现代化；21 世纪中叶建成富强民主文明和谐美丽的社会主义现代化强国。新"两步走"是对改革开放之初所规划的"三步走"战略持续推进过程的进一

---

* 著名经济学家、财政部财政科学研究所原所长。

步具体化。

## （二）现阶段经济增速放缓的三个背景性基本问题

### 1.2010年以后的经济下行是进入中等收入阶段以后必然要经历的阶段转换

2010年，我国成功抵御国际金融危机之后，再次出现了一个两位数增长的高速发展局面。从图7的曲线上看，当年是10.6%的经济高速增长。但在2010年末召开的中央经济工作会议上，中央非常明确地提出了"稳"字当头、"稳中求进"这一带有哲理意味的指导方针，一直延续到现在。中央当时的基本判断，就是虽然还有黄金发展期的特征，但是矛盾凸显期的特征也已经展现出来了，必须牺牲速度，寻求经济"软着陆"，在应对和化解矛盾凸显的努力下，逐步调到中高速状态下新的发展常态，以结构优化为支撑形成高质量发展，对应未来现代化目标的分步骤实现。

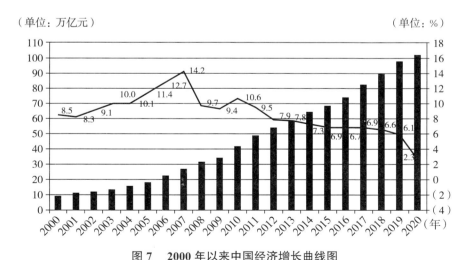

图7　2000年以来中国经济增长曲线图

2010 年是一个分水岭，之后在两年内，我国经济增速较快地降落到 8% 以下。再往后 3 年左右的时间，经济增速较缓慢地回落到 7% 以下，2015 年的经济增速是 6.9%。这一调整变化的大背景，直观上首先是大家都发现矛盾凸显带来的问题使原来的高速增长难以为继。从"物"的视角上来看，首先是大气、水流、土壤等方面的环境污染，以及食品安全的威胁，构成了危机性的因素，已让中国很多家长担心自己的孩子能否健康成长；"物"的矛盾凸显的不健康、不可持续的特征，也与"人"的视角结合而表现在收入分配等人际关系上：虽然老百姓收入指标不断上升，但不可否认存在社会分配不公、两极分化、腐败等尖锐问题，必须作出使人际关系向和谐社会推进的调整转变。结合"物"和"人"两个视角，在认识上就要主动而为，牺牲一些经济增长速度，在保持中高速增长的同时注重以优化结构引领出质量升级版的新常态。

客观地来作横向比较，2010 年以后中国经济增速下行、增长放缓过程中间的表现，和其他经济体进入中等收入阶段以后的规律性有相通之处。就在我国成功抵御国际金融危机、经济重回两位数增长的 2010 年，人均国民收入已经达到 4000 美元左右。按照世界银行公布的可比口径，中国在这个状态下，坐稳了中等收入经济体的交椅。进入这个阵营，跟其他中等收入经济体的共性经验放在一起来看，无一例外都要告别原来较低人均收入状态下实现经济起飞的粗放型高速度增长。在经济增长方式的转换过程中，虽然经济增长速度必然往下调整，但是不能一低再低，必须调到能够使中国继续保持大国超常规发展特征的中高速上，继续推进中国实现现代化的超常规追赶—赶超发展过程。所以最关键的是，需要实现升级版的中高速高质量发展。而解决这个问题，中央认定必须重点抓住解决"矛盾主要方面"的结构失衡问题。

在这种情况下，2014 年习近平总书记明确提出了"新常态"概念。在"认识新常态，适应新常态，引领新常态"指导方针之下，需要在升级版发展的诉求上，完成经济的"L"型转换。大写的"L"是比喻增速往下落了以后，要拐出尾巴来，进入大致的平台发展状态而其时段越长越好。这样一个战略判断和相应对于"L"型转换的战略诉求，需要以供给侧结构性改革为主线，贯彻到实际的经济工作中。

在这样一种经济"软着陆"过程中，追求中高速落到平台状增长的意愿，本来很有可能性在 2015 年下半年以后得到实现——在实际运行中，2015 年下半年的经济增速在四季度落到 6.8%，全年经济增速为 6.9%。这个 6.9% 就成为之后 12 个季度的经济增速上限，而 12 个季度之中最低的经济增速为 6.7%，已表现为三年时段中的平台状态，这个时段在经济学上已属于中期概念了。但随后有第二重经济下行因素不期而至的叠加。

**2. 中美经贸摩擦成为经济增长的不利因素**

2018 年二季度之前的三年时段期间，经济已经形成了上述增速在 6.7%~6.9% 这一很窄区间之内波动的平台状态。遗憾的是，2018 年二季度中美经贸摩擦不期而至。美方打压遏制中国其实绝不只是贸易维度上的，还有科技、外交、人文交流等方面的摩擦施压。中美之间的紧张关系，确实有从"贸易战"开始以后烈度上升的明显趋势。这对于经济运行的影响，是经济增长速度往下走，从 2018 年下半年开始，6.7% 的底线失守。到了 2019 年，全年只有 6.1% 的增速了。把发展阶段的转换因素和贸易摩擦对于中国发展的不利因素综合在一起，可以看到原来所说的"L"型转换还并未得到确认。但是在中国整个发展诉求上，还不能放弃这个完成经济"L"型转换的目标。所以，要寻求于冲抵下行因素之后，是否可以在一个重心调低的状态之下，仍然能够实现满足跨越"中等收入陷阱"和党的十九大具体化的新"两步走"战略目标的中高速增长常态。

**3. 新冠肺炎疫情给经济带来巨大冲击**

在前述两种下行因素叠加之后，2020 年突袭而至的新冠肺炎疫情在中国形成了非常严峻的局面。中国作为大经济体，比较成功地、有决定性地率先控制住了疫情的蔓延。现在虽然还在防范输入性新病例和个别地方有疫情反弹，但总体来说控制住了本土基本局面。其他的经济体，如美国、巴西、俄罗斯、印度、欧洲等处的情况，现在都比较严重。外部世界的一些不利因素又反过来制约着中国，国民经济在进一步发展过程中，面临外部巨大不确定性的挑战，形成了一种内外不利因素"三重叠加"的交织局面。2020 年第一季度，GDP 增速一下子落到几十年没有过的 −6.8%。第二季度形成 3.2% 增长以后，把 1 月至 6 月合计形成的增长速度拉回到了 −1.6% 的位置上。

总之，这样的局面是前面 10 年经济发展必然出现的阶段转换，加上后来不期而至的中美经贸摩擦冲击，以及新近带有巨大的冲击和不良影响的疫情，所形成的"三重叠加"造成的经济下行。2018 年第一季度时相对比较乐观、有望实现的经济"L"型转换局面，现在需要在克服后面两个非常不利的因素之后，重新寻找能否在更低发展速度重心上面去实现它的方法。

### （三）要在全球化所遇新挑战中继续大踏步跟上时代，抓住发展主潮流因素

客观地讲，中国在走上现代化之路后，需要在进一步解放生产力中紧抓不放的，就是在工业化、城镇化和市场化、国际化进程中，伴随新经济或称数字经济时代的信息化，继续赶上这 5 个方面结合而成的人类文明进步非常重要的发展主潮流，从而继续大踏步地跟上时代，一步步实现中华民族伟大复兴的中国梦。当然说到全面改革，除了上述这 5 个方面的概念，还要加上经济体制改革方面伴随的行政体系、政治体系改革的法治化、民主化。这些都是人类文明发展过程中带有共性的主潮流因素，虽然近年遇到逆全球化的挑战，但中国为大踏步跟上时代，仍然别无选择地必须抓住上述这些发展的主潮流因素，做好自己的事情。

中国作为世界上最大的发展中国家，过去明显处于二元经济状态，而现在已经在消除或者弥合二元经济的过程中间取得一系列进展，还要继续和全球互动，寻求在共赢中成长为现代化经济体。这一和平发展与和平崛起进程，要释放中国弥合二元经济中的巨大需求，在形成中国本土有效供给的同时，与全球的有效供给合在一起，回应中国的巨量需求释放。在这个供需互动过程中实现超常规的中国和平崛起的过程，确实还有可观的成长性和潜力空间——中央决策层、管理部门多次说的中国经济基本向好的趋势没有改变，的确不是虚言。

具体考虑，中国工业化还有多大的发展纵深与成长空间？其实中国仅在沿海区域的一些高地有工业化后期的特征，在中部、西部，也包括沿海的一些洼地，总体来说是在工业化的中期，甚至是初期。全中国的工业化，现在具有从中期向中后期演变为主的特征。以真实城镇化水平，可以印证工业化发展进程，在这里也是相符合的。国际经验表明，工业化的后期应是城镇化水平已经接近高速发展完结的阶段，但中国不是这样——现在无"欠账"的户籍人口城镇化率只略超出 44%，而常住人口的城镇化率虽然已经超出 60%，但其"欠账"可观，可供参考的价值其实有限，因为其中有 2 亿多"农民工"已经在城市区域生活、工作，早已经脱开农村的农业，其中不少人处于此种情况已经长达一二十年，但是户籍还在农村，城镇化推进过程还不足以使他们享受跟其他市民一样的待遇，未实现基本公共服务均等化。这是欠缺，同时也意味着有弥补和发展的空间。综合来看，当下中国真实的城镇化水平应该是在 50% 上下，按照国际经验，距离高速发展的阶段还有 20 个百分点，真实城镇化率到 70% 左右后，会转入比较低平的发展阶段。现在往前看如果一年上升 1 个百分点，城镇化高速发展阶段还要延续 20 年左右。这种工业化和城镇化水平的考察，一方面说明中国仍然是发展中国家，是世界上最大的发展中经济体，这一国际地位没有变；另一方面说明中国未来发展的成长性和潜力空间确实是相当可观的。这是支持中国经济长期向好大趋势的客观因素和我们保持战略耐心与定力的"底气"。

## 二、当前与疫情相关的突出问题

2020 年的疫情所造成的经济运行特征，必然带来一个"前低后高"的走势。一季度 −6.8% 的经济增速，变成了二季度的 −1.6%，其实在一季度中的 3 月，就开始出现明显的回调趋势。我们可以进一步总结经验教训，鼓励敢担当、有作为、办实事，在应急纾困、复工复产和优化国家治理能力上，要积极创造尽可能好的局面。

### （一）疫情之下中国经济的 4 个观察视角

在新冠肺炎疫情的冲击之下，可以有以下几个分析视角。

第一，短期和中长期衔接视角。要在短期和短中期不断面对不确定性的情况下，把握确定性，衔接好可持续发展。中国的确定性越来越明显，但不确定性在其他经济体那里表现得还非常突出，险象丛生。综合来看，短期到中长期，以中国的确定性带头，世界的确定性也会逐渐提高。短期和中长期的衔接，要在动态中把握好。

第二，总量和结构视角。要特别注意扩大内需。现在总量扩张已有一系列政策，这是必须采取的。同时，在结构优化方面仍然需要坚定不移地追求以优化结构为主线的高质量发展。在需求管理的概念上，现在特别强调扩大内需，进而明确提出"国内大循环为主体、国内国际双循环相互促进的新发展格局"的指导方针，这是把握确定性必然导出的方针上有新意的、有侧重的表述。在深层次上，要结合继续深化改革的制度结构优化，通过有效制度供给的"龙头因素"，带出整个供给体系质量和效率的提高，落到产业结构、区域结构、生产力布局等一系列结构的优化上，同时也要紧密结合优化收入再分配意义上的结构优化，共同形成供给体系质量和效率的提高。

第三，存量和增量视角。动员存量潜力之外，也要提升增量绩效。新冠肺炎疫情暴发以后，很多应急反应动员出来的存量潜力让人意想不到、印象深刻。比如说中国生产新能源汽车的厂家可以在一周之内就把生产口罩和防护服的生产线投入运行。当然在动员存量潜力的同时，也要特别注意形成增量过程的提质增效。边际上更高水平的增量绩效，要进一步引导整个产出绩效的提高。

第四，政策和实施的视角。这方面的关系要处理好：很多政策设计看起来方向正确、要领明确，但是其贯彻和实施需要依靠整个治理体系和执行能力，使好的方针政策基本不走样地贯彻到实际生活中的基层。中国治理现代化的政策设计方面需要提高水平，还需要在政策执行方面减少扭曲，真正提高贯彻的水平和能力。我们立足于国内实施的很多政策，实际上还要处理和全球互动的问题。这也是执行体系必须处理好的。近几年的问题是形式主义、官僚主义痼疾严重妨碍政策的有效贯彻执行，中央已就此多次下文件，要求从破除形式主义、官僚主义入手来打开有作为、敢担当、办实事的新局面，这需要与制度安排层面的深刻变革结合在一起，才能真正奏效。

## （二）几项经济指标的走向及分析

### 1.CPI

前些年在经济下行过程中，CPI 一直波澜不惊地在正值区间低位波动，一直到 2019 年下半年。后来由于猪肉价格的猛升，带动着一些食品和食物替代品（如牛羊肉，也包括蔬菜）一起跟着往上走，这就有了 CPI 在 2019 年底前后冲高的过程。现在这个冲高过程已经以结构性增加有效供给的对策而使之明显回落。

分析表明，前一段 CPI 的上冲主要不是因为货币供应量过大，而是结构性问题。前些年在以污染控制为重要政绩的导向下，地方政府几乎不约而同地意识到控制养猪造成的面源污染，是直接支持他们出政绩的，所以不遗余力。小型养猪场特别是大量农户散养的猪都被控制住，存栏数、出栏数锐减，过了一定临界点之后，市场上的表现就是猪肉供不应求。有人认为是非洲猪瘟带来了影响，但从统计局渠道披露的数据来看，其实非洲猪瘟对此的影响微不足道，全国因其而扑杀的是 120 多万头猪，而全国人民一天的猪肉消耗量约相当于 150 万头猪，不到一天的消费量绝对不会造成这条 CPI 曲线如此明显的上升——这是好的出发点和执行机制之间出现了偏差而导致结果上的问题，使得猪肉供应量明显下降造成价格上扬，又带动其他的食品价格一起上扬。现在由于结构性的对策而回调，这个回调有扎实的基础，已使得猪的存栏数大为回升，猪肉的供应量可望迅速增加，使这个问题基本解决。

2.PPI

2020 年至 2020 年 6 月，生产资料制成品出厂价格 PPI 在曲线上表现为负值。前面是在中美经贸摩擦出现之后，PPI 在波动中进入了负值区间。2019 年底前看起来有希望消除负号，但是新冠肺炎疫情使得 PPI 再次进入负值运行区间。这种负值运行显示的是通缩压力，换言之就是不必担心货币投放量过多。所谓"去杠杆"所代表的控制流动性、控制货币投放，在这一指标的具体表现上没有政策含义上的对应性。因此，从 PPI 看不必担心流动性过多、物价出现膨胀趋势的风险。更广泛地来说，由于流动性在这段时间必须增加，货币政策灵活宽松，比较敏感的房地产市场在某些局部地区不得不采取更严厉的措施，来控制它的价格回升，如深圳、南京都采取了措施，这是另外一个特定视角的问题。

3.PMI

从所谓先行指标的采购经理人指数 PMI，能够看出其变动趋势是高度敏感的。新冠肺炎疫情出现以后，PMI 曲线波动较大，在荣枯分界线下一直落到 38 左右；疫情得到基本控制以后，一路冲到 51 以上。之后在荣枯分界线上方很低的位置上演变。对其一两个月的变化情况可以不用过多计较，修匀后的 PMI 可表现的是经济景气运行的大致情况。

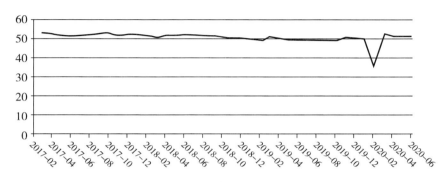

**图 8　制造业 PMI 指数**

*数据来源：Wind*

### 4. 进出口

进出口从基本数据来看，2019 年的情况比预期稍好一些。那时候还没有新冠肺炎疫情，中美发生经贸摩擦后，进出口总额同比增长 3.4%。由于疫情冲击，2020 年第一季度是负增长 6.6%，和 GDP 的负值差不多。第二季度比预期好一些，进口只是落到 -0.2%。2020 年 6 月实现的出口交货值，已经由 5 月同比下降增长转为正增长 2.6%，7 —8 月已继续明显好转。总体来说，形势并未呈断崖式下落的特征，而且实绩近期比一般的预计更好些。

## 三、未来的中国经济增长、特定考验与世界经济态势预测

### （一）中国要在中长期解决跨越"中等收入陷阱"的历史考验问题

未来 5 —10 年内，笔者认为我们面对的一个非常重要的历史性考验

问题，就是"中等收入陷阱"如何跨越。这个概念是个比喻性的表述，反映的则是世界范围内基于统计现象提炼出的一个真问题。由此在战略思维层面"防患于未然"必须高度重视的是中国在当下往前看 5 — 10 年，要严防滑入"中等收入陷阱"，而应力求相对顺利地跨越它。中国现在已经从中等收入阶段人均 GDP 3000~4000 美元的低位，走到了世界银行可比口径的中等收入经济体上半区，2019 年中国人均国民收入（与人均 GDP 相差不大）已突破 1 万美元。笔者认为只有到 1.4 万美元以上，才敢说真正跨入了高收入经济体的门槛，或者说跨入门槛以后出现一般性波动时仍有把握保持高收入经济体地位。因为一方面世界银行每隔几年就会调高高收入国家的标准；另一方面国际经验表明过这个门槛风险很大——前六七十年间，全球有 100 多个经济体走到中等收入经济体上半区，而再往上冲关成功的是绝对少数，只有 1/10。还有些冲关的经济体是在高收入国家标准的门槛上来回反复，上去后又有可能再落回中等收入阶段。绝大多数样本合成的国际经验表明，原来发展势头不错的那些经济体，到了这个门槛前，就可能突然爆发各种矛盾，使经济突然失速，落入"中等收入陷阱"，导致好几十年一蹶不振。最典型的是拉美国家，20 世纪 70 年代以后冲关没有成功，一直到现在还在"中等收入陷阱"里面挣扎。还有 20 世纪 90 年代中后期以后，一度发展势头强劲的"亚洲四小龙"，在亚洲金融危机以后一蹶不振，现在仍在"中等收入陷阱"里。如果中国 GDP 的中高速增长能落在 5% 左右，持续 7 — 8 年的时间，就可以跨越"中等收入陷阱"，但是对相关风险，决不可掉以轻心。

中国一定要有战略思维，宁可把情况想得更严重一些。特别是现在，中美之间的经贸摩擦已经扩大到科技、外交方面，甚至会不会有其他更为严重情况的出现，都是未定之数，其会怎样影响中国的经济增速，现在也有巨大的不确定性，所以一定要居安思危、防患未然。如何严防滑入"中等收入陷阱"，这是一篇大文章，是中国面临的历史性考验。

### （二）中国"做好自己的事情"的宏观、微观考察

还有一个需要考察的问题，就是要认识当下中国宏观、微观不同层面上要处理的矛盾和迎接的挑战。

宏观上看的核心问题，中央认定的"矛盾主要方面"，仍然是供给侧的结构问题、新旧动能转换问题。中国的产能利用率不高，增长的质量问题比较突出，多种矛盾的交织都表现为不可回避的挑战。中国已经成为"世界工厂"，但事实上中国制造业大而不强，必须升级。"中国制造"在如何升级为"中国创造""中国智造"方面，仍然面对着严峻的国际竞争挑战。

这些年中央反复强调，整个宏观经济中，要打造高标准法治化的营商环境，以释放发展潜力。这个原则从上海自贸区开始贯彻和多轮复制，可以说是非常高水平的：明确地说，企业面对的是负面清单，法无禁止皆可为，海阔凭鱼跃，天高任鸟飞，让企业充分发挥积极性，去试错、去创新，保护产权，让他们在公平竞争中释放潜力、活力。政府方面，反过来是正面清单，法无授权不可为，而且"有权必有责"，要形成权力清单和责任清单，以维护公平竞争环境为第一要义。在宏观层面，这就是要合成一个"有效市场＋有为、有限政府"的通盘机制。

而到了微观层面，核心问题仍然是近年来实体经济发展困难重重，怎样使广大企业真正"活起来"？中国的投融资创新，要支持实体经济发展的升级，资金链和供应链金融等创新，要注意一些表现不错的核心企业如何通过供应链金融带动上下游大量中小微企业一起发展。在新冠肺炎疫情冲击之下，大量的小微企业首先是要生存下来，接着是要寻求继续发展。

疫情发生之后，需要适当刺激、扩张，拉动整体经济的增长。在顺序上，首先是向关键大型企业、重点企业倾斜。其次是大量受冲击的中小微企业，特别是服务业中海量小微企业。刺激政策现在已经落实到要以充足数量的国债资金等作为支持，把财政贴息的优惠贷款落到实际运

行的企业一线。从中央、省往下走，要使资金"直达"式落到一线，由基层政府把优惠贷款具体安排到小微企业，帮助它们生存和发展。这种带有普惠性质的政府支持正在执行过程中，但是其中也有挑战，因为说是普惠，也不可能简单地对所有小微企业"推平头"，必须有具体量值，一家家适当分别地合理掌握，而如何做到基本合理，是对执行系统的一种挑战和考验。

### （三）未来世界经济格局、发展态势前瞻

外部环境方面，中美经贸摩擦已经升级到"技术战"，中国需要举国体制 2.0 版，解决核心技术（如芯片）方面如何能够突破美国带头的打压。这种有别于"两弹一星"式举国体制 1.0 版的举国体制 2.0 版，是说不仅要使生产出来的产品合格，而且还必须接受市场考验，形成批量化的、足够规模的、质量稳定的、全球市场可接受的产能。一般认为，以举国体制 2.0 版在芯片方面实现突破，也要 5 年甚至 8 年的时间。这是眼下我们要清晰冷静看待、下决心突破的又一重大挑战性问题。

除了技术层面，还要注意外交层面，乃至军事层面是不是有可能发生"擦枪走火"的局部军事冲突。希望能够掌控分歧，避免滑入"类冷战"甚至局部的热战。要清楚地判断和平与发展仍是当今时代的主题，推进一系列供给侧创新（包括"共享一条产业链"和"共享经济"，以及制约极端化冲突的"核威慑"式战略平衡），可使我们在防范最坏局面的同时，有理有利有节地争取最好的结果，千方百计把一些积极因素稳定下来、调动出来。

从全球供应链、产业链特点来看，中美之间生产力层面的决定性因素是产业链的共享，即中美之间早已"你中有我，我中有你"。中美贸易摩擦剑拔弩张之际，有胆略的美国投资家马斯克在中国上海投资建设全球最大规模的外商投资单体工厂，一年多的时间，成规模的特斯拉新

能源汽车就不断下线投放市场。这种案例说明中美产业链上"你中有我，我中有你"，并没有由于经贸摩擦和疫情冲击而消除，我们还是要抓住基本面，争取把一些可做的事情做好。虽然疫情之下某些局部和短期的表现会近似中美脱钩，但是中美之间贸易归零、产业链完全切开的完全脱钩，是难以想象的。笔者不认为这个发展态势会单向无止境地恶化下来，还是要冷静观察，沉着应对，善于守拙，争取有所作为，进而继续缩小与头号强国美国的距离而"和平崛起"。

## （四）以扩大内需、优化结构为基点，形成双循环发展新格局

从中国来说，扩大内需、更多侧重内循环有自己的底气。中国是全球唯一拥有联合国产业分类目录中所有工业门类的国家，所以中国在扩大内需方面，在现在这一发展阶段上有相对优势。但从未来看，如果不能把现在最全的产业链在中国本土上往高端去提升，就会面临两面夹击：先进发达经济体的技术水平明显高于中国，而技术水平低于中国的发展中经济体，其低廉劳动成本相对优势又明显形成了一个必然的竞争和制约。如果中国在高端技术层面总是拼不过发达经济体，低廉劳动成本方面又注定越来越不可能与欠发达经济体相争，那么中国就被夹在中间了，这样就会有落入"中等收入陷阱"的风险。前些年，珠三角地区提出必须"腾笼换鸟"，这是别无选择的。一些大路货的产能，必须转到越南、缅甸、老挝、柬埔寨、孟加拉国等国。"腾笼"之后能否换来"鸟"即升级为更高水平的产能？这就是考验，换不来的话，局面就败坏了。现在应还有一个 5 年到 8 年的时间窗口，还有"比上不足，比下有余"但比较全的产业覆盖范围形成的相对优势和市场份额。在这种情况下，应该努力向上升级发展，尽快接近高端，摆脱"中等收入陷阱"风险。

现在的"六稳""六保"要求，自然要更多考虑短期和中期的情况，又要处理好扩大内需要领上的救急和发展后劲的形成、消费和支撑消费

可持续的有效投资的关系。在扩大内需的同时，还要注意稳外资，努力继续注意做好对外的大循环。"双循环"是全面的概念，内循环为主体，绝不排斥继续努力扩大开放。其中，十分需要考虑中国的新技术革命，如何在亮点纷呈的局面下争取继续往上走。新经济的龙头企业、头部企业，在前些年已经有了世界性的影响。在疫情中，一些数字化平台的抗疫能力和对整个经济运行带来支撑力的特征，又让人印象深刻。线上线下结合的一些电商平台在民营企业"烧钱"的过程中终于脱颖而出，在颠覆性创新中居于领军位置，而且带来了大中小微企业有可能一起发展的新局面。民营企业是整个中国特色社会主义市场经济基本制度概念之下不可缺少、无可替代的重要组成部分。国有企业、民营企业共同发展，也有现实的混合所有制之路。PPP 等机制创新，也给了民营企业很多按自愿原则切入的发展机会。

在中国的建设过程中，有效投资还要特别抓住管理部门现在非常看重的"新基建"。与数字经济紧密相关的"新基建"既是当务之急，又是长远支撑。它也一定会跟传统基建融合在一起，特别是在一些具体的数字中心、人工智能中心等硬件建设旁边，必然伴随着片区开发、综合开发，伴随着各种需要配套的架桥修路、园区、住宅区、医院、学校、商业网点、绿化带等的建设项目，放在"规划先行，多规合一"的总体高水平规划之中，这些应是相得益彰的共同发展，这样扩大内需，又会形成维持长远发展的结构优化的支撑力。

# 新冠肺炎疫情与世界经济形势

张宇燕 *

新冠肺炎疫情全球大流行对 2020 年世界经济造成巨大冲击，并且因受冲击程度不同带有明显的地区差异。面对疫情，各国政府或经济体均采取了史无前例的应对措施并产生了不同程度的效果。在全球经济出现脆弱和不平衡复苏的同时，金融危机后出现的低增长、低利率、低通胀和高债务、高资产价格、高收入差距等问题进一步加剧。疫情演化中蕴含的不确定性、主要经济体的韧性和政策走势及其溢出效应、全球和区域经济治理及大国竞合发展态势，在相当程度上决定了 2021 年世界经济的基本面。

## 一、新冠肺炎疫情影响下的全球经济

疫情对世界经济带来的巨大冲击，主要表现在以下几个方面。

一是各经济体经济增速陡降。国际货币基金组织（IMF）在 2020 年 10 月发布的《世界经济展望》报告中指出，2020 年全球经济增长率预计为 −4.4%，为第二次世界大战以来的最低增长速度，这与其一年前对 2020 年的经济增速预测值（3.0%）形成巨大落差。同时，新冠肺炎疫情对各经济体造成的冲击并不一致，发达经济体整体经济增长率为 −5.8%，

---

* 中国社会科学院大学教授，中国社会科学院国家全球战略智库首席专家。

其中美国经济增长率为 −4.3%，欧元区经济增长率为 −8.3%；新兴市场和发展中经济体经济增长率为 −3.3%，其中俄罗斯经济增长率为 −4.1%，巴西经济增长率为 −5.8%。目前，亚太地区经济已开始复苏，但各国复苏速度存在差异。由于本地区主要新兴市场经济的急剧收缩超出了预期，如印度 2020 年收缩 10% 以上，所以 IMF 将 2020 年亚太地区经济增长预期下调了 0.6 个百分点至 −2.2%。对全球而言，2020 年第二季度的经济增长受疫情冲击最为严重。但中国自第二季度后期开始强劲复苏，成为主要经济体中唯一保持正增长的，预计增速为 1.9%。在第三季度，由于疫情受到一定抑制，加上各国政府迅速采取了规模巨大的纾困政策，许多国家经济亦开始止跌回升，但 IMF 对全年的经济表现仍较为悲观。随着新一波疫情开始在多国加速蔓延，第四季度全球尤其是发达经济体经济复苏步伐放缓，欧洲央行 12 月中旬预测欧元区第四季度将重返负增长。

二是物价下跌和失业率上升。2020 年 1 月美国消费者物价指数（CPI）为 2.5%，5 月同比降至 0.1%，11 月又升至 1.2%。欧洲和日本的情况与美国类似。欧元区调和消费者物价指数（HICP）2019 年 10 月同比增长 0.8%，2020 年 8 月降至 −0.2%，9 月和 10 月均为 −0.3%，显示出欧元区已经出现通货紧缩。日本则在通货紧缩边缘徘徊。主要新兴经济体的通货膨胀亦走出了相同的轨迹，其中，中国 CPI 从 2019 年 11 月到 2020 年 11 月下降了 0.5 个百分点；就连多年通胀严重的阿根廷，其 CPI 亦从 2019 年 9 月的 50.5% 降至 2020 年 9 月的 36.6%。与物价水平波动相比，世界主要经济体的失业率波动幅度更大。2020 年 2 月美国失业率仅为 3.5%，到了 4 月蹿升至 14.7%，后降至 11 月的 6.9%。欧元区和日本的失业率波动与美国相似。主要新兴经济体中，俄罗斯的失业率在 2019 年 9 月至 2020 年 9 月一年间上升了 1.9 个百分点，达到 6.4%。中国失业率则从 2019 年 12 月的 5.2% 升至 2020 年 2 月的 6.2%，后随着疫情受控和经济复苏又降至 11 月的 5.2%。各国不同产业和群体受到的冲击存在较大差异，其中低收入者、青年和妇女受到的冲击最大，贫困人口处境进一步恶化。据拉丁美洲和加勒比经济委员会估计，拉美地区极端贫困人口 2020 年将增加 1600 万人，达到 8300 万人。

三是贸易与跨境投资减少以及大宗商品价格异动。联合国贸易和发展会议（UNCTAD）2020 年 9 月发布的《2020 贸易和发展报告》显示，2020 年全球商品贸易较上年下降 1/5，全球外国直接投资较上年缩减 40%。在利用外资方面，2020 年 1 —11 月中国实际利用外资逆势同比增长 6.3%（以美元计价为 4.1%），在主要经济体中一枝独秀。除受疫情冲击外，一些国家奉行的单边主义和保护主义政策也对贸易与投资造成持续负面影响。2020 年中国输美产品平均关税率高达 19.3%，仅在 12 月美国商务部以所谓"违反美国国家安全或外交政策利益的行动"为由，将包括中国企业在内的 77 个实体列入所谓"实体清单"。与经济增长止跌回升的局面类似，2020 年大宗商品价格经历了"过山车"式的跌涨。2019 年 11 月布伦特油价为 63 美元 / 桶，2020 年 4 月跌至 19 美元 / 桶，后振荡上升至 12 月中旬的 49 美元 / 桶。矿产品中的铁矿石价格在下半年飙升，主力合约价格创出铁矿石期货 2013 年上市以来的历史新高。大宗商品中的粮价虽然没有经历金融危机期间那样的大起大落，但也出现了先降后升态势。联合国粮农组织 2020 年 1 月粮食价格指数（FFPI）为 102.5，到 5 月降至全年最低点 91.0，随后一路攀升至 11 月的 105.0。其中，谷物价格相对稳定，在 1 月、5 月、11 月的指数分别为 100.5、97.5 和 114.4，后者为 2014 年以来的最高点。

四是发达经济体资产价格止跌回升、美元走跌和各国债务迅速扩张。2020 年 3 月美国股市出现 4 次熔断，金融恐慌迅速蔓延。接着美国等主要经济体中央银行立即推出超强度常规特别是非常规宽松货币政策救市。随着海量流动性的扩大，美国股价一路震荡攀升，连创历史新高，一年内高低点相差约 2/3。尽管没有回到年初价位，但欧洲各大指数同期亦出现了较大幅度的回升，并和美国股市一样进入了高位振荡期。与资产价格止跌回升形成鲜明对比的是美元指数的反向运动。疫情初期，美元指数短暂上升后一路下行，并于 12 月 17 日跌破 90，为 2018 年 4 月以来最低点。美元指数下行伴随着黄金价格大幅振荡上扬并突破 2000 美元 / 盎司关口，后来虽有回落但仍在历史高位徘徊。此外，面对突发新冠肺炎疫情，各国均采取了各种应急对策，从而使全球政府债务占国内生产总值比重从 2019 年的 83.3% 升至 2020 年的 96.4%。其中，发达经济体政府债务与 GDP 之比从 2019 年的 105% 升至 2020 年的 126%。美国大力度财政纾困政策把 2020 财年预算赤字推升至 3.13 万亿美元，相当于 GDP 的 15.3%，为二战结束以来最高。截至 2020 年 12 月初，美国国债余额达到 27.4 万亿美元，约为 GDP 的 130%。据国际金融协会数据，全球企业债务和居民债务也在不断攀升，与政府债务相加后，全球债务将在 2020 年底达到 277 万亿美元，为 GDP 的 365%，再创历史纪录。

## 二、主要经济体采取不同政策应对疫情冲击

为应对新冠肺炎疫情冲击，各国政府采取了不同形式的临时性财政和货币政策。在财政政策方面，以美国为例，2020 年 3 月国会通过了总计 2 万亿美元的《新冠肺炎病毒援助、救济和经济安全法》（*Cares Act*）。随着第二波疫情于 2020 年第四季度开始在北美和欧洲等地肆虐，各经济体进一步加大纾困力度在所难免。12 月下旬美国参众两院先后通过一项 9000 亿美元的新冠援助法案以及 1.4 万亿美元的政府拨款议案，主要用于现金发放和失业、小企业、大中小学、儿童保育、交通运输、家庭租金等领域的救助。欧盟方面，2020 年 4 月上旬欧盟成员国财长就 5400 亿欧元一揽子抗疫救助措施达成协议。12 月 10 日，欧盟国家首脑在欧盟峰会上最终批准了讨论已久且不断调整的 1.85 万亿欧元预算与刺激计划。

此协议不仅以共同债务方式为 7500 亿欧元（约合 9090 亿美元）的抗疫援助基金提供了资金来源，也为欧盟 2021 —2027 年 1.1 万亿欧元的 7 年预算案的实施铺平了道路。中国则于 5 月宣布发行抗疫特别国债 1 万亿元。尽管国际社会对相关国家救助政策推出时机、规模、执行力度和长期影响等方面的评判声音杂多，但整体而言，各经济体采取的财政救助政策在维持经济和社会生活运转上发挥了直接且显著的作用。

在货币政策方面，2020 年前 11 个月，世界各经济体央行共降息 205 次，各主要发达经济体央行继续维持超低利率政策，如美国联邦基金利率维持在 0~0.25%。除了降息和维持低利率外，常规货币政策还包括盯住通胀目标等。2020 年 8 月底，在美国堪萨斯城举办的全球央行年会上，美联储宣布对长期目标和货币政策策略声明进行更新，将致力于实现通胀率位于"对称性的 2% 目标"附近的表述修改为寻求实现"2% 平均通胀率"的长期目标。实行平均通胀目标制意味着美联储可以用未来通胀的"余额"补偿过去的"差额"，在有限的降息空间里通过提高通货膨胀的容忍度为货币政策提供额外的空间，以应对逐渐增大的通缩风险。然而，这类货币政策新框架能否实现预期效果尚存疑问，甚至还有可能带来一些副作用。

首先，与原有框架相比，此次调整既没有引入新的货币政策工具，也没有直接调整利率，而是力求通过引导通胀预期来实现政策目标。自上一轮经济扩张周期开启以来，美国通胀率在大部分时间都低于美联储 2% 的通胀目标。这也在一定程度上降低了市场对美联储未来通胀超调的预期和控制通胀能力的信心。其次，美联储在本次声明中虽然明确引入平均通胀目标概念，但并未披露该目标制的具体计算公式等更多相关细节。这意味着美联储可以主观地选取特定时期进行估计，"技术性"地调整出符合美联储期望的平均通胀水平，从而使原本明确的泰勒规则被可主观调整的新规则所替代。这种做法增加了美联储政策的不可预见性，降低了新框架下货币政策操作的透明度，并终将削弱美联储的信誉。再次，为了向市场释放充裕的流动性，疫情后美联储的资产购买标的将进一步扩大至企业债、商业票据等，其行为势必超越"最后贷款人"的职能范围。同时，为了保证财政救助所需资金，美联储一方面需要大规模购买国债，另一方面通过维持低利率来降低债务成本。这样一来，货币政策便与财政政策深度捆绑，从而削弱美联储货币政策的独立性和对市场的调控能力，最终难以实现其恢复美国经济内生增长的目标。

2008 年国际金融危机以来，美欧日等主要发达经济体常规货币政策实施空间极为狭窄，它们在应对新冠肺炎疫情冲击期间主要依靠包括量化宽松、控制收益率曲线、负利率与零利率、大银行定向放款和所谓"直升机撒钱"等非常规货币政策。面对第二次世界大战结束以来最猛烈的外生冲击，美联储宣布实行无限量、无限期的量化宽松政策，至少以目前速度继续增持国债、机构抵押支持债券和其他垃圾债券等各级别债券。上述举措使得美联储的资产负债表从 2020 年 1 月 6 日当周的 4.2 万亿美元迅速升至 6 月底的 7.1 万亿美元。照此速度，2021 年底美联储资产负债规模将扩大至 10 万亿美元。同时，在欧洲央行、英国央行和日本央行进一步扩大量化宽松规模的影响下，更多新兴市场随之跟进，将公债收益率目标控制在 0 左右，以此补充量化宽松政策，并在各国发行更多债券时压低借款成本。从目前来看，随着美联储、英国央行等名义利率等于或接近 0，相关国家央行回归负利率政策并非不可能。欧洲方面则选择向大银行定向放款。欧洲央行的定向长期再融资操作已经以 −1% 的利率向银行提供了约 1.5 万亿欧元的贷款，不接受负利率的国家未来可能会采取这种定向放款路线。此外，还有一些非常规政策正在酝酿中，如利用货币政策和财政政策相互交融的理论中间地带，相关业内人士提出只要低通胀、低利率能够让央行将借贷成本保持在低位，政府就可以在医疗、教育和基础设施等方面放手支出而不必担心债务水平，这一提议或将推动更多经济刺激举措出台。

## 三、主要经济体非常规政策对未来世界经济的影响

世界各主要经济体采取的各种非常规政策在产生积极效果的同时，也给全球经济长期增长带来了不确定性。从全球来看，尽管实体经济复苏和宽松的货币政策将对资产价格形成一定支持，但风险资产价格同经济前景和信贷质量恶化相脱节的现象依然存在。彭博巴克莱全球综合债券指数显示，2020 年 12 月 10 日全球负收益率债券总量达 18.04 万亿美元，再创历史新高，此数值占全球投资级债券的 27%，逼近 2018 年 8 月上一峰值的 30%。据法国外贸投资公司（Natixis Investment Managers）对机构投资者的调查，有一半以上受访者认为负收益率债券数量在 2021 年还会增加。出现此种情形的直接原因在于各国政府和企业发行债券数量剧增，投资者对评级最高债券的需求火爆。可以预见的是，为了寻求尽可能高的回报率，许多投资者将铤而走险购买大量风险资产。美国股票市场的火爆在市盈率大幅上升中得到了充分体现。道琼斯工业指数、标普 500 指数和纳斯达克指数的市盈率从年初的 22、24 和 33 升至 11 月 16 日的 29、35 和 69。同期其他主要国家的市盈率也大都出现了不同程度的上升。与此同时，疫情冲击与超级宽松货币政策叠加大幅度推升了美国房地产价格。美国凯斯—席勒（Case-Shiller）20 城综合房价指数从 2020 年 2 月的 219 升至 10 月的 233，10 月美国房屋销售量创下 2006 年以来的最高点。经济萎缩与资产价格快速上涨并行，意味着全球资本市场在未来一年多出现巨幅波动不是小概率事件。主要经济体资本市场大幅波动势必对其他国家和地区产生负面溢出效应，并由此激起负向反馈。

在新冠肺炎疫情冲击下，全球供应链加速调整成为世界经济实体层面的重要议题。据麦肯锡全球研究院 2020 年 8 月报告估计，全球企业可能在未来 5 年内将其全球产品生产的 1/4 转移到新的国家，其中包括超过一半

的制药和服装生产，受影响的商品总价在 2.9 万亿~4.6 万亿美元之间，约为 2018 年全球商品出口的 16%~26%。全球供应链在 2020 年成为产官学共同关注的热点议题。企业层面，在技术进步与扩散、生产数字化、劳动力套利空间变小等主体因素与主要经济体之间贸易紧张、多边贸易体系几近瘫痪、气候与自然灾害多发、网络攻击频繁等环境因素的双重压力下，关键贸易品的高集中度让企业能够在重新评估并投资更有弹性的供应链中获取更大利润。国家层面，一些国家计划或已经出台一系列旨在提高自给率或本土化率的政策，鼓励制造业回流或使供应链多样化。尽管供应链的讨论中心及主要脱钩对象是中国，但在成功控制住疫情并率先复工的努力下，中国在 2020 年的出口和吸引的外资金额都处于历史高位。

此外，2020 年全球经济中美元汇率的"异常"变动尤为值得关注。以往出现经济衰退或金融危机时，人们通常会本能地通过增持安全资产以求自保。在绝大多数情况下，美元资产扮演了全球安全资产的角色。2008 年国际金融危机完美展现了美元的储备货币作用。危机爆发后，海外投资者和美国基金对美国债券的投资便大幅增长，美元升值、债券价格上涨使投资者获利丰厚。2007 年末至 2009 年初，海外购买的美国资产总额相当于美国 GDP 的 13%，结果之一是使美国以较低价格从全球市场融资。然而，本次疫情冲击引发的全球衰退却在世人面前呈现出了另一番景象：2020 年 3 —9 月，外国央行持有美债总额净减 1552 亿美元，美联储而非国际投资者和美国基金成为美国国债的主要购买者，以至美国债券价格在 2020 年 3 月出现暴跌后持续低迷，美元指数也随之显著下滑。出现这种"异常"的原因除了美国不限量、无限期地向经济注入空前规模的流动性之外，也和美国在世界经济格局中的地位式微有关。21世纪以来，美国国债占全球 GDP 的比重持续上升，美国的经济产出占全球 GDP 的比重却在不断下降。这种态势类似于 20 世纪 60 年代布雷顿森林体系面临的"特里芬两难"：一方面，美元与黄金之间保持固定比率并自由兑换；另一方面，美国境外流通着海量美元。20 世纪 70 年代初布雷顿森林体系的崩溃，或许就是未来美元走势的一个前兆。此外，2020 年欧盟在建立财政联盟的道路上迈出了最为坚实也最具决定性的一步。7 月 21 日，欧盟成员国领导人就 7500 亿欧元复苏基金（被称作"下一代"欧盟计划）达成了历史性协议，使得欧洲经济与货币联盟的三大支柱，即统一的货币、一个中央银行以及可信的统一财政政策承诺终于齐全。"下一代"欧盟计划将从大规模发行泛欧主权债券中获得关键支持，将最终使欧洲成为美国以外新的无风险资产的支持者，使得欧元在国际货币体系中扮演美元的强有力竞争者的角色。

## 四、2021 年世界经济前景展望

新冠肺炎疫情能否被成功控制将直接影响 2021 年全球经济走向。正面消息是美国、欧洲和中国等研制开发的疫苗在 2021 年第一季度基本实现大规模接种，下半年疫情受到有效控制或演化为普通流感应该有七成以上把握。从历史上看，重大传染病的暴发持续期大多为 2 年左右，而且是来无影去无踪。这或许可以被视为保持乐观的一个理由。与此同时，主要经济体的决策者都将延续财政纾困政策和与之密切捆绑的超级宽松货币政策，并且已经为此做了充分的理论准备。负面消息是 2020 年 12 月英国出现了新的、传染性更强的变异病毒，以致伦敦实行"封城"。欧洲央行据此已经下调了 2021 年欧元区 GDP 增速预测值 1.1 个百分点至 3.9%。2021 年世界经济在很大程度上将会在坎坷中实现复苏，主要发达经济体第一季度有可能重现收缩，随后在第二、第三季度加快复苏步伐，全球复苏将从 V 型转换成不规则的 W 型，就业、物价、贸易、资本与外汇市场、大宗商品价格等因素也会随疫情发展而发生相应变化。相对而言，世界经济复苏的程度和非疫情扰动对复苏的掣肘难以确定。值得注意的是，《区域全面经济伙伴关系协定》（RCEP）达成使得世界最大自贸区在 2020 年 11 月正式成立。同时，IMF《对外部门报告》对全球最大 30 个经济体的货币和失衡情况进行评估显示，2019 年全球经常项目净余额占 GDP 比重连续降至 2.9%，凸显世界经济的平衡性在不断上升，其中中国经常项目顺差 2020 年约为 1.3%，与其经济基本面相符。综合以上判断，2021 年全球经济增长率按购买力平价计算或将达到 4.5%。

即使新冠肺炎疫情得到有效控制或当前病毒演化为普通病毒，2021 年世界经济复苏仍将面临各种非疫情因素扰动。世界权威金融分析机构标准普尔在 2020 年 11 月中旬发布的报告中指出，与 2009 年相比，尽管全球银行业整体状况更加健康，但该机构目前仍对全球 1/3 的银行持"负面"展望，2021 年可能是全球银行业自 2008 年国际金融危机以来度过的最为艰难的年份。报告指出，全球银行业短中期将面临以下风险：一是新冠肺炎疫情受到全面控制之前，持续受到压力的银行信用评级可能会下降；二是各国政府将陆续结束对受疫情影响部门的援助，这些短期援助可能增加企业和家庭负债，从而使它们难以在正常时期融资；三是企业债务的持续增长和更多的违约，将使银行的资产质量和盈利能力承受巨大压力；四是房地产市场潜在问题增多且严重性被低估，如更长的支付租金周期和抵押期限、银行抵押贷款协议的重新谈判、超低利率以及疫情加剧给业主带来财务困境等问题，掩盖了资产质量问题。

政策风险的上升很可能成为 2021 年扰动全球经济复苏的另一个因素。市场、学术界和政策部门对未来物价走势的观点存在对立且辩论激烈。一种观点认为后疫情时代世界将进入通胀期，主要理由包括：一是天文数字的流动性注入经济后导致货币供应量急剧增加；二是主要央行均奉行超宽松的货币政策；三是大规模纾困政策推动家庭财富上升并将最终转为居民消费；四是疫情冲击供应链可能会导致供应短缺；五是导致过去 30 年通胀紧缩的劳动力供给大幅增加，现已逆转为老龄化加速和工资水平上涨。如果 2021 年主要发达经济体通胀水平超过 5% 甚至达到 10%，各央行则不得不采取行动进行干预。无论是加息还是退出量化宽松，如果各央行推出政策的力度或时机有所偏差，则很可能打断缓慢、不确定和不均衡的经济复苏进程。另一种观点则认为后疫情时代物价将下跌，主要理由包括：一是尽管全球货币流通量剧增，但货币流通速度却大幅放缓；二是受疫情冲击，居民对未来的恐惧感上升，导致家庭消费趋向保守；三是失业率升高导致的劳动力市场宽松和设备利用率下降为扩大供给创造了条件；四是 2008 年国际金融危机后实施的量化宽松政策并未引发此前普遍预期的通胀。有观点对此反驳指出，2008 年国际金融危机后施行的量宽政策推高的是资产价格，而伴随本次危机上涨的则是工资，二者性质不同。2021 年世界经济充满不确定性。鉴于近 10 年来财政政策特别是货币政策的实践已经远远超过以往，未来宏观经济学的发展也将超出当下教科书的范畴，因此能否对通胀或通缩作出准确判断是各国货币政策制定者面临的重大挑战。

除了微观层面的风险外，全球资本市场和外汇市场蕴含的风险亦不容低估。尽管股市和楼市出现超过 20% 大幅振荡的概率在 1/3 以上，但由于资产价格和实体经济之间的关联度已今非昔比，故资本市场波动的影响力需要打些折扣。更让人忧虑的还是美元汇率走势。虽然影响美元汇率涨跌的变量甚多以致难以作出准确判断，但未来两年美国延续已有货币政策似无悬念，美联储采取流动性大放水从一定意义上讲已经是别无选择，故美元走跌的可能性很大，除美国外的个别国家也可能出现严重货币危机。与此同时，不排除个别新兴经济体和发展中国家因违约引发连锁式主权债务危机的可能性。在全球与区域经济治理方面，围绕世界贸易组织改革问题，主要经济体之间的合作与竞争关系将继续强化，改革前景难以预料。2020 年 12 月 30 日，中欧领导人共同宣布如期完成中欧投资协定谈判，再加上 RCEP 逐步落实，至少从贸易投资领域来看，世界经济复苏的曙光将更加明亮。

# 后疫情时代全球治理的挑战、趋势与对策

何　哲*

　　全球新冠肺炎疫情的暴发是近年来在全球治理领域的重大事件。新冠肺炎病毒以其强大的传染性和较高的致病率，对整体人类的生产生活都产生了巨大的影响。在日益密切的全球化影响下，人类几乎有史以来第一次在最短时间内形成了一场全球的大瘟疫风暴。而这也是第一次全球各个国家几乎同步开始实施对外限制国际交流，对内限制社交行为的公共政策，由此形成了对日益密切的全球交流的短期抑制，以期保护人民的生命。从病毒的特性来看，由于新冠肺炎病毒的高传染性、高变异性和高隐蔽性，以及至今依然未找到明确的特效单一药物，使得新冠肺炎疫情到底能够流行多久，成为一个科学上的变数。一些科学家认为，新冠肺炎疫情可能会在较长时间内流行下去。那么，一个基本的问题就浮出水面：是否新冠肺炎疫情会成为停滞全球化进程的决定性力量，甚至会与其他反全球化的趋势合流，从而极大程度上阻碍或者推延全球化趋势？这是当今全球治理领域所面临的重大问题。如果这一判断是正确的，那么势必对今天已经高度融入全球化经济、科技、文化等交流与合作的各个国家产生重大的治理挑战。本文就是对这一问题进行探讨。笔者认为，人类全球化是人类整体的最主要的历史性趋势，在这一趋势下，

---

*　中共中央党校（国家行政学院）公共管理教研部教授。

当前人类社会面临着技术冲突、利益冲突、文化冲突、权利冲突、信任冲突 5 个核心冲突并形成相应的危机，因此，全球化共同治理的需要将更为迫切。对于人类文明的进程而言，当前迫切需要浮现出新的全球治理伦理和价值体系，对各种挑战和危机进行系统解决，这一新的全球伦理和价值体系要改变近现代以来形成的以国家利益交换为主的商业文明观，而要形成包括人本、平等、尊重、合作、互信、安全的新的人类命运共同体观。

## 一、全球化趋势是人类文明历史发展的不可逆的基本趋势和核心主线

严格意义讲，当今人类全球化的趋势起源于工业革命后日益推进的世界各国经济交流，随后再扩展到文化、知识、政治等领域。然而，如果把观察的视角放到人类文明的整个发展历史来看，可以发现，人类的全球化趋势不只是工业革命以来才有的，而是纵贯人类历史发展的全过程。可以说，人类行为的基本动机，就是对未知世界的更大范围的探索和开发。在这种基本的动机下，实际上，在人类历史的各种阶段，世界上的各个文明无一例外都在竭尽全力地对外探索，从而将自己的行为范围扩大到尽可以探知的最大可能。因此，从这种意义来讲，人类一直都在进行不懈的全球化进程。

从人类的起源与演化而言，尽管当前的各种考古发现都支持人类文明在至今数万年前就已在世界各个角落陆续进入石器时代。这种文明观称为人类文明起源的多源头观。然而，从生物遗传信息的角度，根据对基因的追溯分析可以发现，现代世界各地的人类（智人）都含有共同的生物遗传信息，都可以追溯到非洲的起源，并且是在更早时间内（5 万年前到 10 万年前），从东非大峡谷走出的。随后在数万年的时间内，扩散到全世界。因此，从这个意义而言，现代人类自演化完成，就已经开始

了全球化探索的努力。

如果再进一步考察各个文明的发展，自 1 万年前的农业革命后，人类陆续进入新旧石器时代、青铜时代、铁器时代的农牧文明社会。在文明形成的过程中，同样各个文明也在尽可能的范围内，极大扩展文明的交流程度。在古希腊，围绕爱琴海形成了密切交流的城邦文明体系，马其顿国王亚历山大甚至将统治范围一度扩展到南亚。在古罗马，环绕地中海和欧洲大陆西到大西洋，北到不列颠群岛，形成了庞大的跨民族的文明体系。在东亚，自夏、商、周起，历代的中华大一统王朝形成了以华夏为中央的圈层式朝贡体系，在东方文明的早期，甚至形成了对世界各个部分的记载或者想象（如《山海经》），形成了东方的天下观。而在美洲，印第安人在美洲大陆形成了纵贯南北美洲的繁荣的农业文明。因此，可以说，人类在进入工商业革命以前，一直都在竭力实现自己能力范围内的全球化进程。文艺复兴以后所谓的地理大发现，只能说是以当时欧洲文明分支的视角而言的，本质上是人类的二次大发现，而实际上人类早已完成了世界范围的地理探索，只是受制于交通和通信能力的约束，无法实现跨区域之间的有效交流。

自 15—16 世纪起，在航海技术的突破和巨大海外利益的驱动下，欧洲开始逐渐对世界进行二次发现，并试图用殖民的方式最大化其自身的商业利益。全球资本主义体系在越来越密集的国际贸易中逐渐形成。伴随着几次工业革命在能源、交通、通信领域的重大进步，人类的全球化进程在进入 20 世纪后形成了巨大的飞跃。进入 20 世纪后期，互联网的发明和在全球的飞速扩展，又搭起了人类文明交往的新桥梁。可以说，人类的全球化始终贯穿从人类起源到今天的各个历史阶段。

那么，到底什么与人类的全球化进程相关呢？可以看到，尽管人类的全球化动机始终存在，包括对自然界的征服，对未知世界的探索，受经济利益和文明传播的价值感驱动等，然而，真正实质性决定全球化范围的，是两个核心要素，一是交通运输能力，二是通信能力。

我们做一个简化的模型来思考，假定每个文明都具有扩大自己范围的动机（这显然是历史事实），由于地球表面可以被看作二维的平面展开。因此，假设一个文明，从它的初始范围出发，可以沿着平面的两个方向——横轴与纵轴扩展，扩展的速度取决于交通能力 $T$，那么最后，其能够达到的面积就是一个正方形，所扩展的面积就是 $T^2$。如果我们考虑到有两个文明 $A$ 和 $B$，假设技术进步的进程一致，那么可以看到，文明的扩展范围就是 $2T^2$，如果有 $n$ 个文明，那么就是 $nT^2$，可见无论怎样，文明的交流范围都与其交通运输能力的平方成正比，可以记为 $S=kT^2$。怎么理解交通能力 $T$ 呢？交通能力可以用交通工具的速度、续航能力、运载量、成本等来描述，而其中，速度和续航能力是最关键的变量。

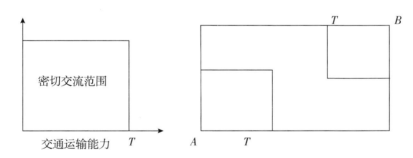

**图9　交通能力决定着文明的交流范围**

以上是互联网时代以前的基本规律，而全球互联网的出现，在全球范围内搭建了新的人类活动与交流场所，形成了新的空间。在全球互联网的作用下，大量的国际交流，可以超越实体的自然人之间的物理行动约束。大量跨国的经济和文明交流，都可以通过网络平台而实现。因此，互联网赋予了人类文明交流的新内涵。那么，如果考虑到网络空间的作用，以上的二维的状况就会变成三维。

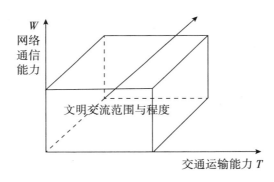

**图 10　网络通信能力与交通能力共同决定着文明交流范围与程度**

其中水平的文明扩展和交流范围依然是受交通能力 $T$ 决定的，而在虚拟空间，则用网络能力 $W$ 来衡量。而对于网络通信能力，可以用网络用户数、平均网速、网络核心节点数、网络信息量等来衡量。因此，考虑到在交通能力与网络能力共同作用下，一个文明的交流范围可以表达为图中立方体的体积 $WT^2$，再考虑到多个文明和其他要素的影响，可以写为 $kWT^2$。当然，是否在严格意义上遵循这一公式，到底文明的扩张与交通和网络通信能力是一次、平方还是立方正比关系？这取决于用什么来衡量网络通信能力和交通运输能力。但是，都不影响我们对整体历史趋势和因果关系的把握。

那么我们就可以清楚地看到，一个文明的交际范围扩大从而形成多个文明间的融合与互动，其中决定性要素是交通能力和网络通信能力等客观生产力指标。而如果以人类整体的历史趋势而言，人类的交通与网络通信能力的增长，是一个不可逆的历史性进程。历史事实也证实了，正是由于在历次技术革命后能源、交通、通信领域的重大进步，才能满足工业革命后资本主义在全球扩张的需求，并最终形成了今天的全球化格局。尽管短期的政治行为，如闭关锁国、经济封锁、国家间战争等，都会对短期的文明交流产生阻碍。但从长期来看，文明间的交流只取决于交通与网络通信能力。因此，人类的全球化趋势，是自人类文明起点就开始的不可逆的过程。再观察近几十年的事实，这种

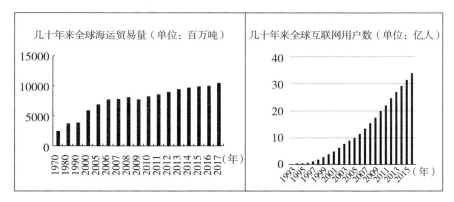

**图 11　几十年来全球海运总贸易量与全球互联网用户数的增长**

趋势则更为明显。以海运贸易量（代表了海运能力和国际贸易的共同结果）和网络用户数为例，可以看到，近几十年来人类的海运贸易和网络用户都在进行持续不断的增长。

正因为这种不可逆的文明间的交流与全球化趋势，产生了众多围绕着这一趋势的各种历史性事件和文明的冲突与合作发生。否则，每一个文明，都局限在自己发源的起点附近，那么人类历史上就不能出现各种围绕着文明冲突与合作的各种战争、协议、交流、传播、协作的过程。而在剧烈的文明间的交互中，也促进了各个文明内部的深刻的变革。因此，从这个意义而言，全球化趋势是人类社会宏观的整体不可逆动力与趋势，是各种文明间的历史性事件的内在主线。

## 二、当前人类文明演化和全球化趋势所面临的五大挑战与治理需求

尽管如前所述全球化趋势是人类历史上不可逆的进程，但全球化趋势必然带来不同文明之间的交流、摩擦和冲突。这在人类历史上表现为若干大规模的文化对立、宗教战争、贸易战、跨国战争等。然而，自从

20世纪中叶即第二次世界大战后，核武器的发明使得热战的危险远远大于其带来的收益，从而使得人类整体上进入了前所未有的世界和平期。法律与文明的进步也使得大规模的战争行为已经不再为现代文明体系所容。但是，这并不意味着人类的全球化进程就是一帆风顺的。隐藏在和平表面下，是各种文明间的竞争和人类文明整体上新旧时代间与其观念和利益的竞争。而在新旧时代转换的期间，这种矛盾冲突就会更为明显。特别是此次新冠肺炎疫情，又加剧了这种矛盾冲突的显化。大体而言，当前人类整体上面临着技术冲突、利益冲突、文化冲突、权利冲突、信任冲突五大核心挑战。这些都催生了对于全球治理的迫切需要。

## （一）新技术冲突危机与治理

技术对社会发展的影响，从来都具有两个方面的作用，一是促进社会的发展，二是形成对原有社会的冲击和挑战。特别是自工业革命以来，人类技术的进步呈现出指数级的爆炸式增长，这形成了对传统社会行为和治理结构的深刻冲击。因此，对技术发展对人类影响的反思，自工业革命以来就一直存在。直到20世纪中后期，这些反思如绿色运动、后现代主义等思潮的出现，形成了对工业革命以来人类发展路径的深刻的重新认识，包括高度重视环境保护和人与自然的和谐，高度重视人的本身发展等。然而，在进入21世纪后，人类又面临着新的技术对社会的严重挑战，这集中体现为两大技术，一是人工智能技术，二是生物技术。

### 1.人工智能技术风险与治理

自20世纪90年代开始，信息技术的发展，不断加快了整个人类社会的数字化进程。网络创造出了新的社会活动空间，大数据则直接形成了对整个社会的精准数字化重构。而进入2010年后，人工智能技术又逐渐露出了它的巨大潜力，从而将对人类社会产生深远的影响。从2012年开始，谷歌开始测试其无人驾驶汽车，至今已证明安全性至少与人类驾驶相当。2016年，谷歌的围棋程序阿尔法狗战胜了世界冠军李世石，极大震撼了世人（因为围棋的棋局复杂度远不是只靠高速运算可以解决的），摘取了人类智慧竞技领域的皇冠上的明珠。因此，从2016年开始，世界各主要国家均纷纷制定了人工智能的国家发展战略。同时，人们对人工智能的担忧也日益增加。

人工智能之所以对人类形成前所未有的冲击，在于其是人类有史以来第一次构建出具备人的智慧能力的物体。尽管工业革命以来人类在各种领域已经取得了飞速的进展，包括制造出超高速的计算机和各种精密的自动化设备，但是人类从未制造出能够和人一样思考和推理的客观物体。因此，这是人类第一次面对非人类的高度智慧物体并将其纳入人类社会中。

在可见的未来，人工智能将至少在以下几个方面对传统社会秩序产生深远的影响。第一，在劳动就业领域，人工智能将能够替代绝大多数劳动岗位，普遍的失业在未来可能成为常态。第二，极大改变了军事领域和国际竞争形态，基于人工智能的无人军队将极大强化拥有人工智能技术一方的军事能力，从而改变国际竞争形态。同时，赋予机器以杀人的能力，也将摧毁机器不能杀人的基本技术伦理。第三，将极大改变社会存在状态和伦理法律等秩序规则。高度拟人态机器人融入人类社会，成为家庭伴侣、工作伙伴甚至从事公共管理，都将严重挑战当前的社会行为规范。第四，对人工智能的过度依赖也存在着社会安全的风险，如赋予杀人权和暴力执法权的机器是否有一天会失控，这成为自人工智能诞生起就悬挂在人类头顶的"达摩克利斯之剑"。因此，对人工智能的治理成为全世界各个国家共同且迫切的需求。

### 2. 生物技术风险与治理

当然，对生物技术安全性的担忧，并不是此次疫情暴发后才产生的。

近年来，生物技术特别是基因编辑和重组技术的飞速发展，既使得人类正站在能够随心所欲创造生命体的门槛，同样也产生了巨大的争议和深深的忧虑。这种争议和忧虑大体而言有三种：一是对当前生物技术本身安全性的怀疑。由于生物本身的高度复杂性，以人类为例，人类总体上至少有 2 万个基因和 30 亿个碱基对，尽管人类已经绘出了人类基因图谱，但对于基因的功能和其表达还远未尽知。从这个意义上说，对个别基因的修改和重组，具有极大的风险。二是对生物伦理的担心。自人类诞生以来，人类基因的逐渐改变都是在大自然中完成的，在这一过程中，经历了漫长的自然选择过程。那么，今天的人类，是否就有权改变人类几百万年的缓慢进化历程的结果？基因工程所创造的新人类，由于其可能具有更低的患病率、更好的外表和更高的智商等，对普通人类来说是否不平等？三是对其安全控制和技术泄露的担心。由于基因编辑的门槛远较核武器低，一旦基因工程被少数国家或者恐怖分子利用在军事领域或者因管理不善泄露，将可能对人类产生毁灭性的结果。

然而，尽管存在以上三方面的担忧，生物技术的发展，特别是关于人类的生物编辑技术的发展，一直在争议中前行。2018 年末，少数生物学家冒天下之大不韪编辑了人类婴儿的基因，尽管其初衷是好的，却引发了举世哗然，当事科学家也受到了法律的惩罚。尽管如此，生物技术所展示的巨大的潜在经济与社会效用，不断诱使少数集团和科学家突破科学伦理边界，从而加剧了生物技术被滥用甚至有害病原体泄漏的风险。因此，在可见的未来，全球对于生物技术的管控的合作治理，将同样成为一种迫切的共同需求。

## （二）产业重新分工和经济利益重构冲突与治理

全球化的发展，促进了世界范围内经济体系的重新分工，从而也改变了世界范围内的利润价值分配结构。特别是自 20 世纪六七十年代起，发达资本主义国家主要聚焦于科技创新和商业贸易，而将逐渐失去利润的低附加值的制造加工环节转移到发展中国家，形成了自第二次世界大战以后的产业布局的大调整，从而出现了包括日本、韩国、新加坡、马来西亚、中国香港、中国台湾等新兴国家和地区，利用东亚地区丰富的劳动力和较高的劳动素质，形成了东亚制造业的集体崛起。这种趋势集中引发了 20 世纪 80 年代美国与日本关于一系列制成品的贸易争端，并最终催生了 1985 年的《广场协议》，暂时缓解了美国制造业面临的危机。

从 20 世纪 90 年代后，中国进一步深化改革开放，建设社会主义市场经济，在融入全球市场后，利用中国强大的人力资本和稳定的社会制度的优势，形成了制造业突飞猛进的发展。截至目前，中国在全球制造业中至少占 30% 的产值份额，200 多个产品产量世界第一，成为名副其实的"世界工厂"。这种发展，一方面极大地加强了中国本身的经济实力，另一方面也增加了相关贸易国的货币购买力和 FDI 投资国的利润。因此，本质上是双赢的结局。类似于中国，包括越南、印度尼西亚以及非洲的若干国家在这样的全球分工的趋势下，都逐渐成为世界产业链重新分工转移的新目的地。

在这样的趋势下，产生了两个后果：一是就以跨国公司为代表的资本方而言，跨国公司在产业链重构的格局下，通过将发达国家的研发、品牌和管理体制与发展中国家的劳动力、资源结合，在全球市场获取了最大化的利润。二是从民族国家的角度，基于产业链重新布局势必引发原有以国别为单位计算经济和就业人口的重新调整，新兴国家的 GDP 和就业大幅度上升而传统发达国家的 GDP 大幅度下降，并且由于资本、知识、技术从发达国家流向发展中国家，而制成品流入发达国家，因此，基于国别的贸易表现，则体现为经常项目上的发达国家的赤字和发展中国家的盈余。同时，发展中国家通过模仿、创新和进口替代策略，使得本地企业崛起，也部分形成了对原先跨国公司的竞争。而发达国家，也由于制造环节的转移而失去了部分就业岗位和税收。因此，从这个意义而言，全球产业重构势必会引发基于地理国家为单元的经济利益的重新分配。而这正是引发当前普遍的全球贸易争端的根本原因。

综上所述，全球经济格局重塑的本质原因是跨国公司基于最大化利润的初始考量，而非民族国家之间的较量。然而，在发达国家具体的政治需求的驱动下，近年来国际争端不断凸显，本质上是发达国家政治利益集团试图用政治实体的力量扭曲经济全球化重新布局的自然趋势，以换取短期的政治利益，并与全球近年来逐渐涌起的极端民族主义相呼应。近年来，从美国主动挑起经贸摩擦和以欧洲为核心发起的包括数字税等国际税收准则的调整，都体现了传统发达国家对经济利益诉求的政治化和政策化。这种政治化在第二次世界大战中往往会表现为热战，而在第二次世界大战后则集中表现为冷战和各种贸易压制与保护策略。然而，由于全球化的经济利益重构本质上既有利于跨国公司的利润最大化，同样有利于世界各国本身。因此，各国显然具有共同治理以避免导致全球更严重危机爆发的国际争端的充分动机和迫切需求。

### （三）文化冲突危机与治理

全球化不仅仅是经济全球化，而且是人类社会行为的全球化。那么，在全球化的进程中，原先被地理分隔形成不同种族、不同文化、不同信仰和不同习惯的人们形成密切的交流互动，甚至共同生活时，势必会形成愈来愈强烈的文化冲突危机。

从现实来看，今天全球的文化冲突集中体现在两个领域：一是基于现实空间的文化冲突，包括生活习惯、价值体系、信仰、行为等各种现实生活领域，形成了实际的摩擦和冲突。在这其中还与意识形态和经济利益密切相关，从而使得文化冲突成为当前的主要现实冲突形式。二是来自网络空间的文化冲突，由于网络更大范围内跨越了地理限制，从而实现了不同区域人们的即时交流，各种文化观念的冲突在网络上则更为明显。

从历史来看，人类之所以会形成严重的冲突甚至付诸暴力和战争，一是缘于经济利益，如对经济资源的掠夺和反抗形成了国家之间的战争。二是缘于政治的征服，权力欲望驱动下的军事型组织往往会对其他国家实施征服。三是缘于文化和宗教的信仰，历史上长期形成的宗教战争诸如十字军东征等，都体现了因信仰不同、为了捍卫信仰而形成的冲突。随着人类文明的演化，经济的扩张已经演化为市场的竞争，而基于政治欲望的领土征服已经为全人类现代价值观所不容。因此，文化和信仰的冲突则逐渐上升为主要的冲突来源。

文化的冲突有三种基本方式：一是建立在不同地域基础上的跨族群文化冲突。也就是说，相对地域隔离的国家或者族群由于网络或者其他形式的联系而发生对其他国家或者族群的压制或者排斥。这主要体现为今天在各种媒体和网络平台上的文化冲突。二是来自不同国家与族群直接交互形成的冲突。例如，大量的跨国直接投资带来了新旧两种文化的碰撞。三是来自历史形成的国家内部的文化差异。由于历史的原因，今天的国家往往是多民族的，而各自民族和社群都延续了自身的文化特质，从而将冲突的因素隐藏下来，一旦遇到重大的社会压力和危机，这种冲突就会表现出来。例如，历史上欧洲对犹太人和吉卜赛人的压制和歧视等。

就以上三种文化冲突的形式来看，这三种文化冲突在今天的世界都显示出愈演愈烈的态势：全球网络越来越普及，跨地域的直接交流碰撞增加，各国极端民族主义的普遍兴起加大了文化上的排斥，而多民族国家内的冲突依然不断。这都显示出了当代国家无论面临跨国的文化冲突还是国内的文化冲突都必须高度重视，同时形成互相支撑的国际治理体系。

## （四）权利冲突危机与治理

文明冲突体现在大的族群和亚文明之间，伴随着教育水平的提高、全社会权利意识的兴起，在全世界各个国家的社会内，都兴起了新的权利平等的思潮与运动。这种思潮和运动直接表现为新与旧的社会结构和行为习惯之间的冲突。主要体现在三个大的方面：一是性别权利平等，二是弱势群体权利平等，三是民族权利平等。

### 1. 性别权利平等冲突与治理

性别权利平等运动自 19 世纪中期至今，就一直成为大的社会思潮和社会运动的主要分支。性别权利最早来源于主张女性权利的平等，经过长期不懈的斗争，20 世纪 20 年代，主要发达国家开始陆续赋予女性平等的选举权、受教育权、工作权等。迄今为止，女性权利运动已经取得了非常大的进步。在今天的性别权利运动中，由于人类对性别认识的进一步发展，不仅仅女权，包括其他诸如第三性别和变性权利等都成为性别权利平等的诉求主张。例如，美国加利福尼亚州于 2013 年通过了保障跨性别学生在学校各项权利的法案。围绕着跨性别者是否能够服役，美国联邦最高法院多次作出相反的判决。这些都体现出了性别权利平等冲突日益成为当今社会冲突的主流。

当然，性别权利平等的问题非常复杂，其中纠缠了包括生理差异、生活习惯、价值观念、宗教信仰、经济利益、文化习俗、政治动员等多种因素，使得这一问题日益成为世界各个国家内社会冲突的焦点。然而必须要指出，性别权利平等的理念毫无疑问是正确的。但是，当正确的主张在世界范围内成为一种全世界的社会运动时，就势必会与各个国家长期演化形成的社会观念形成冲突，因此势必需要长期的努力、教育和政策的博弈。

### 2. 弱势群体权利平等冲突与治理

与性别权利平等类似，弱势群体权利平等也是更大意义上的社会平等运动的方向。弱势群体在长期以来主要指残疾群体，自 20 世纪 60 年代后，包括同性恋、特殊疾病感染者、心理障碍者等多种群体都被包括在弱势群体范围内，成为平权运动的内容。近年来，弱势群体还有了新的内涵，包括失业人群、农民工、特定职业者等，有泛化的趋势。甚至根据某些网站的统计，在中国，有多达七成以上的人群，认为自己是弱势群体。而在西方国家，包括近年来占领华尔街运动、巴黎"黄马甲运动"等各种街头运动的风起云涌都意味着，社会压力的增大和分配的畸形导致普遍的弱势群体心态成为一种流行的社会形态。

弱势群体心态的普遍化，意味着社会内部张力的加大并导致潜在的社会危机与冲突的酝酿，从而加大了世界各个国家内部治理的困难程度。而基于网络连接下的弱势群体又很容易在世界范围内寻求到同盟者，从而加剧了内部抗争的外部扩散化。而如何在世界范围内来更好地推动弱势群体的权利保护，又成为一种全球合作治理的驱动力。一个简单的例子是为了保护普通劳工的权利，显然要求全球各国共同推动对跨国公司的社会责任的治理要求。否则，资本就会盲目流入那些缺乏劳工权益保护的国家，从而加大了不平等状态的出现。

### 3. 民族权利平等冲突与治理

自工业革命开始，世界上就形成了明显的先发民族和后发民族的区别，广大的亚非拉民族在工业革命后的数百年里饱受殖民主义的压迫。自第二次世界大战以后，民族独立运动风起云涌，众多亚非拉殖民地国家纷纷独立。然而，尽管如此，亚非拉的广大民族在经济上显然依然处于相对贫困和弱小的境地。这既导致了其在参与国际经济循环中处于严重的不利地位，同时也导致了众多难民等问题。而在发达国家内部，弱势族裔依然存在着难以融入主流社会的尴尬局面，引发了严重的基于族裔歧视的压迫和反压迫的权利斗争。

从当前的全球来看，弱势族裔问题显然已经成为全球各个主要发达国家面临的核心问题之一。一方面，缺乏教育等原因使其难以融入主流社会；另一方面，这又更加剧了族裔歧视与压迫的代际循环。而从世界经济的整体发展而言，世界经济全球布局的进一步延展，势必会增强原先不发达地区的经济实力，从而产生新的国际传统经济政治格局的再平衡。这也将形成新的民族间的全球社会冲突与压力，并势必改变原先的国际治理格局，需要全球在治理格局上的协作和调整。

## （五）信任冲突危机与治理

自第二次世界大战以后，特别是 20 世纪六七十年代发达国家兴起的反战运动等，都形成了在西方国家蔓延的对政府和公共权力机构不信任的思潮。而伴随着资本主义世界分配越来越畸形，西方社会运动风起云涌，其根本在于民众缺乏对于政府的信任。同样，这股思潮在此次新冠肺炎疫情中表现得更为集中和明显，体现在三个方面：政府信任危机、大国信任危机、国际组织信任危机。

### 1. 政府信任危机

近现代以来西方国家的核心危机就是政府信任危机。例如，根据美国皮尤研究中心的民调显示，1964 年，超过 70% 的美国人信任政府机构。到 2015 年底，这一数字降到了 19%，在世界其他主要发达国家亦是如此。

政府信任下降的原因是多样的，大体包括三个原因：一是公民权利意识日益觉醒，从而使得公民倾向于更信任非政府组织和怀疑政府；二是互联网社交媒体兴起。互联网极大增加了公民获取信息的能力，特别是增加了公民获取负面信息的能力，维基百科等多种渠道对西方国家政府的各种负面揭秘，极大挑战了政府公信力；三是西方政治生态恶化。基于赢得选票的需要，政治对手互相抹黑，从而加剧了公民对政治严肃性的怀疑。公信力在主要发达国家的逐渐显著下降，对世界范围内的国家治理都形成了严重的挑战，对公共政策的普遍怀疑和各种街头抗议大量出现。

## 2. 大国信任危机

冷战后，全球形成了以美苏为首的两大集团的对抗，两大集团虽然处于敌对状态，但同样也处于一种有序的秩序形态。然而，冷战结束后，形成了一超多强的多元格局，新的全球威胁不断涌现，而一超多强的格局在事实上还未形成有效的全球秩序重塑；主要大国对国际责任的担当经常变化；而西方国家内部亦由于金融、地缘、产业、贸易等因素而冲突不断。这些都加剧了对主要大国权威的怀疑和使得全球格局与局势处于动荡不安的状态。

新冠肺炎疫情暴发以来，美欧等主要发达国家在疫情的起源上多方指责，深受世人怀疑，在疫情的处置上缺乏足够的担当和合作，各自为政，互相推诿。这些都显示，世界范围内，对传统主要大国权威的怀疑在增加。这种大国权威的削弱，显然不利于全球治理的合作和有序秩序的生成。

## 3. 国际组织信任危机

除了对政府和对主要大国的怀疑增加外，此次疫情亦增加了全世界对世界性全球组织的不同看法乃至怀疑。例如，西方主要大国纷纷怀疑世界卫生组织的运作和能力，与此相对应，发展中国家则对世界卫生组织的运作提供支持和信任。除了此次疫情以外，近几十年来，全球性组织到底在全球治理中起到了多少作用？例如，核裁军、气候控制等，都引发了人们较大程度上的怀疑。西方主要大国将国际组织变为其自身利益的代言人，一旦有所不遵从，就用扣减会费甚至退出相威胁。这都动摇了第二次世界大战后形成的基于联合国体系下各国合作和国际组织发挥充分作用的全球治理架构。

因此，以上的多种挑战和危机显示，当前全球治理格局显然处于一种新旧转换的时期，而不断暴露的新挑战同时要求世界各国通力合作，以对原先架构进行更好的完善和补充。

## 三、对后疫情时代全球治理格局的几个趋势判断

基于以上的趋势分析和核心冲突分析，结合历史经验和各种信息，我们基本可以作出以下几个趋势判断。

### （一）世界主要大国的经济脱钩代价极大，亦是不现实的

近年来，美国少数政治家试图通过增加国外贸易壁垒的方式，重塑产业链布局，改变全球制造业转移的大趋势，使得制造业重新回流美国。此次新冠肺炎疫情暴发后，更是试图通过利用新冠肺炎疫情造成的国际交流阻碍来实现这种企图，以转移矛盾和迎合国内极端民族主义。然而，这种努力无论从历史经验来看，还是从现实双方利益来看，都会造成世界经济和主要经济体包括美国本身的巨大损失。因此，是不现实的。

从历史经验来看，发生于 1929 年的大萧条成为改变西方资本主义发展的重要历史事件。对于大萧条的原因反思有很多，如无管制的极度自由主义，金融与产业的交叉融合过度，工人权利的保障缺乏导致需求低下等。然而，为什么大萧条能够在很短的时间内从一国蔓延到主要资本主义国家？经济学家发现，一个重要的原因在于那时的全球主要资本主义国家国内出现经济衰退时，都试图采取了贸易壁垒和贸易战的方式来保护国内市场。然而，当所有国家都采用这样的方式后，整个全球产业与贸易链的断裂对所有国家都造成了严重的伤害，并进一步延伸到金融领域和政治领域，当然后续的影响还包括引发人类重大灾难的第二次世界大战。

20 世纪 20 年代距今已经有些久远，如果把目光拉回到 20 世纪 90 年

代初，苏联解体同样是一个重大的借鉴。苏联在解体以前，不仅是一个巨大的政治实体，其内部的 15 个加盟共和国也构成了一个庞大的经济联合体。各个加盟共和国通过相互贸易和支撑，形成了庞大的合作体系。虽然民用品产量低于美国，但苏联 1991 年的钢铁、原油等工业产量，据估计其 GDP 至少也等于美国的一半。然而，苏联解体后，理论上各个独立国家都可以通过市场模式找到新的供应链体系，融入全球市场。然而，事实上并没有。苏联解体导致原有的产业链被严重割裂，苏联解体的结果是所有国家的经济水平都大幅度下滑，各国 1991 — 1998 年里平均每年下滑 6%，甚至主要国家包括乌克兰等下滑超过 10%。这意味着短短几年，其经济水平就只有不到 1990 年的 1/3，远没有通过市场化的方式得到提升。这就意味着，仅仅从经济角度来看，脱钩也是个极大的错误。

如果再考虑到当今世界贸易的密切程度，如中美两个大国的贸易量，可以发现，几十年来，无论是贸易量还是直接投资，都体现出了中美两国之间愈来愈密切的联系。因此，可以肯定地说，中美脱钩对于中国经济伤害会很大，对于美国经济特别是跨国公司的利益而言也是无法估量的损失。因此，任何一个理性决策团体，无论作出什么样的姿态，都不可能作出大国彻底经济脱钩的决策。从历史经验来看，世界大国之间的相互依存和产业链的融合只能更加密切。这是第一个基本趋势。在这个基本趋势下，我们政策的底气就会更足。

中美两国20年历年贸易量（单位：亿美元）　　美国对中国20年累计投资额（单位：亿美元）

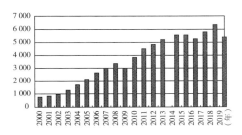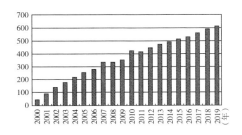

**图 12　近 20 年来中美双方的贸易和投资趋势**

### （二）全球治理格局呈现出暂时的权力真空期

自冷战结束后，世界形成了一超多强的格局，西方世界在全球治理中的话语权极大增强。通过伊拉克战争和科索沃战争、阿富汗战争等一系列军事政治活动，超级大国的世界影响力达到了顶峰。然而，自2010年左右起，整个世界格局体系又悄然发生了变化。一是新兴国家持续不断地繁荣，以金砖国家为代表的新兴国家无论在经济总量还是创新能力等方面越来越有影响。二是多元意识形态的形成。冷战以后，西方思想家甚至不无得意地认为世界将终结于西方体制，也就是所谓"历史的终结"。然而，近年来非西方国家的兴起，引发了对于西方体制是否真的是人类历史演化的最终答案的思考，西方的衰落成为近年来的一个主要的思想之问。三是美国近年来政治的转向。自特朗普主政美国以来，美国重新大幅度强化其"美国优先"的政策，然而其"美国优先"不是以美国全球的政治利益为考量，而是以片面的经济利益为标准，重新回到了孤立主义和重商主义传统，甚至和传统盟友斤斤计较，与第二次世界大战以后形成美国为首的西方世界联盟长期战略发生根本背离，从而放弃了其全球责任。

因此，从以上的众多角度考虑—— 一超多强的多元全球治理体系由于一超的主动卸责，将出现一种全球治理体系的权力真空和主导价值真空。当然，这并不意味着一定要有国家去填补美国留下的权力真空。然而，这势必意味着，世界其他发达国家面对越来越多的全球治理需求必须承担起更大的积极责任。这种积极责任，将一方面扩大其他国家的政治道义影响力，另一方面也为全球的继续发展和繁荣提供了积极保障。

### （三）新的治理格局更需要国家之间的密切合作而不是切断

人类文明发展的基本价值趋势是赋予每一个主体更加平等的权利，这既包括每个自然人，也包括每一个主权国家。因此，当面临越来越复杂的全球治理新问题和新局势时，显然已经不能像以往那样用单方面的军事、暴力、对抗、压制的手段来解决，而应采取更加广泛和深度的合作与共商来解决。

就前面分析的五大挑战而言，在技术维度，世界各国无论在人工智能还是在生物技术方面的无序恶性竞争的恶劣后果是显然的。显然，世界各国应该尽快围绕涉及人类整体的相关技术作出一致的全球科技伦理和法律约束，这势必要求各国的同步协调合作。人类对军用核技术的控制，不能说是非常成功的，众多潜在拥核国家的出现，对人类产生了极大风险。在新的技术面前，人类显然应该更加密切合作。

从利益维度，经济链条的全球重新布局是资本最大化的必然趋势，其既有利于资本的增值，也有利于全球的经济发展和民生改善。因此，无论如何是一件好事情。基于本国个别利益的对资本和贸易的阻碍显然是以多边共同损害为代价的，既损害资本，也损害人民。因此，对于贸易的争端，用贸易战甚至脱钩来威胁，显然既达不到效果，又产生严重的损害。密集的跨国贸易和资本流动，将是一种必然的常态。这要求世界各国在协商的基础上，在法律、支付手段、税收政策等领域作出更大的一致化协调。

从文化维度，人类不同区域形成的不同文化，本质上都属于大的人类文明过程中的支流，人类文明从人类早期的起源地出发向世界各地传播的过程中，根据各地不同的自然状态和社会演化，形成了不同的多样的亚文化。因此，这些都属于整体人类的集体文化财富。近代以来，欧洲崛起，形成了以西方文明为主线而对其他文明排斥压制的态势，显然并没有站在平等和人类共同财富的高度来看待人类文明的多源流。人类文明在走向更大程度上全球融合的过程中，势必要尊重每一个支流形成的文化习俗，在未来的人类社会中，尽可能包容不同亚文化，并从人类不同亚文化之间的交流中，获取更大的智慧。这就需要世界各国在互相尊重包容的状态下，形成相互融合又各自尊重的多元共同文化形态。

从权利平等的角度，无论是性别权利、弱势群体权利，还是少数族裔权利，毫无疑问都应该尽最大可能给予尊重。这种尊重当然不是以损害一种权利而保护另一种权利，而是在更平等的法律基础上给予公正的权利保护。在全球化的趋势下，一方面，权利平等的观念伴随着全球价值观念的交流逐渐深入人心；另一方面，对于权利平等的保护，要求各个国家共同进步。在这一进步过程中，既不能使用武力干预，也不能用一种观念去压制另一种观念，而是需要在反复的传播和影响的基础上，促进各国社会共同在权利保护上的进步。

从国际信任的角度，世界大国需要对全球的共同事务有更积极的担当责任，而不是互相推诿指责。少数大国试图通过推诿指责的手段来遏制新兴大国的崛起，这样显然既达不到效果，又损害了自己的国际信誉。而国际性组织的建设，亦需要全球主要国家的支持才能更好地发挥作用和获取信任。在一个缺乏信任的世界里，显然充满了各种变数和不确定性的冲突。吸取了第二次世界大战惨痛教训形成的今天的世界治理架构，需要更为精心地维护和完善，而不是肆意地破坏。这同样需要世界各国的共同努力和积极维护。

## 四、当前我国应采取的若干措施

作为一个负责任的发展中大国，面对全球共同的治理挑战和危机，中国显然应该积极主动作为，促进全球治理体系的完善。

### （一）积极承担起国际责任，树立良好的大国担当形象

从全球来看，当前中国显然应该积极地参与正向国际事务，在防病抗疫、出口药品器械、提供医疗救助、促进全球投资和贸易恢复等方面作出更大的努力，并且对相关的国际性组织进行积极的支持和响应。西

方大国越搞孤立主义，中国就应该越积极主动地承担相应的责任，一是实质支持全球抗疫战役，二是树立良好的大国担当形象。

### （二）积极面向新的社会挑战做好国内治理和促进国际治理

文明的示范意义不只是在国际上有所担当，更重要的是要在国内树立文明建设的典范。除了经济发展以外，特别是在政治文明、社会文明领域，在权利平等与保护角度，应更加积极主动地进行建设，并且在社会分配、劳动者保护、依法行政、文明执法、以人为本的城市与社区建设等领域进一步加大建设，从而不仅在经济上成为新兴大国，而且在社会文明建设和人民权利保护方面成为世界的典范。在新的技术领域特别是人工智能技术和生物技术，尽早谋划加快立法，从而将其纳入有序的发展之中，并积极促成国际治理共识和规范的形成。

### （三）坚持深化体制机制改革和开放

古今中外的历史证明，越是外部环境压力大，国内的改革就越要深化和跟上。美国大危机后，罗斯福政府深刻反省，对行政流程进行了大幅度调整，从而化危机为主动。在 20 世纪 90 年代初，西方国家对中国依然采取了封锁、歧视、打压等政策，美国屡屡挑起最惠国待遇审查。然而，通过进一步深化改革开放，建设中国特色社会主义市场经济体系，深化国企等一系列改革，使得中国经济转危为机，实现了持续近 10 年的 8% 以上而通胀率低于 3%（1997 年后）的连续增长，并为 21 世纪后中国经济的进一步腾飞打下了坚实的基础。因此，外部的贸易战和国际压力并不能阻碍中国经济的进一步发展，反而为深化改革创造了时间和空间机遇。

### （四）促进全球治理秩序的完善

当前全球面临着技术、经济、文化冲突等各种领域的多元挑战，这显然要求形成更有效的治理体系，而有效的治理体系首先是要大国以平等的态度形成积极主动的国际治理参与和担当。否则，如果大国各行其是，那么整个治理体系很难形成。对于人类所面临的包括新兴技术、政府信任、文化融合等在内的重大挑战，必须要尽早形成一致性的全球治理框架。否则，一旦酿成重大灾难，后果将不堪设想。基于人工智能、生物领域的无序竞争，强势文明对弱势文明的压迫，势必都会引发重大的全球性危机。中国应在促进形成全球相关治理框架方面作出积极贡献。

### （五）促进形成基于人类命运共同体的新的全球治理伦理价值观

最后也可能是最为重要的，当前人类在各个领域所面临的共同挑战，其关键就在于自工业革命以来，资本驱动下的全球化事实上形成了以商业利益导向为核心价值的国际交往与治理观。正如 19 世纪英国首相帕麦斯顿（Palmerston）所言，国家间只有永远的利益，没有永远的朋友。"有利则参与，无利则孤立"成为西方大国事实上的外交准则。这种导向显然不利于全球人类文明的进步与提升。近年来，中国提出了人类命运共同体理念，就是要把全人类看成一个密切的大家庭，无论其行为还是治理角度，都不能只以经济利益考量，而要立足更高的正义和文明提升的角度。因此，在这种观念下，中国应该促进全球进一步形成以人为本、平等、尊重、合作、互信、整体的新的全球治理伦理价值观。

## 五、结　论

本文研究和分析了人类全球化的长期趋势和当前全球治理所面临的若干挑战，认为新冠肺炎疫情虽然能够短期抑制人类的全球化进程并加剧若干社会内部冲突，然而，从长期来看，人类的全球化进程是人类文明发展的最重要的历史主线，在未来也不可能被改变。由于全球经济的密切融合是近百年来世界经济发展的主要趋势，特别是近几十年来全球产业链产生了深刻的重新分布，一旦断裂，损失极大。因此，西方主要大国近年来发动的贸易战和此次新冠肺炎疫情都不可能导致全球经济脱钩现象的出现。从应对全球治理挑战而言，中国应该在 5 个方面作出努力：一是积极承担起国际责任，树立良好的大国担当形象；二是积极面向新的社会挑战做好国内治理和促进国际治理，特别是在新技术治理领域做出表率；三是坚持深化体制机制改革和开放；四是促进全球治理秩序的完善；五是促进形成基于人类命运共同体的新的全球治理伦理价值观。

# 后疫情时代的国际秩序调整与中国周边外交

石源华　韩常顺 *

新冠肺炎疫情引发世界性大灾难、大破坏、大震动，导致国际秩序出现重大调整，也给中国周边外交带来了新挑战和新机遇。中国必须全面评估、精心筹划、趋利避害，提出中国周边外交的应对方策，确保中国和周边国家良好合作成为支撑中国梦早日实现的坚实基石。

## 一、疫情冲击下国际秩序演变的新趋势

新冠肺炎疫情在全球暴发，冲击了美国主导的国际体系，重创全球治理机制，削弱全球化进程，推动"东升西降"格局变化，大国关系面临重组。

第一，国际体系出现"领导缺失"。面对史无前例的疫情，西方联盟没有发挥出应有的领导力。世界第一强国美国自身抗疫不力，不仅没有引领全球抗疫斗争，未能成为提供全球抗疫物资的大本营，反而四处抢夺抗疫物资以及新冠疫苗专有权和优先使用权。美国由此被指责为"现代海盗"，导致其国际形象和战略信誉受损，全球领导力迅速下降。

第二，全球治理机制遭受重创。新冠肺炎疫情暴发后，美欧国家疫情管控效率低下，暴露了西方国家治理机制的内在缺陷。面对国内政治

---

* 石源华系复旦大学国际问题研究院教授；韩常顺现供职于复旦大学国际关系与公共事务学院。

压力和总统选举需求，特朗普狂妄推行"美国优先"政策，越来越表现出焦虑、自私和独尊的心态。在全球抗疫关键时刻，美国停止向世卫组织提供资金，宣布退出世卫组织，对全球治理机制造成重大冲击。

第三，全球化进程受到冲击。新冠肺炎疫情的大流行导致民粹主义与"本国优先论"盛行，破坏了世界各国团结，对全球化产生重大负面影响。美国强制推行对华全面脱钩政策，强迫他国"选边站队"，重创国际产业链，致使全球化进程遭遇"寒潮"。

第四，"东升西降"格局发生变化。疫情大流行导致全球经济停摆和金融市场震荡。世界经济面临大衰退和大萧条，对新兴经济体和发展中国家产生了不可低估的负面影响。"东升西降"格局的"东"，从泛指以金砖国家为首的新兴经济体和发展中国家的广义概念变化为包括中日韩在内的东亚地区的狭义概念，"世界中心东移"可能加速。

第五，大国关系面临重组。疫情暴发后，美国抗疫表现不佳，迄今未见疫情好转拐点，国际领导力明显下降。中国在抗疫过程中遵循和维护国际体系和规则，积极支持联合国、世卫组织等国际组织，充当了引领国际合作抗疫和为各国提供大量抗疫物资的重要角色，国际影响力有所上升。中美战略竞争将重塑大国关系，对未来国际新秩序产生深远影响。

## 二、国际环境变化与中国周边外交新挑战

面对史无前例的疫情冲击以及随之而来的国际秩序调整，中美关系发生骤变，百年未有之大变局呈现许多新问题和新特点，后疫情时代的中国周边外交面临一系列新挑战。

第一，抗疫之路任重道远。全球包括中国周边部分国家疫情仍然十分严峻，我国个别地区也面临疫情反弹的风险，能否做好国家间疫情联防联控是中国周边外交面临的首要挑战。疫情暴发以来，以习近平同志为核心

的党中央带领全国各族人民打响了一场抗击疫情的人民战争、总体战、阻击战，迅速控制住国内疫情。但是，中国陆海邻国众多，彼此间人员和物资往来频繁，只要全球尤其是周边国家疫情尚未得到有效控制，中国就必须"时刻绷紧疫情防控这根弦，慎终如始、再接再厉，持续抓好外防输入、内防反弹工作，决不能让来之不易的疫情防控成果前功尽弃"①。

第二，经济冲击和挑战前所未有。中国领导人始终对新冠肺炎疫情带来的经济冲击保持高度警惕。2020 年 4 月，在中国第一季度国内生产总值（GDP）出现改革开放以来首次负增长的背景下，党中央作出了"两个前所未有"的重大判断：一是"突如其来的新冠肺炎疫情对我国经济社会发展带来前所未有的冲击"；二是"当前经济发展面临的挑战前所未有，必须充分估计困难、风险和不确定性，切实增强紧迫感，抓实经济社会发展各项工作"。② 在国际疫情持续蔓延的情况下，中国必须积极采取各种措施，避免疫情对经济造成重大冲击。能否保持和增强经济持续发展的强劲动力，是中国周边外交面临的又一重大挑战。

第三，国际舆论战场狼烟四起。美国右翼势力借机炮制了"中国瘟疫论""中国隐瞒论""中国误导论""中国责任论""中国赔偿论""劣品出口论""口罩外交论"等种种"毒化"中国国际形象的负面言论。美国借疫情问题污蔑和攻击中国，中国要对此保持高度警惕并及时反击，精心塑造并努力维护自身在周边国家中的正面形象。

第四，中美战略竞争持续升温。在政治领域，美国不断借助疫情"甩锅"和污名化中国，导致中美舆论摩擦不断升级；在经济、科技和人文交流领域，美国不仅叫嚣与中国脱钩，而且努力拉拢和压迫其盟友对中国采取共同行动；在军事领域，美国不仅利用中印领土争端等在中国

① 《习近平在参加湖北代表团审议时强调：整体谋划系统重塑全面提升 织牢织密公共卫生防护网》，《人民日报》2020 年 5 月 25 日。
② 《中共中央政治局召开会议 中共中央总书记习近平主持会议》，《人民日报》2020 年 4 月 18 日。

周边制造事端，而且直接在南海和台海对中国施加军事压力。有效化解因疫情而持续升温的中美战略竞争，成为中国周边外交面临的重要挑战。

2020年9月23日，国家主席习近平在北京以视频方式会见联合国秘书长古特雷斯。习近平主席指出，疫情放大了全球治理体系中不适应、不匹配的问题。中国从不搞意识形态对抗，从不主张脱钩，从不想称王称霸。

## 三、后疫情时代中国周边外交面临的新机遇

新冠肺炎疫情大流行给中国的和平发展和实现中华民族伟大复兴的中国梦带来了挑战，但历史大灾难也可以转化为历史大机遇。2020年7月30日召开的中共中央政治局会议判断，中国发展仍然处于战略机遇期，"机遇和挑战都有新的发展变化"。运用中国勇气和智慧，运筹帷幄，努力将挑战转化为机遇，努力延长继续高速发展的战略机遇期，将成为中国周边外交的重要奋斗目标和历史使命。

第一，"抗疫精神"为中国与周边国家合作奠定了更为坚实的政治基础。中国的抗疫历程彰显了中国共产党不可动摇的核心领导地位，中国特色社会主义制度超强的组织动员能力；以公有制为主体、多种所有制并存的经济体制的强大生命力，举国同心、勇往直前、攻坚克难的战斗力，"以人为本""人民的健康高于一切"的治国理念和"合作共赢""人类命运共同体"外交理念的优越性，汇聚并升华为中国的"抗疫精神"内核，对世界和中国周边国家产生了深远影响，为中国开展周边外交和抗击可能的外来挑战提供了支撑和保障。

第二，"抗疫成果"为中国与周边国家开展经济合作创造了良好的机遇。中国不仅在世界范围内率先控制住疫情，迅速复工复产，而且拥有巨大的市场和发展空间，疫情对中国经济的冲击是暂时的，中国经济长期向好的基本面没有改变。尽管少数外资企业可能会在短期内迫于其国内政治压力而暂时撤出中国，或与中国企业脱钩，但从长期来看，中国

经济发展的灿烂前景、日益完善的产业链、广阔的市场和强大的购买力，仍具有难以匹敌的吸引力。具有"逐利本能"的外资企业难以割舍巨大的中国市场，西方国家"去中国化"的短视政策终将失败。"抗疫成果"将成为中国开展周边外交的"推动器"和周边经济合作的"稳定器"。

第三，"抗疫合作"的实践使中国在周边国家中的良好信誉基础得到进一步夯实，有助于中国推动周边命运共同体的建设。面对史无前例的大灾难，中国政府本着"人民至上""生命第一"的重要理念和对人民负责、为世界担当的坚定信念，用力量、智慧与牺牲为世界争取了抗疫的时间窗口，交出了令世人满意的"中国答卷"。中国及时向世卫组织和各国通报疫情，迅速测出并分享病毒基因序列，毫无保留地与各国分享防控诊疗经验，派遣数十支医疗专家组援助疫情严重国家，充分展现了"中国担当"；中国率先复工复产，成为生产抗疫物资的"世界工厂"，源源不断的抗疫物资从中国运往许多有迫切需要的国家（包括美国），为全球抗疫事业作出了卓越的"中国贡献"；中国推动开展药物和疫苗联合研发、发起二十国集团抗疫援助倡议、举办全球公共卫生安全高级别会议、承诺中国试制成功的抗疫疫苗将作为国际公共产品等一系列务实行动，为各国合作应对疫情注入了一针"强心剂"。中国在全球抗疫战争中表现出的与邻为伴、同舟共济的合作精神，为中国推动周边命运共同体建设创造了有利条件。

第四，"抗疫效应"为中国开展周边外交和参与全球治理提供了难得的机遇。疫情效应是两方面的：一方面导致美国国际领导力下降、西方联盟出现裂痕和反全球化潮流涌动，这标志着以美国全球领导地位和国际组织的全球治理能力为基石的后冷战时代国际秩序发生动摇；另一方面则加速了世界政治经济重心"东移"，中国国际地位相对上升。中美战略竞争加剧并重塑全球大国关系，标志着新的国际秩序已在酝酿之中。国际秩序调整的新趋势，将为中国开展周边外交和参与全球治理提供更为广阔的战略空间。

# 四、后疫情时代中国开展周边外交的主要路径

面对后疫情时代国际秩序调整给中国周边外交带来的挑战与机遇，中国有必要提出和制定切实可行的周边外交应对新策，化解危机，用好机遇，推动中国和周边国家合作走深走实。

第一，着力构建"周边卫生健康共同体"，促进周边命运共同体建设。新冠肺炎疫情全球大流行再次表明"人类是一个休戚与共的命运共同体"，"构建人类命运共同体的迫切性和重要性更加凸显"，给中国加强与周边国家公共卫生合作和积极构建"周边卫生健康共同体"提供了良好契机和全新动力。中日韩三国围绕防疫抗疫，先后举行新冠肺炎问题司局长电话会议和特别外长视频会议，决定加强三方合作，共同遏制疫情。随后，中日韩与东盟 10 国召开抗击新冠肺炎疫情领导人特别会议，决定加强针对大流行病及其他传染病的地区性早期预警机制建设，建立"10+3"重要医疗物资储备，加强流行病学科研合作，设立公共卫生突发事件特别基金。上述举措不仅标志着以中日韩为核心的公共卫生合作的范围已经扩展至东南亚，更标志着周边公共卫生合作的机制化取得重大进展。2020 年 7 月 27 日，中国与阿富汗、巴基斯坦和尼泊尔举行四国外长新冠肺炎疫情视频会议，标志着中国周边公共卫生合作的范围进一步扩展至南亚地区。中国和中亚国家也以"一带一路"建设为桥梁，采用各种形式开展抗疫合作。周边公共卫生合作范围的不断扩大与机制化表明"周边卫生健康共同体"建设已经初具规模，这为中国今后进一步拓展周边命运共同体建设积累了重要条件和经验。

第二，保持战略定力，制定适应百年未有之大变局的大战略。新冠肺炎疫情大暴发，导致并加速中美关系呈现"自由落体式下降"的急剧变化，百年未有之大变局出现诸多新问题和新特点。中国需要制定和完善一个新的适应大变局和中美关系新状态的国家发展和周边外交大战略。

面对美国的气势汹汹，中国宜沉着冷静，实施"太极式"柔性应对，既坚持保护自身利益的原则，又不在乎一时的态势高低，采取一切可能的手段和方式，维护好自身发展稳定以及世界和平与发展大局。可以预见的是，中国仍将在既有国际体系和规则之下实现强国目标，国家主席习近平在联合国成立 75 周年纪念峰会上的重要讲话已经明确表达了中国主张，因此多边主义仍将是未来周边合作的主要原则。

第三，强化周边经济合作机制建设，化解美国脱钩带来的经济压力。新冠肺炎疫情导致的反全球化"寒潮"和世界经济大衰退虽然对中国和周边国家的经济带来一定冲击，但也为双方进一步加强经济合作机制建设提供了契机和动力。为此应继续大力推进中日韩自贸区建设。作为中国推进周边经济合作机制建设的重要内容之一，中日韩自贸区谈判已经举办 16 轮并取得积极进展。三方都有意借助共同抗击新冠肺炎疫情形成的合作之势，按照三国领导人达成的共识加快谈判进程，以应对贸易保护主义抬头和复杂严峻的全球经济形势。三国经济自贸区的建成，将有力推动东北亚经济走廊建设和亚洲经济合作进一步深化。RCEP 历时 8 年签署，之后应进一步推动 RCEP 落地实施，深化区域经济一体化。

第四，冷静应对美国在南海的挑衅行为，努力维护周边海域和平稳定。在疫情导致中美战略竞争加剧的大背景下，美军明显提升了在南海军事挑衅的频率和烈度，不仅两次在南海举行双航母演习，而且频繁派遣军机对中国大陆实施抵近侦察，派遣军舰在南海进行所谓的"自由航行"，导致中美两国在南海发生军事冲突的风险上升。2020 年 8 月 6 日，国务委员兼国防部部长魏凤和应约同美国时任国防部部长埃斯珀通电话，强烈要求美方停止错误言行，加强海上风险管控，避免采取可能使局势升温的危险举动，维护地区和平与稳定。同时，中国在南海进行大面积实弹军演，展现了中国不畏强暴、坚决维护中国领海安全、努力将南海建设成安全之海、和平之海、发展之海的决心。

第五，坚决反对美国干涉台海事务，捍卫国家主权和领土完整。在疫情导致中美战略竞争加剧的大背景下，美国明显加大了打"台湾牌"的力度。台湾问题事关国家主权和领土完整，是中国必须坚决维护的核心利益。针对美国卫生部部长访台、不断增加对台军售、美军飞机"疑似"从台湾起飞、美国副国务卿访台等美方不断升级的挑衅活动和美台勾连不断加速的动向，中国军方举行了一系列军事演习。值得注意的是，2020 年 8 月 27 日，中国国防部发言人在回答记者提问时，不仅明确针对美国挑衅行动表明了"一是反对，二是不怕"的坚定立场，而且明确表示东部战区"在台海地区连续组织实战化演练，针对的就是外部势力干涉，针对的就是一小撮'台独'分裂势力及其分裂行径。我们将采取一切必要措施，坚定捍卫国家主权和领土完整，坚定维护台海地区和平稳定"①，清晰地表明了中国捍卫国家主权和领土完整的坚强意志，向外部势力干涉台海事务发出了强烈警告，有助于维护台海地区的和平与稳定。

第六，继续大力推动"一带一路"建设，实现中国和周边国家共同发展。抗击新冠肺炎疫情的实践表明，"一带一路"倡议的实施重点应放在中国周边地区。后疫情时代，中国应欢迎和吸引更多的周边国家在更大程度上参加"一带一路"建设，使中国和沿线周边国家共同享受"一带一路"建设的红利。2020—2035 年，中国将进入基本实现社会主义现代化阶段，也是"一带一路"倡议逐步发展为沿线国家共同行动的全面高质量建设阶段。中国在努力实现社会主义现代化的同时，要力所能及地帮助中国周边"一带一路"沿线国家实现经济发展和社会进步。2035—2050 年，中国将建成富强民主文明和谐美丽的社会主义现代化强国。中国周边外交建设的最终目标是促进中国物质文明、政治文明、精神文明、社会文明、生态文明的全面提升，及时总结和提炼"一带一路"

---

① 《解放军在台海连续组织实战化演练就是针对外部势力和一小撮"台独"》，《解放日报》2020 年 8 月 28 日。

倡议实施过程中积累的经验和成效，进而丰富和发展"中国方案""中国制度""中国道路"的内涵，中国将和周边国家携手推行更高水平的合作，共同实现将周边和世界建设得更加美好的愿景。